2016年度浙江省社科联省级社会科学学术著作出版资金资助出版（编号：2016CBZ02）

杭州师范大学科研启动项目（编号：PF15002004026）
2017年度杭州市哲学社会科学规划课题（编号：Z17JC103）
中国博士后科学基金资助项目（编号：2016M592162）

当代浙江学术文库

DANGDAI ZHEJIANG XUESHU WENKU

明代武术史研究

李吉远 著

中国社会科学出版社

图书在版编目（CIP）数据

明代武术史研究／李吉远著.—北京：中国社会科学出版社，2018.5
（当代浙江学术文库）
ISBN 978 - 7 - 5203 - 1460 - 2

Ⅰ.①明…　Ⅱ.①李…　Ⅲ.①武术—体育运动史—中国—明代
Ⅳ.①G852.092

中国版本图书馆 CIP 数据核字（2017）第 279195 号

出　版　人	赵剑英
责任编辑	田　文
特约编辑	李钊祥
责任校对	林百涵
责任印制	王　超

出　　　版	中国社会科学出版社
社　　　址	北京鼓楼西大街甲 158 号
邮　　　编	100720
网　　　址	http://www.csspw.cn
发　行　部	010 - 84083685
门　市　部	010 - 84029450
经　　　销	新华书店及其他书店

印　　　刷	北京君升印刷有限公司
装　　　订	廊坊市广阳区广增装订厂
版　　　次	2018 年 5 月第 1 版
印　　　次	2018 年 5 月第 1 次印刷

开　　　本	710×1000　1/16
印　　　张	13.25
插　　　页	2
字　　　数	218 千字
定　　　价	56.00 元

序　言

　　知道吉远的博士后出站报告《明代武术史研究》被列入中国社会科学出版社出版计划的消息后，我很为之高兴。吉远说，他知道我忙但又很想我能够为他的这本书写一个序，我很爽快地答应了。这不仅是因为他曾是我的博士后，有着三年愉快的两人合作过程和交往，更因为他在苏州大学的三年博士后期间，他的学习精神，他的为人态度，他的品格作风等，给我留下了良好的印象，而且为我们整个团队也树立了一种标杆，成为对大家的一种激励。

　　说到武术，我其实是一个外行，但是长期的体育历史学研究，又使得我对中国的武术文化情有独钟。喜欢和武术界的朋友们时不时地聊聊武术，例如，和王岗教授聊武术的文化，和祥全教授聊武术的养生，和伟良教授聊武术的历史，等等。甚至还带领团队专门研究过苏州的江南船拳，并成功申报为江苏省非物质文化遗产项目。

　　《明代武术史研究》，开宗明义，就是一部有关明代武术的断代史研究。在中国古代历史上，明代是一个传统与创新交织、保守与开放并存，表现出明显"转型"趋向的历史时代。它有政治制度的创新，形成了皇权之下中央以"五府""大九卿"为主体，地方以各省"三司"为主体的官制结构。它有经济活动的开拓，表现为农村集市贸易空前普及和繁盛、地区间商品流通十分活跃、东南沿海民间海外贸易发展强劲以及以徽商、晋商等为代表的地方商人集团的崛起，特别是出现了资本主义萌芽。它有思想领域的解放，从原有的谨守"朱子矩矱""格物致知"，到普遍"贵疑""自得"，"厌常喜新、去朴从艳"，以冲击传统的伦理纲常、追求个性解放。它有文化领域的繁荣，除家喻户晓的《三国演义》《水浒传》《西游记》外，小说《金瓶梅》和《三言》《两拍》，更是直接反映了市民阶层的价值观念及生活面貌。它有科学研究的硕果，以《农政全书》《本草纲目》《天工开物》等为代表的实用科技的发达，标志着这一时期中国科技发展的新水平。它有中西文化交流的高潮，以郑和下西洋为标志，不仅是世界大航海的开创之举，也表达了中华帝国与世界为友的美好愿望。

明代经济、文化的空前发达，及其在当时世界上的大国和领先地位，也使得明代武术处于一个开拓创新的历史新时代，并占据了中国武术史的独特地位，有着重要的历史影响力。例如在军事武术的发展方面，戚继光和他的《纪效新书》，何良臣和他的《阵纪》，俞大猷和他的《剑经》等，均为人们所耳熟能详。在明代武术的行为表现方面，既有少林拳，也有太极拳；既有北拳，也有南拳；还有外家拳、内家拳的分类之说，等等。在武术对外交流方面，既有日本倭刀法的引进，也有陈元赟将中华武术带进日本并最终成为日本柔道的祖师爷。在民间武术方面，不仅有众多的武术流派，而且由于明代文人对武术的关注，还留下了许多武术著作，诸如毕坤的《浑元剑经》和吴殳的《手臂录》，以及王宗岳的《太极拳论》等，都是不朽的武术名著。

吉远的《明代武术史研究》，呈现给大家的正是明代宏大社会背景下中国武术的发展和演进。著作中既有对明代武术发展宏观方面的讨论，也有对明代武术发展微观方面的分析；既有关于明代官方对武术发展的推动，也有关于明代民间对武术发展的贡献；既有对明代汉民族主流武术发展的详细描述，也有对明代少数民族代表地区武术发展的观照；既有对明代武术诸多流派的介绍，也有对明代武术理论体系的讨论。

总之，一本《明代武术史研究》既注意了对明代武术发展的时间与空间的结合，也注意了对明代武术发展的点和面的照应。它不仅可以引发人们对明代武术发展的研究兴趣，也可以引导人们更多地去关注明代武术发展的特点和风格，以及那些活态的明代武术事件和人物。所以我愿意向大家推荐这本著作，并希望看到有更多的研究者和年轻朋友，关心中国武术的断代研究，以不断将中国武术史的研究引向深入。

是为序。

罗时铭
2015 年 11 月 9 日于苏州大学凌云楼

承上启下，有容乃大（代序）

中华武术是我国传统文化的有机组成部分，曾经是华夏民族血脉绵延的力量保障，现在依然是人们喜闻乐见、愿意投身其中的强身健体项目。研究武术的历史，有助于我们更清晰地了解中国社会变迁的脉络，要把这项工作做好，除了自身要有练武习武的基础与理论之外，还要具备深厚的历史学、文献学基础，吉远博士完成的这本《明代武术史研究》书稿，为我们展示了这种跨学科研究的风采与功力。

武术史研究属于民族传统体育学学科，目前大致分为武术通史与专题史两类，前者重于从总体上述说中国武术的"长时段"发展历程，后者则为梳理武术门类的单项历史。至于武术断代史，是一门深入剖析某一朝代武术演变的学问，也可以说是对中华武术之"源远流长"与"博大精深"的断面研究，目前在武术史学界是比较冷僻的领域，吉远博士的这部著作无疑具有填补空白的意义。

作为一名最早的读者，我愿意循着这部书稿的线索，与大家分享一些阅读心得。

作者对明代武术发展的社会背景做了较好的梳理。有明一代，长期存在"北虏南倭"之外患，并时常伴随着国内以农民为主的反抗与暴动、边远地区的民族叛乱以及兵变等内忧，明朝统治者为了防范与处理这些棘手问题，必然整军经武。明朝军事力量的发展兴衰，与武举制度存在着一定的对应关系。武举制度经过弘治、正德时期的初具规模，嘉靖、万历年间的不断完善，至天启、崇祯时期走向成熟（尽管如此，当时朝政紊乱，社会溃败，边患日重，已经无法阻止明王朝的崩溃）。同时，明代武学也比前代更加规范与完备。

作者广泛搜罗文献，披沙拣金。明代军阵武艺的发展促进了兵书武略一类军事著作的涌现，这些军事著作保留了不少具有很高价值的武术篇章，如戚继光的《纪效新书》、何良臣的《阵纪》、俞大猷的《续武经总要》、茅元仪的《武备志》、郑若曾的《江南经略》等。除了带兵将领的有关著作外，明代民间武术家也为后世留下不少珍贵的武学著作，如程宗猷的《耕余剩技》、程子颐的《武备要略》、毕坤的《浑元剑经》、吴殳的《手臂录》与《易筋经》等。作者从这些兵书武略中爬梳剔抉，分析归纳，贡献良多。

对于明代各类典型武术门类，作者也有比较精致的个案分析，包括明代已经形成的以棍术见长的少林武术、以拳法枪法闻名的峨眉武术、有别于少林的浙东内家拳、西南壮族武术等典型武术流派。人们往往以"十八般武艺"来概括武术门类，实际上，也正是在明代，武术套路的趋于成熟、武术流派的形成、武术功法与武术器械的日趋完善，标志着中国武术体系的基本形成。

作者还提出了一些别具新意的观点，认为明代民间武术在技术及理论上呈现出如下特征：明代军阵武艺向民间武术的过渡，以器械为主的武术流派逐渐显现；拳种的兴起并迅速发展；明代武术之拳法器械图谱的势、谱、诀不断完备；明代拳棍为诸艺之首的地位确立；明代武术开始出现分类标准，即长拳与短打；明代武术四大技法"踢、打、跌、拿"体系的形成，各自内容日渐丰富；明代导引之术与武术开始结合，是为武术内功的发端。作者驾驭该书，总体沿着两条主线进行：一是对明代军阵武艺展开研究，二是对明代民间武术群体进行研究。军阵武艺和民间武术并行不悖，又互相交融。

明代武术发展的一个趋势是，民间武术之家族式传承逐渐成为民间武术传承的一种主要方式。至于武术的交流切磋，除了一般乡村旷野和城市庭院，寺庙成为民间武术交流的特殊空间，军阵武艺与民间武术正是通过寺庙这一空间不断进行交流与传播，少林寺是明代寺庙中民间武术交流最具有代表性的特殊空间。作者还认为，明代中国武术与日本、朝鲜、琉球诸国的交往，促进了中国武术与各国武艺的交流。

当然，该书在开展诸多探索、成绩显著之外，还创造不少值得进一步挖掘、探讨的地方，例如，作为一部断代武术史，如何"承上"，如何"启下"，有待关注；与明代军阵武艺相关的文献有待继续挖掘整理；全书重点在于明代民间武术群体，但对某些民间武术群体的研究深度还有所欠缺，需要进一步充实；对于历史文献的解读，尚显粗糙；由于文献所限，在明代中外武术交流方面，作者仅选择了中日、中朝、中琉（球）

的武术交流，缺少中国武术与其他相邻或相近的国家的交往。

　　吉远博士出身体育院校的体育教育训练学及民族传统体育学专业，跻身武术史研究，并有诸多成果问世，难能可贵。由于中华传统武术文化博大精深，我希望吉远博士继续努力，以"有涯"探索"无涯"，百尺竿头，更进一步，在今后的学术生涯中，得到更多收获。

刘　平

2015 年 12 月 24 日于复旦大学历史系

目　　录

导　论

一　选题依据及其意义

（一）选题依据

武术史是中国体育史研究的一个重要分支。武术是体育学一级学科下属二级学科民族传统体育学的主干学科，但武术史研究与作为二级学科的体育人文社会学下的体育史研究比起来，则相对滞后。可以说，无论是从研究的起点还是近年来的研究成果来看，武术史的研究都与其作为学科基础的地位不相称。中国体育史研究起步较早，从 1919 年中国最早的一部《中国体育史》（郭希汾编著，上海商务印书馆 1919 年 11 月初版），到目前由崔乐泉研究员担任总主编出版的《中国体育通史》（八卷本，人民体育出版社，2008 年 8 月），体育史研究成果累累。有关中国武术史的第一本著作则是日本学者松田隆智所著的《中国武术史略》（日本东京新人物往来社出版，1979 年），1985 年中国学者习云太著的第一本《中国武术史》面世，随后相继出版了多位个人及国家武术研究院集合全国多位学者之力的《中国武术史》，近十多年又有几本《中国武术史》陆续出版，但总体上以通史为主，在武术史的研究上没有较大的突破，从事武术史研究的学者也多以体育史学擅长者为主，鲜有学者涉足武术断代史研究。关于专史与通史的关系，正如近代著名学者梁启超所言："时代的专史，为全通史的模型。专史做得好，通史就做得好，此种专史，亦可分每人担任一项，分别去做。"① 用现在的话语来说，专门史、断代史是通史的基础。武术史作为民族传统体育学的主干学科，其研究基础的薄弱影响到民族传统体育学在体育学二级学科的学科地位，近年来已有专家欲撤销民族传统体育学科的提议，主要原因恐怕与民族传统体育学的研究薄弱有关，与其

---

① 梁启超：《中国历史研究法》，东方出版社 2005 年版，第 191 页。

他三个二级学科研究有着一定的差距，这迫切需要加强民族传统体育学科的建设，而武术史应作为民族传统体育学建设的基础学科不断加强。每一门学科都十分重视本学科的发展脉络，武术史即是民族传统体育学科之"武术"一门的历史脉络与理论基础。就目前现状而言，民族传统体育学科仍以武术作为其主干，正如邱丕相教授所言："一门学科的建立和被学界所认同，在很大程度上取决于该学科的基础理论研究的水平。"① 故而武术史的深入研究具有学科上的重要理论价值与现实意义。

武术史研究对于当今武术学科发展的重要意义是不言而喻的，如果说武术通史重于评述和解读中国武术"源远流长"的发展历程，武术断代史则是深入剖析和纵论某一朝代武术的演进与变迁，是对中国武术"源远流长"与"博大精深"的细微研究，一部完整、厚重的中国武术通史应是由一部部扎实的断代武术史研究组成的，因而，武术断代史的研究是逐渐完善中国武术通史的研究基础，是构造中国武术通史这座宏伟建筑的一块块"砖"。本书愿意为中国武术通史的完备而贡献出一份微薄的力量，为中国武术理论建设增"砖"添"瓦"，这即是我之所以选择中国武术断代史研究的初衷。

（二）研究意义

在 20 世纪三四十年代中国武术史研究中涌现了一些至今值得我们铭记的前辈，他们为中国武术史研究做了筚路蓝缕的工作，如唐豪、徐哲东等是对中国武术史研究作出卓越贡献的前贤，当代一些武术史研究学者大多推崇唐豪先生为近代中国武术史开拓者。沿着唐豪先生的武术史研究道路，马明达、周伟良、程大力等国内知名武术史学者各自做了大量的研究工作。但不得不承认，武术史研究需要较高的学术素养，需要长期甘于寂寞地翻检史料，因而成为一门少有人问津的"冷学问"，致使硕士、博士研究生选题及国家哲学社会科学基金等课题一般都较少涉及武术史研究，武术史研究群体主要由一些体育史学学者在支撑，尤其缺乏青年后学加入，这是一个不可回避的现实。武术史研究相对滞后于当代日益发展的中国武术的现实需要，制约了武术理论建设与现实发展实践，使大量武术发展的现实问题因为武术历史理论研究的滞后而迷失方向或徘徊不前，也限制了民族传统体育学科的学术地位，影响了中国武术在国内外的发展。

---

① 邱丕相：《中国武术文化散论》，上海人民出版社 2007 年版，第 149 页。

明代是中国传统社会历史上的一个重要时期，在竭力推行加强中央集权的理念下，使明朝前期不仅政治强大，出现了郑和七下西洋的壮举，而且社会经济亦获得极大发展，并出现了资本主义萌芽。在科学文化方面，不仅有徐光启、宋应星、李时珍等人的杰出科学贡献，更有汤显祖、袁宏道等人的一代艺术风骚及《水浒》《三国演义》《西游记》等文学佳作。由此，中国武术发展也在明代步入成熟时期，形成了一套完整的中华武术文化体系，其中许多武术文献为后世所瞩目，如《纪效新书·拳经捷要篇》《耕余剩技》等，并出现明显的军旅武艺与民间游场武术分离，武术风格各异的拳、刀、枪、剑等诸种流派纷呈，如拳有温家七十二行拳、三十六合锁、八闪翻、巴子拳等诸家拳种；枪有杨家枪、沙家枪、峨眉枪等流派之别；棍法有紫薇棍、张家棍、青田棍等之分；刀法有双刀、钩刀、手刀等多家流派，显现出明代中国武术体系日趋成熟与完备。通过对军旅武艺典籍记载的武艺研究及民间武术家各种武术流派的考源辨流，可以窥探中国武术在明代的大体概貌，尤其是中国武术在成熟时期的拳种、器械、功法等完备体系，对认识中国武术在明代至今的武术演进历程中有着理论上的学术价值与现实意义。

二　国内外研究状况及发展趋势

（一）中国武术史通史研究

中国古代体育史的研究是以"武术史"为主体研究内容的。我国最早的《中国体育史》（郭希汾著，上海商务印书馆影印，1919 年）中武术占有相当的比例，其中第三至六编主要论述了角力、拳术、击剑、唐以后之剑术、各种武术之派别（棍法、枪法、刀法）、弓术，其武术内容占了近半[1]；最早的一部《中国武术史》是日本学者松田隆智的《中国武术史略》，原书名为《图说中国武术史》，于 1979 年由日本东京新人物往来社出版，1984 年由吕彦、阎海翻译并由四川科学技术出版社出版，其中有中国武术学者习云太为其作的序，主要论述了中国武术古籍及中国著名的各拳种史（少林拳、陈家太极拳、八极拳、通臂拳、秘宗拳、形意拳、八卦拳、螳螂拳、潭腿、摔跤）及武术器械史[2]，虽然论述较为简略，也

① 郭希汾：《中国体育史》（影印本），上海文艺出版社 1993 年版。
② 松田隆智：《中国武术史略》，吕彦、阎海译，四川科学技术出版社 1984 年版。

缺少必要的历史考证，但作为一名日本学者，松田隆智收集了甚为广泛的资料，这是十分难能可贵的，开辟了中国武术史研究先河；中国第一部《中国武术史》是习云太于 1985 年出版的，这部中国武术史学者自己完成的武术通史虽然成书较晚，但起点很高，吸收了新中国成立后史学界、武术界科研成果。全书分两部分：第一部分以时间先后论述各代武术史，从先秦、秦汉三国至隋唐五代、宋元明清至新中国成立前后的武术；第二部分是拳种和器械发展史，共介绍了 46 种拳术流派、27 种武术器械的历史①，史料翔实，论述严谨，代表了当时武术史研究的最高水平，填补了我国武术史研究的空白，对武术史研究具有深远的影响；1993 年，台湾文津出版社出版了由张纯本、崔乐泉合著的《中国武术史》，主要是按照中国历史年代分述各代武术的发展历史，史料运用相当丰富，尤其是运用了诸多考古发现等史料②。大陆第二部《中国武术史》是林伯原编著的，1994 年北京体育大学出版社、1996 年台湾五洲出版社又出版了增订本③，其内容体系亦是按武术发展历史朝代先后论述，其史料相当丰富，并有较多的考证，相对习云太的著作，其增加了民国时期的武术、抗战时期边区的武术活动，明、清两代的武术论述更为深入，并以鸦片战争为界，由于中国封建半封建社会性质的转变，将清代武术划分为前期与后期，对明代武术的研究也相对深入，应该说这部《中国武术史》亦代表了中国 20 世纪 90 年代中国武术史的研究水平；1997 年我国出版了由国家体委武术研究院编纂的《中国武术史》④，这本武术通史由国家体委武术院主持，邀请了当时国内众多武术史学者通力完成，遗憾的是由于史料及研究的缺乏，该书有些地方尚待补正，作为中国武术通史一部分的台、港、澳地区武术没有论述，有待于学者们填补。

　　近年来国内学者相继出版了各种版本的中国武术通史，有代表性的如：蔡宝忠的《中国武术史专论》（2003 年，人民体育出版社），周伟良的《中国武术史》（2003 年，高等教育出版社），余水清的《中国武术史概要》（2006 年，湖北科学技术出版社），于志均的《中国传统武术史》

---

① 习云太：《中国武术史》，人民体育出版社 1985 年版。
② 张纯本、崔乐泉：《中国武术史》，文津出版社 1993 年版。
③ 林伯原：《中国武术史》（增订本），五洲出版社 1996 年版。
④ 国家体委武术研究院编撰：《中国武术史》，人民体育出版社 1997 年版。

（2006 年，中国人民大学出版社），郭志禹的《中国武术史简编》（2007
年，人民体育出版社），邱丕相主编的《中国武术史》（2008 年，高等教
育出版社）等。这些不同版本的中国武术史，主要是适应不同层次的武
术专业学习之用，其中不乏新观点、新史料及新理论提出之作，显示了我
国近年来武术史研究的新成果。

　　另外，20 世纪 80 年代武术挖掘整理成果相继出版了一些省市（区域
性）的武术史志，如《广东武术史》《湖北武术史》《沧州武术志》等，
都是以 80 年代各省的武术挖掘整理成果，大多是武术拳械资料汇编。
2010 年人民体育出版社出版了一套《中华武术传统名拳纵览》，包括《古
越武术》《荆楚武术》《八闽武术》《燕赵武术》《三秦武术》《燕京武
术》《巴蜀武术》《齐鲁武术》《三晋武术》《中州武术》共十册，可以看
作这些地域的区域武术史，这套书以地域文化为主线，主要介绍各地域的
经典拳种起源、发展、传承及技术风格，其定位在于"大众化"。

　　纵观目前中国武术史研究现状，以中国武术通史研究为主，虽然研究
水平逐年提高，但总体上依然停留在大而全的各代武术史汇编的通史研
究，对断代武术史研究不够深入，因此，中国武术史的全面系统研究尚有
待于各断代武术史研究的充实，一部完整的中国武术史，应该全面展现中
国武术发展的历史演进，史料丰富，考证得当，由各个断代武术史积聚而
成，并从各断代武术史发展中提炼、总结中国武术体系的理论与内在发展
规律，用以指导中国武术发展现实中遇到的问题。一般一门学科的通史均
有数卷之多，相对于其他学科，中国武术史的通史研究还相差甚远，有待
于各断代武术史的研究成果逐渐积累。

　　（二）中国武术断代史研究

　　目前所见到的有关中国武术古代断代史的专著仅有一本《清代武术
史》①，作者赵双印。该书主要论述了清代武术的特点、分期及发展趋势，
对清代民间武术的体育化进程、清代武术的拳种、清代民间武术活动及清
代思想与理论进行了论述。但从严格的学术研究角度，尤其作为武术断代
史研究，该著论述较为简略，仅仅是资料的简单收集整理，缺乏必要的历
史考证及理论提炼。尤其是对清代武术发展的几个重要问题没有涉及，如
洪门等秘密会社对清代武术的影响；清代台湾武术的发展特征等。

---

　　① 赵双印：《清代武术史》，河北人民出版社 2005 年版。

2009 年台湾逸文武术文化有限公司出版了杨祥全、杨向东合著的《中华人民共和国武术史》①，填补了现代中国武术断代史研究的空白，该书在占有大量资料的前提下，对新中国成立以后的武术发展进行了文献梳理，对武术发展中的问题提出了一些个人观点，总体上资料较为翔实，但似乎缺少些对新中国武术史发展中的理论提炼。此外，在此以前的中国武术史专著中一般都有各个断代的武术史论述，但论述大多较为宽泛，仅论述各个朝代具有代表性的武术事项，缺乏对各个朝代武术史深入的挖掘与武术发展规律、理论的提炼。

（三）有关明代武术文献记载及研究

现仅从本课题研究的主要内容出发，对明代武术的有关研究成果做一梳理。

1. 中国古代文献典籍中有关明代武术的记载

明清是我国古代武术文献记载最为丰富的时期，这一时期的兵书、专著及文集、野史笔记等文献中记载了大量有关明代武术技术、功法及相关理论，其武术内容丰富、体系完备、理论深奥，均达到了中国古代武术的最高水平，这些文献记载的武术为今天研究中国武术体系及理论提供了宝贵的史料。

兵书类文献记载的明代武术②。明代兵书等著作中保留了大量珍贵明代军事武艺，这些军事武艺是明代武术的重要内容，亦是研究明代武术的重要文献。如唐顺之《武编前集》卷五对拳、刀、剑、枪、扒、简、锤等的论述；戚继光《纪效新书》（十八卷本）卷十至十四的长兵短用、藤牌总说、短兵长用、射法、拳经捷要等篇；郑若曾的《江南经略》卷八上的《兵器总论》中有关明代拳、枪、剑、刀、棍、弓弩、钯、杂器等记载；何良臣《阵纪》卷二之《技用篇》；赵本学、俞大猷《续武经总要》卷八《韬钤续篇》有关剑经、射法记述；王鸣鹤《登坛必究》卷二十九、卷三十有关器械、器图、剑经、长枪的记载等，这些兵书中所记载的武术篇既有论述深入的武术拳、器械用法，也闪烁着极有创见的武术理论总结，另外也有转抄、辑录的武术篇章，即便是记述或抄录的内容，也

① 杨祥全、杨向东编著：《中华人民共和国武术史》，逸文武术文化有限公司 2009 年版。

② 《中国兵书集成》编辑委员会编：《中国兵书集成》，解放军出版社、辽沈书社联合出版 1989 年版。

为后人留下了珍贵的文献，具有极高的史料价值，我们正是通过这些兵书中武术篇章的点滴记载来研究明代的武术发展演进，深入探索明代武术的概貌及其发展规律，但目前武术界鲜有对这些兵书记载的明代武术技术体系、理论的专门研究。

明代武术专著。明代开始出现专门论述武术的专著，虽不多但均具有极高的研究价值，以往有关武术的记录多在兵书中，明代出现了专门论述的武术文献，这为后人研究明代的武术提供了直接的文献。俞大猷的《剑经》是专门论述棍法的武术专著，对棍法进行了技术、理论的详细论述，代表了明代棍法的最高理论水平，被称为"短兵长用之法，千古奇秘"（戚继光语），"棍法之妙，亦尽于大猷"（何良臣语）；明代程宗猷的《耕余剩技》是由《长枪法选》《少林棍法阐宗》《单刀法选》《蹶张心法》四部专著组成，既有文字记述又配有图谱，有枪法图十八式、刀法图三十四式、棍法图五十五式，并有套路演练路线，为我国武术图谱最早记录套路路线的武术专著，具有很高的研究价值；毕坤的《浑元剑经》分内、外篇，内篇主要论述剑术的各种原理及理论，外篇主要论述剑术的各种技术，如剑破棍等。另外，明代流传到周边国家的武术文献具有极高的价值，有的为国内所罕见，如明代流传到朝鲜并经其整理汇编的《武艺图谱通志》，就记载有国内明代武术文献所没有的双手刀及古剑法图谱，唐豪先生曾因当年错过购买此书而引以为憾，故而搜集周边国家有关明代武术文献与国内明代武术典籍对照的研究文献，对研究明代武术有重要的学术意义。此外，国内有些藏于明代兵书中的武术文献仍有待于发现、整理，这些明代珍贵的武术文献至今缺乏对其进行深入的武术技术体系与理论的分析研究，这些武术史料为我们今天研究武术的技术、理论及其某些拳种、流派的起源提供了必要的历史文本。

文集、笔记、野史及其他文献中的明代武术。除兵书、专著中记载的明代武术，在明代一些文集、笔记小说、大型类书等文献中亦有大量有关明代武术的记载。如唐顺之的《唐荆川文集》卷三关于峨眉道人的拳歌、日本刀歌、杨教师的枪歌等；俞大猷的《正气堂集》余集卷四中的棍法、《剑经》等；《古今图书集成》《三才图会》《续文献通考》等大型类书中的武术内容辑录等；明代的笔记小说如明代谢肇淛的《五杂俎》卷五中有关十八般武艺的记载，朱国祯《涌幢小品》卷十二有关兵器牌、刀、枪、剑、棍、弓、弩、白打等，其中也有十八般兵器的名称记载等，这些野史、笔记小说中还记载了一些明代武术人物事迹，为我们了解明代民间武术的发展提供了一个侧面。相对于兵书、武术专著等文献，这些文献中记载的武术更为广泛，也更为丰富，从明代武术技术、武术人物到拳种流派，为我们认识明代武术，尤其是民间的武术发展提供了多层次的文化视野。有些文献记载的史料价值不低于正史文献，由于这些文献数量众多，有些记载还没有进入武术研究者的视野，而对这些文献中武术史料的翻检与搜寻是研究明代民间武术的重要途径，可以从正史文献以外弥补研究的空白。

2.《明史》中有关武术的记载

《明史》中关于武学、科举的武艺记载。其中卷六十九之"选举一"："武学之设，自洪武时置大宁等卫儒学，教武官子弟。正统中，成国公朱勇奏选骁勇都指挥等官五十一员，熟娴骑射幼官一百员，始命两京建武学以训诲之。"① 卷七十之"选举二"："武科，自吴元年（1367）定。洪武二十年（1387）谕礼部请，定武学，用武举。武臣子弟于各直省应试。天顺八年（1464）命天下文武官举通晓兵法、谋勇出众者，各省抚、按、三司，直隶巡按御史考试。中式者，兵部同总兵官于帅府试策略，教场试弓马。答策二道，骑中四矢、步中二矢以上者为中式。骑、步所中半焉者次之。成化十四年（1478）从太监汪直请，设武科乡、会试，悉视文科例。弘治六年（1493）定武举六岁一行，先策略，后弓马。策不中考不许骑射。十七年（1504）改定三年一试，出榜赐宴。正德十四年（1519）定，初场试马上箭，以三十五步为则；二场试步下箭，以八十步为则；三场试策一道。……穆、神二宗时，议者尝言武科当以按勇为重。万历之末，科臣又请特设将材武科，初场试马步箭及枪、刀、剑、戟、拳搏、击刺等法，二场试营阵、地雷、火药、战车等项，三场各就其兵法、天文、地理所熟知者言之。报可而未行也。"② 卷二百六十九之"姜名武列传附"："（王）来聘，京师人。崇祯四年（1631），中武会试。时帝锐意重武，举子运百斤大刀者止来聘及徐彦琦二人，而彦琦不与选。……（帝）遣词臣倪元璐等覆阅，取百人，视文榜例，分三甲传胪锡宴，以前三十卷

① 张廷玉等撰：《明史》，中华书局 2010 年版，第 1690 页。
② 同上书，第 1708 页。

进呈，钦定一甲三人，来聘居首，即授副总兵。武榜有状元，自来聘始也。"①

《明史》中关于各种乡兵、土兵的武艺记载。其中卷九十一之"兵三"记载："乡兵者，随其风土所长应募，调佐军旅缓急。其隶军籍者曰浙兵，义乌为最，处次之，台、宁又次之，善狼筅，间以叉槊，戚继光制鸳鸯阵以破倭，及守蓟门最有名。曰川兵、曰辽兵，崇祯时，多调之剿流贼。其不隶军籍者，所在多有。河南嵩县曰毛葫芦，习短兵，长于走山。而嵩及卢氏、灵宝、永宁并多矿兵，曰角脑，又曰打手。山东有长竿手。徐州有箭手。井陉有蚂螂手，善运石，远可及百步。闽漳、泉习镖牌，水战为最。泉州永春人善技击。正统间，郭荣六者，破沙尤贼有功。商灶盐丁以私贩为业，多劲果。成化初，河东盐徒千百辈，自备火炮、强弩、车仗，杂官军逐寇。而松江曹泾盐徒，嘉靖中，逐倭至岛上，焚其舟。后倭寇见民家有醝囊，辄摇手相戒。粤东杂蛮蛋，习长牌、斫刀，而新会、东莞之产强半。延绥、固原多边外土著，善骑射，英宗命简练以备秋防。大籐峡之役，韩雍用之，以摧瑶、僮之用牌刀者。庄浪鲁家军，旧隶随驾中，洪熙初，令土指挥领之。万历间，部臣称其骁健，为敌所畏，宜鼓舞以储边用。西宁马户八百，尝自备骑械赴敌，后以款贡裁之。万历十九年，经略郑雒请复其故。又僧兵，有少林、伏牛、五台。倭乱，少林僧应募者四十余人，战亦多胜。西南边服有各土司兵。湖南永顺、宝靖二宣慰所部，广西东兰、那地、南丹、归顺诸狼兵，四川酉阳、石砫秦氏、冉氏诸司，宣力最多。末年，边事急，有司专以调三省土司为长策，其利害亦恒相半云。"②

明史中记载了明代全国各地的乡兵、土兵武艺风格各异，各有所长，具有独特的地域武术风格，这些不同地域的乡兵在征调时，促进了各种武术兵器的汇集与交流。在冷兵器时代，军旅武艺以器械为主，兵器的型制不同，也代表了使用器械技术的各异，致使使用相应武术器械的技术存在着差异。从以上文献中记载的各种乡兵、土兵的器械及其各有所长，大略了解明代军旅武艺的概貌，这些军中的技艺也不免随之流落民间，演变成为民间传统武术技术。

---

① 张廷玉等撰：《明史》，中华书局 2010 年版，第 6923 页。

② 同上书，第 2251—2252 页。

　　《明史》的列传中有一些人物传记载有个人武术。卷一百七十二之"白圭传":"千斤名通,河南西华人。县门石狻猊重千斤,通只手举之,因以为号。"① 卷一百八十七之"马中锡传":"刘六名宠,其弟七名宸,文安人也,并骁悍善骑射。先是,有司患盗,召宠、宸及其党杨虎齐彦名等协捕,频有功。会刘瑾家人梁洪徽贿于宠等不得,诬为盗……宠、宸窘蹙,跳民家楼上,欲自刭。而玉素受贼贿,故援之,有顷,彦名持刀至,杀伤数十人大呼抵楼下,宠、宸如救至,出,射杀数十人。"② 卷一百三十一之"费聚列传":"费聚,字子英,五河人。父德兴,以材勇为游徼卒。聚少习技击。太祖遇于濠,伟其貌,深相结纳。"③ 卷一百四十二之"瞿能列传":"时与北兵战死者,有都指挥庄得、楚智、皂旗张等。……皂旗张,逸其名,或曰张能力挽千斤,每战辄麾皂旗先驱,军中呼'皂旗张'。死时犹执旗不仆。"④ 卷一百四十四之"平安列传":"平安,滁人,小字保儿。父定,从太祖起兵,官济宁卫指挥佥事。从常遇春下元都,战没。安初为太祖养子,骁勇善战,力举数百斤。袭父职,迁密云指挥使,进右军都督佥事。……安久驻真定,屡败燕兵,斩骁将数人,燕将莫敢婴其锋。"⑤ 卷一百四十四之"顾成列传":"顾成,字景韶,其先湘潭人。祖父业操舟,……成少魁岸,臂力绝人,善马槊,文其身以自异。太祖渡江,来归,以勇选为帐前亲兵,擎盖出入。尝从上出,舟胶于沙,成负舟而行。"⑥ 卷二百十二之"俞大猷列传":"俞大猷,字志辅,晋江人。少好读书。……已,又从李良钦学剑。……举嘉靖十四年(1535)武会试。除千户,守御金门。……为汀漳守备。莅武平,作读易轩,与诸生为文会,而日教武士击剑。……新兴恩平崀贼谭元清等屡叛。……而亲率数人遍诣贼崀,晓以祸福,且教之击剑。贼骇服。有苏青蛇者,力格猛虎,大猷绐斩之,贼益惊。"⑦ 卷二百五十三之"张至发列传附":"刘宇亮,绵竹人。万历四十七年(1619)进士。屡迁吏部右侍郎。……宇亮

①　张廷玉等撰:《明史》,中华书局 2010 年版,第 4596 页。
②　同上书,第 4951—4952 页。
③　同上书,第 3851 页。
④　同上书,第 4039—4040 页。
⑤　同上书,第 4069—4071 页。
⑥　同民书,第 4073—4074 页。
⑦　同上书,第 5601—5602 页。

短小精悍，善击剑。居翰林，常与家僮角逐为乐。"①

　　《明史》中有关射艺的记载。其中卷五十七之"礼志十一"："大射之礼，后世莫讲，惟《宋史》列于嘉礼。至《明集礼》则附军礼中，《会典》亦然。其制，洪武三年（1370）定。凡郊庙祭祀，先期行大射礼，工部制射侯等器。……其职事，设司正官二，掌验射者品级尊卑人力强弱西定耦，其中否则书于算，兵部官职之。司射二，事先以强弓射鹄诱射，以鼓众气，武职官充之。司射器官二，掌辨弓力强弱，分为三等，验人力强弱以授，工部官职之。……大祖又以先王射礼久废，弧矢之事专习于武夫，而文士多未解。乃诏国学及郡县生员皆令习射，颁仪式子天下。朔望则于公廨或闲地习之。其官府学校射仪，略仿大射之式而杀其礼。"② 卷九十二之"兵志四"："洪武六年（1373）命中书省、大都督府、御史台、六部议教练军士律："骑卒必善驰射枪刀，步兵必善弓弩枪。射以十二矢之半，远可到，近可中为程。远可到，将弁百六十步、军士百二十步；近可中，五十步。彀弩以十二矢为五，远可到，蹶张八十步，划车一百五十步；近可中，蹶张四十步，划车六十步。枪必进退熟习。……后十六年（1383），今天下卫所善射者，十选一，于农隙分番赴京较阅，以优劣为千百户赏罚，边军本卫较射。……（嘉靖六年，即1527）又令每营选枪刀箭牌铳手各一二人为教师，转相教习。……先是浙江参将戚继光以善教士闻，……继光尝著《练兵实纪》以训士。一曰练伍，首骑，次步，次车，次辎重；先选伍，次较艺，总之以合营。二曰练胆气，使明作止进退及上下统属，相友相助之义。三曰练耳目，使明号令。四曰练手足，使熟技艺。五曰练营阵，详布阵起行、结营及交锋之正变。终之以练将，后多遵用之。"③ 卷二百八之"刘绘列传"："（刘）绘长身修髯，磊落负奇气。好击剑，力挽六石弓，举乡试第一，登嘉靖十四年（1535）进士。"④ 卷二百十一之"马芳列传"："马芳，字德馨，蔚州人。十岁为北寇所掠，使之牧。芳私以曲木为弓，削矢射。谙答猎，虎骧其前，芳一发毙之。乃授以良弓矢、善马，侍左右。"⑤ 卷二百四十八之"梅之焕列传"："年十

---

① 张廷玉等撰：《明史》，中华书局2010年版，第6536页。
② 同上书，第1440—1441页。
③ 同上书，第2258—2260页。
④ 同上书，第5507页。
⑤ 同上书，第5584页。

四为诸生。御史行部阅武，之焕骑马突教场。御史怒，命与材官角射。九发九中，长揖上马而去。万历三十二年（1604）举进士，改庶吉士。"① 卷二百五十九之"熊廷弼列传"："（熊廷弼）万历二十五年（1597）举乡试第一。明年成进士……廷弼身长七尺，有胆知兵，善左右射。"② 卷二百六十二之"汪乔年列传"： "（汪乔年）天启二年（1622）进士。……自负才武，休沐辄驰骑，习弓刀击刺，寝处风露中。"③ 卷二百八十四之"儒林列传三"："（孔）弘绪（先圣后裔）才十岁，进止有仪，帝甚悦。每岁入贺圣寿。……凡南城赏花，西苑较射，皆与焉。"④ 卷三百七之"佞幸列传"："（纪）纲，善骑射，便辟诡黠，善钩人意向。……纲又多蓄亡命，造刀甲弓弩万计。端午，帝射柳，纲属镇抚庞瑛曰：'我故射不中，若折柳鼓噪，以觇众意。'瑛如其言，无敢纠者。"⑤

《明史》中有关角抵的记载。其中卷一百八十六之"韩文列传"："韩文，字贯通，洪洞人。……成化二年（1466）举进士，……文司国计二年，力遏权幸，权幸深疾之。而是时青宫旧奄刘瑾等八人号'八虎'，日导帝狗马、鹰兔、歌舞、角抵，不亲万几。文每退朝，对僚属语及，辄泣下。"⑥ 卷三百四之"宦官列传一"："刘瑾，兴平人。……武宗即位，掌钟鼓司，与马永成、高凤、罗祥、魏彬、丘聚、谷大用、张永并以旧恩得幸，人号'八虎'，而瑾尤狡狠。尝慕王振之为人，日进鹰犬、歌舞、角抵之戏，导帝微行。帝大欢乐之，渐信用瑾，进内官监，总督团营。"⑦ 卷三百七之"佞幸列传"："（江）彬狡黠强很，貌魁硕有力，善骑射。谈兵帝前，帝大说，擢都指挥佥事，出入豹房，同卧起。尝与帝弈不逊，千户周骐叱之。……一日，帝捕虎，召宁（钱宁），宁缩不前。虎迫帝，彬趋扑乃解。……于是调辽东、宣府、大同、延绥四镇军入京师，号外四家，纵横都市，每团练大内，间以角抵戏，帝戎服临之。与彬联骑出，铠

① 张廷玉等撰：《明史》，中华书局 2010 年版，第 6417 页。
② 同上书，第 6691—6693 页。
③ 同上书，第 6780—6781 页。
④ 同上书，第 7298 页。
⑤ 同上书，第 7876—7877 页。
⑥ 同上书，第 4913—4915 页。
⑦ 同上书，第 7786 页。

甲相错，几不可辨。"①

正史中对明代武术的记载多分布在明史的志、人物列传中，主要是有关武举、个人武艺及射艺的记载，这些武艺是了解明代武术的重要资料来源。对正史中记载的明代武术要按图索骥，深入分析。正史中记载的文字一般较少，重要的是提供了一些史料线索，供以辅助其他史料相互补充，来深入分析人物或某一重要武术事项。

3. 近代以来学者对明代武术的研究

近代以来是武术史研究的大发展时期，这一时期对明代武术史研究较为有代表性的有如下学者。

我国近代武术史学的拓荒者唐豪先生一直把研究重点放在明清，对有关明代武术有所涉及，如在《少林武当考》的上编少林考中有明代之少林②，提及明代少林武术以棍著名的僧人洪纪师、宗想师、洪转师等，以及明代习武于少林的程冲斗、程云水、程君信、程涵初、边澄等；在《中国古佚剑法》一书中唐先生认为这是得自明代的《朝鲜武艺丛书》（御定武艺图谱通志），而且朝鲜书中记载的中国明代《纪效新书》中的三十二式《拳经》及《梨花六合枪》诸法在中国已不多见；《中国武艺图籍考》中亦有一些明代武术典籍目录；《行健斋随笔》一书中对明代一些武术人物如洪纪、张松溪之籍贯与师承以及嘉靖御倭僧兵、王来咸（征南）均有所考证，另外在唐先生编辑的《中国体育史参考资料》（共八辑）中也发表了有关明代武术的研究成果，如《古代中、朝、日剑术交流的若干考察》（第六辑）。总之，唐豪先生对明代武术史中的一些人物、事件、武术典籍等的研究为本课题研究提供了较为丰富的前期基础，但唐豪先生限于时代以及史料所限，今天的各种研究成果将为唐先生的研究提供可以补充与修正的研究成果，这应该是唐先生所希望的，也是当代武术史研究者应在前人基础上的深化。

林伯原教授曾对明代武术发展状况进行过初步研究，其研究成果先后发表在《体育文史》《体育科学》上，如《明代武术发展状况初探》（《体育科学》1982年第3期）、《明代拳法门类的大量出现及其发展》（《体育文史》1991年第6期）、《明代刀术的丰富与发展》（《体育文史》

① 张廷玉等撰：《明史》，中华书局2010年版，第7886页。
② 唐豪：《少林武当考》，山西科技出版社2008年版，第64页。

1992 年第 1 期)、《明代竞相争雄的诸家枪法》(《体育文史》1992 年第 2 期),对明代武术的发展进行了较为全面的梳理,这些研究成果大多体现在其《中国武术史》的明代武术篇章中,应该说林伯原教授是继唐豪先生之后较早对明代武术进行初步系统研究的学者。

马明达教授对明代武术的研究。马明达教授是当代知名学者,出身武学世家,历史学专业,长于考据,对古代兵器、武艺及我国民族传统体育研究多有建树,其对明代武术的有关研究,大多体现在其专著《说剑丛稿》(修订本,中华书局,2007 年)、《武学探真》(上、下册,台北:逸文出版有限公司,2003 年)。在《说剑丛稿》中有"明末武术家石敬岩考述""抗倭英雄瓦氏夫人""历史上中、日、朝剑刀武艺交流考""明代刀法得之佛郎机考""戚继光《拳经》探论""吴殳的五种武学著作"等专题研究,这些专题研究考证翔实,显示了其深厚的武学修养与史学考据功力,更是为研究明代武术史提供了许多研究线索。

对明代少林武术的研究①。周伟良教授认为明清时期是少林武术发展史上最为耀眼的亮点,但明清两代少林武术呈现的文化走向并不一致,"保邦靖世即传灯"是明代少林武术活动的主旨(释永信主编:《少林功夫文集》,少林书店,2003 年),需要特别指出的是,周伟良教授对明代武术的研究涉猎较广,如明代的易筋经、峨眉武术等等。以色列特拉维夫大学夏维明的《明代少林武术考》一文对明代少林武术中的诸多问题进行了考证。程大力教授对明代少林僧兵抗倭事迹及少林棍法渊源进行过详细考证,对于认识明代少林武术有重要的学术意义,另外在其博士论文《少林武术通考》中亦对明代少林武术中的一些问题进行深入考证分析,他认为明代的少林武术是冷兵器时代中国军事武艺与世界军事武艺的最高峰,也是少林武术对中国武术所作的一大重要贡献(程大力:《少林武术通考》,少林书局,2006 年)。

另外,近年来有些学者发表的有关武术史研究成果,提出的武术史研究理论为明代武术史研究提供了可贵的研究视野,如王岗教授连续在《武术科学》发表的《甄别考证:武术史研究的史料运用》(2006 年第 4 期)、《宏观与微观:武术史研究的两条途经》(2006 年第 5 期)、《武术史应是世界的武术史》(2006 年第 6 期)。

---

① 释永信:《少林功夫文集》,少林书店 2003 年版。

其他一些报纸、杂志发表的武术史研究论文及史学研究成果也为本研究提供了研究思路与启示。

三　研究思路

本研究属于历史学的专门史研究范畴，通过对前期明代武术史有关资料的收集，初步设计本课题研究思路：

（1）通过对明代有关史料的广泛收集、梳理与阐发，研究明代武术的技术体系、理论水平所达到的高度，充分展示明代武术的发展状况，即历史学研究的"是什么"的问题。

（2）从明代社会、政治及文化多方面深入分析对明代武术的影响，研究明代武术发展、繁荣的历史文化因素，找出其内在发展规律，即历史学研究的"为什么"的问题。

（3）明代武术的发展在整个中国武术历史演进中的历史地位与意义，以及明代武术在中国武术发展史上的价值。

（4）明代武术对其后中国武术产生了何种影响？为明清以来中国武术的嬗变及当代中国武术的发展提供历史理论依据。

总之，在沿着这条历史逻辑发展的思路，对明代武术既需要有宏观的阐述，亦应有微观深入的考证，既需要有对明代武术技术体系、拳种流派的深入考证分析，更需要对明代武术在理论上有所提炼和阐发，揭示明代武术发展的内在规律，发前人所未发，力求有所创新。

四　研究方法

（一）历史学方法

历史学方法是本研究主要的研究方法，本研究属于历史学中的专门史研究，在史学体例上为断代史研究。历史学方法主要是运用历史学的观点和方法来研究武术的历史发展及其演进，史学研究主要是通过史料来研究历史发展过程本身的科学，包括史料学与编史学两大门类。史料学主要是发现、收集、整理、考证辨识和研究历史材料，是以文字、文物、考古、图片、声像等材料为历史研究的依据与基础；编史学则是对史书编著的体裁、体例、史料运用、史学考证等问题进行研究。根据本课题的研究实际，在研究方法上主要为史料学与编史学方法两大类，在史料学方法上要尽力在国内外图书馆及网络发现、搜集、考证、辨识、梳理明代武术的有关史料，尽量以求"竭泽而渔"；在编史学方法上则借鉴相关学科有关断代史体裁、体例、史学论证的研究方法。

（二）文献学方法

文献是指一切非实物形式、具有历史价值的史料，包括图书、档案、图片等。文献学研究方法主要包括目录学（对历史文献进行搜集、分类、编目）、版本学（对历史文献的不同版本进行辨识与校勘）、档案学（对档案材料进行分类与整理）、典籍学（对历史典籍进行辑佚辨伪）、训诂学（对古籍中的词语进行解释），等等。文献学方法是武术史研究的重要历史学研究方法之一，尤其是对于古代（明代）武术史研究具有重要意义，明代以来保存有大量的兵书、武术文献典籍、正史及野史笔记、档案等，这些文献蕴涵有丰富的明代武术史料，是研究明代武术发展的史料重要来源与基础。除了较为常见的明代军事著作中的武术史料，在明代其他兵书类中仍有大量明代武术史料有待于挖掘、整理，明代档案中也有一些有关武术的史料需要梳理，另外，大量的明代野史笔记中有零碎的明代武术记载，这些野史笔记中的武术史料有的具有重要价值，可以弥补正史之不足，并可以与正史及其他文献相互印证。故而本研究的文献学方法主要涉及的文献资料有明代军事著作中有关武术的记载，官修正史中的兵志、兵考、选举志、人物传记以及明代个人笔记、文集、文钞、见闻录、随笔等，虽然有些问题难以考证，但依靠丰富的史料相互印证，在史料挖掘及理论研究上争取有所突破。

（三）人类学田野调查法

人类学的社会、田野调查就是深入社会，走进田野，对与明代武术有关的拳种、流派代表人物事迹进行访谈、深入地区进行社会事实信息资料、文物遗迹等调查，并对收集到的材料进行整理、描述和解读。明代文献记载的武术拳种及流派承传有序流传至今的并不多，有些拳种、流派仅在文献中提及，有待于深入实地进行田野调查，进而从实地搜集有关史料、文物或口传史料进行解读与破解，如对明代少林寺有关碑刻进行调研分析明代少林武术的发展；明代浙江浙东宁波内家拳的兴起与流传；明代文献记载的著名棍法，如青田棍、紫薇棍，等等，以及一些明代文献中提及的明代民间武术家的武学思想及其武技，如明代的陈元赟、刘云峰、项元池等，这些明代文献有所提及但仅有少量文字记述的武术家在明代武术史上具有重要地位，他们的行踪及武术传播在中国武术史上具有重要意义，但文献对于具体记载的信息较少，有待于深入实地搜集史料及调研，对其武术及其生平有待于更深入、具体的了解与评述，这些对勾勒明代武术史演进具有理论意义。

（四）社会学方法

社会学是一门试图用科学的思维逻辑来研究人类社会和社会生活的学科，从某种角度，或侧重对社会，或侧重对作为社会主体的人，或侧重对社会和人的关系，进行综合性的研究①。我国学者对历史与现实社会的研究认为："社会学是关于社会良性运行和协调发展的规律性的综合性具体社会科学。"② 社会学研究方法总是强调从总体上来研究社会，总是试图从这一现象与其他社会现象的联系上把握。因此，在深入论述明代武术的发展时，需要将这些历史现象放在明代的总体社会背景下研究，如明代资本主义萌芽社会现实背景对于明代武术的民间发展的影响，以及明代社会政治背景对于明代武术与周围国家的武术对外交往，等等。近年来史学领域提出了"历史社会学"概念及理论，并将"历史社会学"理论应用于明代史研究，取得了一些成果。对明代武术发展的种种社会现象必须考量其内在的历史因素，明代武术发展所呈现出来的种种表象仅是历史发展中社会互动的结果。故而，在研究中要加强社会学及历史社会学的学科知识，并运用这些理论分析明代武术史的发展，揭示明代武术史发展的内在规律。

另外，在研究过程中，结合具体内容还会采用一些诸如逻辑分析法、个案分析法等研究方法。

五　研究的重点与难点

本课题研究重点力求以充分的文献资料把明代这一时期的武术，原原本本地展现在人们面前，尤其是明代民间武术的发展及其与军旅武艺的分离、各自特征。因此前期研究所必需的资料收集整理浩繁，追求武术史学研究的史料及理论突破亦是本研究的难点。另外，在武术断代史的体例写法上也是一个逐步探索的过程。

---

① 卢元镇：《体育社会学》（第二版），高等教育出版社 2006 年版，第 8 页。
② 郑杭生主编：《社会学概论新修》，中国人民大学出版社 1994 年版，第 9 页。

六　理论假设及可能的创新点

（一）理论假设

1. 明代武术体系所包含的拳种、器械及功法已趋全面成熟。军旅武艺与民间武术的交流呈现不同的特点：军旅武艺由于得到广泛的不同地域的武技交流而得到较大发展，并有所创新；民间武术呈现出一家、一派各具特点的流派特色，明代前期民间交流相对较少，后期逐渐增多。

2. 明代民间武术出现大发展与明代社会经济尤其是资本主义萌芽有着某种联系，明代民间社会风俗的演变促进了民间武术的繁荣。

3. 明代武术虽以军旅实用器械为主，却从民间武术器械中吸收了一些实用器械，明代军旅武艺与民间武术的交融促进了明代武术的大发展。

4. 明代是一个开放、强盛的时代，是中西文化平等交流对话的时代，明代武术的对外交流获得充分展现。

（二）可能的创新点

本课题试图以武术断代史的体例充分展现明代武术的历史发展演进，可能是对武术断代史体例的一个创新；本课题将在论述明代军旅武艺发展的同时，着重勾勒出明代民间武术的发展概况，并对中国武术史演进中一些零碎的史料片段及武术人物技艺进行尽量的历史复原，这也许会在武术史的拳种、器械及人物上填补某些空白；运用跨学科的理论（如历史社会学）对明代武术进行理论阐述也许是一个创新。

就研究方法论而言，在利用明代武术文献考订史事之同时，探寻中国明清以来武术的演进及其嬗变，与中国历史所呈现的"明清鼎革"两种叙事之间的差异，以及这种差异之所以发生的思想背景，亦不失为一种新的研究路径，或有利于拓宽目前逼仄的武术史研究局面。

第 一 章
明代社会发展及其对武术的影响

明代武术在中国武术历史发展长河中具有承前启后的里程碑地位，这与明代特殊的封建历史阶段、所处时代及社会背景有着密切的关系。明代"承前"之曾长期严禁民间私藏兵器及习武之元代，使得元代武术多在另类艺术形式元杂剧中得以生存、发展，并推动了中国武术的套路程式化、艺术化发展之路。在经历禁武的元代后，明代武术器械繁多、大量拳种流派的出现、武术套路的更趋成熟等促进了中国武术体系的完善，具有前承元代之功。明代武术体系的成熟还表现在"启后"的清代中国武术大发展，明代虽然有大量拳种、流派的出现，但由于正处于中国武术拳种、流派发展的初始阶段，加之文献记载的缺失，因此明代武术拳种流派呈现出大致的特征，详细具体的拳种流派还没有成熟，清代大量涌现的拳种流派所展现的中国武术大繁荣景象正是明代武术发展之"果"。正因为明代处于这种中国武术发展"承前""启后"的特殊历史阶段，才使得明代武术发展的历史、时代及社会背景成为深入探究明代武术发展的首要因素，这将为我们认识明代武术发展提供一个历史时空背景，亦是我们讨论、认识明代武术发展的基本前提。

第一节　明代武术发展的时代及社会背景

明代始终外有边防"北虏南倭"之患，并时常伴随着国内农民起义、暴动、边远地区少数民族叛乱及兵变之忧。这些时代背景为明代武术的发展提供了基本的历史时空场景，明代武术就是在这样一种时空交错中孕育、发展与演进的。

一　北虏、南倭边防之患

明代是建立在推翻元代蒙古族政权的基础之上的，却并没有完全消灭蒙古贵族政权，而只是将其逐出"中原"。蒙古贵族重返朔漠，此后继续保持着自己的政权，与明朝南北对峙。元顺帝被逐而奔走大漠后，仍常怀进攻之心，"元人北归，屡谋复兴。永乐迁都北平，三面近塞"①。由于蒙古铁骑保持着较强的军事力量，并时常侵扰明朝边防，明代建立后朱元璋及其后继者始终不断对蒙古用兵，以图消灭、驱除蒙古进犯边境，仅洪武时期就曾分别在洪武三年（1370）、洪武五年（1372）命徐达为征虏大将军大规模出征大漠②。为了应对蒙古侵扰，加强北部边防，永乐年间（1420）明朝将京师从南京迁往北京。经过几次征虏之战虽取得了一些胜利，不断驱逐蒙古残余势力远离边境，但仍不能消灭蒙古贵族部落，明朝政府开始在战略上由进攻转为防御。自明太祖、明成祖直至明仁宗、明宣宗时期，由于拥有一大批具有丰富作战经验的将领和军队具有强大的战斗力，明代始终保持着对蒙古军事优势③，使得蒙古铁骑无法靠近北方边境。明英宗正统（1436—1449）时期，蒙古族瓦剌兴起，正统十四年（1449），明英宗在土木堡战败并成为瓦剌俘虏，即"土木之败"，明朝军事精锐损失，这被看作明代中期的开端，也是明朝军事力量由强转弱的转折点，自此明朝边防连年吃紧，"正统以后，敌患日多。故终明之世，边防甚重"④。

倭寇一般是指中国人和朝鲜人对 13 世纪至 16 世纪侵掠中国和朝鲜沿海的由日本武士、浪人和奸商组成并得到日本封建主支持的海盗集团的称谓⑤。纵观明代沿海的历史，倭寇入侵几乎贯穿明代统治始终。洪武元年（1368）即有"倭寇出没海岛中，乘间辄傅岸剽掠，沿海居民患苦之"⑥；嘉靖年间为史上倭寇侵扰最为严重的时期，"至嘉靖中，倭患渐起，……时倭纵掠杭、嘉、苏、松，踞柘林城为窟穴，大江南北皆被扰"⑦，倭寇侵扰从嘉靖初年绵延至嘉靖中期达到极其猖獗的程度。由于嘉靖后期抗倭名将戚继光、俞大猷等对倭寇的打击，隆庆、万历后倭患

①　张廷玉等撰：《明史》卷九十一《兵三》，中华书局 2010 年版，第 2235 页。

②　南炳文、汤纲：《明史》（上），上海人民出版社 2008 年版，第 67—70 页。

③　谢建平：《明代武举与社会》，华中师范大学硕士学位论文 2002 年，第 10 页。

④　张廷玉等撰：《明史》卷九十一《兵三》，中华书局 2010 年版，第 2235 页。

⑤　范中义，仝晰纲著：《明代倭寇史略》，北京中华书局 2004 年版，第 1 页。

⑥　张廷玉等撰：《明史》卷一百三十《张赫传》，中华书局 2010 年版，第 3832 页。

⑦　张廷玉等撰：《明史》卷九十一《兵三》，中华书局 2010 年版，第 2244—2245 页。

稍减。

二 农民起义、暴动、边远地区少数民族叛乱及兵变之内忧

"在明初的六七十年中，农民起义就此起彼伏，连绵不断。这些起义遍布于广东、广西、福建、江西、湖广、四川、陕西、山东和浙江等十来个省份，规模大的有几十万人。一个王朝的初期，农民起义竟如此频繁，地域如此广泛，这在历代封建王朝中也是少见的"①。明中期正统到正德年间几次规模较大的农民起义有浙江叶宗留矿工起义、福建邓茂七起义、广东黄萧养起义、大藤峡地区瑶壮族人民起义、荆襄流民起义、四川农民起义、河北刘六刘七起义等。明嘉靖时期农民起义有山东矿工起义、山西陈卿起义、河南盐徒师尚诏起义、广东陈以明起义、四川蔡伯贯起义、浙赣矿工起义等，嘉靖时期发生的兵变有嘉靖三年（1524）大同兵变、嘉靖十四年（1535）辽东兵变、嘉靖三十九年（1560）振武营兵变等②。

"明王朝诞生于半个世纪有增无减的扰攘纷乱中，在这个一切遭到破坏的年代，全国大部分地方的日常生活的进行日益直接诉诸暴力"③。在明代这种外有远患、内有近忧的时代历史时空交错下，摆在明朝统治者面前的这些亟待解决的问题的处理办法就是付诸"武备""暴力"，迫使其重视武备发展，不仅表现为明代涌现出诸如戚继光、俞大猷这样的精通武艺的武将，还有诸如唐顺之等文武兼备的一代风流，明代后期文人谈兵之风更是一派尚武气象。民间武术也涌现出多家各有绝技的武术家，如程宗猷、张松溪、王征南等。明代军旅武艺及民间武术的大发展需要放在明代这种历史时空中加以考察。

第二节 明代不同时期武术发展的特征

明代是通过农民起义推翻元代建立起来的，元代由于是蒙古族建立的政权，曾长期严禁民间习武及藏有兵器，实行严格的民间习武"禁令"，

---

① 南炳文、汤纲：《明史》（上），上海人民出版社 2008 年版，第 160 页。

② 同上书，第 391—396 页。

③ ［美］牟复礼、［英］崔瑞德编：《剑桥中国明代史（1368—1644）》，中国社会科学出版社 2007 年版，第 11 页。

使得民间武术的发展不得不以隐匿的形式，明代建立后，使得元代隐秘发展的武术形式获得发展的巨大空间，进而逐渐活跃起来，在明代的前期、中期及后期，明代武术呈现出愈来愈盛的不同发展阶段与特征。另外，终明一代始终外受"北虏南倭"之患，内有农民起义、少数民族叛乱及兵变之忧，故而明代军队武艺训练、武学、武举制均得到相当的重视，加上制度的不断完备，明代晚期整个社会呈现一派文人谈兵、论剑尚武之风盛行的气象。

一　明代初期：风土各异所长的不同地域习武日盛

"元末农民大起义打破了蒙古贵族关于严禁民间执兵器及习武的禁令，使民间武术活动极大地活跃起来"①。明代对民间习武活动大力提倡，并鼓励各地训练民壮、乡兵、土兵等，"卫所之外，郡县有民壮，边郡有土兵"②，因此，各郡县由于各地风土各异、武术特点不同而形成了不同技术风格的地域武艺。如明代抗倭最有名的浙兵，以义乌最好，处州（今浙江丽水）次之，台州、宁波又次之，擅长狼筅以及叉橯；四川兵，又叫辽兵，崇祯时多调用其剿流寇；河南嵩县有毛葫芦兵，习短兵，长于走山；而嵩及卢氏、灵宝、永宁并多矿兵，曰角脑，又曰打手；山东有长竿手；徐州有箭手；井陉有蚂螂手，善于运石，远可及百步；福建漳、泉兵习镖牌，水战为最；泉州永春人善于技击；粤东杂蛮蛋，习长牌、斫刀，以新会、东莞一带为多；延绥、固原多边外土著，擅长骑射；广西瑶、獞人擅长牌刀；另外僧兵有少林、伏牛、五台；四川西阳、石柱秦氏、冉氏诸司兵③。直隶灶丁盐徒习舟工水战；江右之安远龙南率大旗长枪；广西东兰、那地、南丹、归顺诸土司的狼兵，西南边陲还有各土司的土兵，如湖南永顺、保靖，有钩镰矛弩诸技④。明代社会对习武的倡导及政策的宽松，使得明代不同地域内因风土各异、器械各有所长的武术得到长足发展。

明初宽松的昌武之风，使得各地民壮、乡兵及土兵武艺纷呈，有的被带入军旅中，有的在民间得以流传，这些地域不同形成的风格各异、独具

---

①　林伯原：《中国武术史》，北京大学出版社 1994 年版，第 275 页。

②　张廷玉等撰：《明史》卷九十一《兵三》，中华书局 2010 年版，第 2249 页。

③　同上书，第 2251—2252 页。

④　《中国野史集成》编辑委员会、四川大学图书馆编：《中国野史集成·罪惟录》，巴蜀书社 1993 年版，第 566—567 页。

本土特点的武艺，反映出明代初期武术发展的一个特征，呈现出明代初期武术良好的发展态势，这也是元代长期民间禁武政策之后中国武术进入一个初步快速发展的时期。

二 明代中期：阶级矛盾激化的农民起义、暴动映射出的民间武术发展景象

明代虽然是由农民起义而建立起来的政权，但明建立后的初期及中期阶级矛盾却是不断激化的，主要是由于土地兼并的封建痼疾，伴随着明朝的建立而不断加强的土地兼并及剥削日益加重，在以土地为生的封建社会里，农民一旦失去土地就等于没有活路，因此，随着明代统治下的农民生活越来越艰辛，农民起义、暴动不断发生。在冷兵器时代，民间武术有时是推动农民起义的有力武器，由于明代对民间群体没有"禁武"之令，这些农民起义中所展现的民间习武活动景象成为我们了解明代中期武术发展的一面历史之鉴。

明代中期几次规模较大的农民起义中精通武术者不乏其人，从侧面反映出这一时期明代民间武术发展的景象。明正统十年（1445）叶宗留矿工起义，起义时"刀刃器仗悉具"[1]，"数日集数千余人，招龙泉人葛七为教师，习兵器"[2]；明正统十三年（1448）福建邓茂七农民起义，"茂七……豪侠为众所推。聚众集会，常数百人。……张留孙者，骁勇善战，茂七起事多倚之"[3]；成化元年（1465）荆、襄流民刘通"县门石狻猊重千斤，通只手举之"[4]，故号称刘千斤；正德五年（1510）河北刘六、刘七起义，"刘六名宠，其弟七名宸，文安人也，并骁悍善骑射。先是，有司患盗，召宠、宸及其党杨虎齐彦名等协捕，频有功。会刘瑾家人梁洪徽贿于宠等不得，诬为盗……宠、宸窘蹙，跳民家楼上，欲自刭。而玉素受贼贿，故援之，有顷，彦名持刀至，杀伤数十人大呼抵楼下，宠、宸如救至，出，射杀数十人"[5]。

这些农民起义、暴乱中记载的民间武术，展现了此时期武术在民间活

---

① 南炳文、汤纲：《明史》（上），上海人民出版社 2008 年版，第 322 页。

② 查继佐：《罪惟录》，浙江古籍出版社 2012 年版，第 2667 页。

③ 谷应泰撰：《明末纪事本末》，中华书局 1977 年版，第 461—466 页。

④ 张廷玉等撰：《明史》，中华书局 2010 年版，第 4596 页。

⑤ 同上书，第 4951—4952 页。

动的兴盛，在特定的时期，民间武术在起义农民手中成为反抗封建统治的得力武器，推动着历史的发展。

三 明代中后期：倭患交加下军旅武艺与民间武术的交流

明嘉靖年间（1522—1566）是倭寇侵扰沿海最为严重的时期，这一时期出现了明代历史上几位抗倭英雄，如戚继光、俞大猷等，他们不仅是军事家，而且精通武艺，不仅在军旅武艺上有所革新，而且注重吸收民间武术，在这一时期军事著述中记载了大量影响后世的武术文献，在中国武术古籍文献史上留下了宝贵的资料，如《纪效新书·拳经捷要篇》《剑经》等。另外，这一时期民间武术家也留下了个人著述，如程宗猷的《耕余剩技》等。在与倭寇的斗争中，中国军事家不仅在吸收倭刀的基础上改良军备武器，而且还积极将倭刀法吸收进中国武术体系中。明代中后期一些军事著述、武术文献、专著及文集中记载了大量拳种、流派的出现，表明明代中后期中国武术进入大发展时期，以及中日、中朝等武术的交流也进入了一个密切期。

第三节 明代社会文人、儒生谈兵论剑之尚武精神

明代初期由于明太祖朱元璋对文武兼备政策的推行，倡导文人习武之风，在科举、学校教育中推行文武并重政策，推动了明初文人习武之风，并对明代中后期文人投笔从戎、谈兵论剑之风及民间武术活动奠定了基础。明代中后期由于国家内忧外患，武备废弛，使得一些文人大行谈兵论剑之风，甚至有些文人热心结交民间武术家、投笔从戎，以身躬行进行武术活动，推动了明代中后期整体的习武、尚武之风。

一 明初倡导文武并举

明洪武三年（1370），朱元璋在重开文官科举考试中就明确提出要对中式者进行箭术、马术等项目测试，这一命令推动了文士及州县学子们的习武之风①。明初朱元璋反对武学独立开科，倡导文武并举，故而在科举

---

① ［美］牟复礼、［英］崔瑞德编：《剑桥中国明代史（1368—1644）》，中国社会科学出版社2007年版，第119页。

考试及学校教育政策中注重培养、发现文武兼备的人才。洪武二年
（1369）大建学校，要求生员"专治一经，以礼、乐、射、御、书、数设
科分教"①；洪武三年（1370）八月"京师行省各举乡试。初场，试经义
二道，四书义一道；二场，论一道；三场，策一道。中式十日，复以骑、
射、书、算、律五事试之"②。在这一时期的明代史籍文献中文人善射、
击剑的记载不少，反映了这一时期文人习武之风与国家的政策有着密切的
关系，这也为明代中后期民间武术兴盛及文士谈兵论剑、投笔从戎奠定了
基础。

二　明代中晚期的文人、儒生谈兵尚武之风

明初朱元璋重视文武并举，使得边防无事，武备强盛，边关无外侵之
忧。随着承平日久，社会开始文风盛行，武风不振，社会开始出现重文轻
武的风气。明正统（1436—1449）后，随着文科取士科举制度的完备，
以文取得功名成为进入仕途的唯一途径，整个社会开始逐渐形成一种重文
和轻视武备的风气，正如王鸣鹤在其《登坛必究》自序中所言："世轻武
弁而久之武弁自轻，浸谣成俗几于不振。挽强蹶张者不事考索，顽诟纨绔
者湛溺自安。尝观世胄子弟、伛偻一官目不识一丁，举笔如扛鼎。"③ 此
时期的武将主要来自"第世胄之子，率狃于纨绔之习，无复鸷鹰阚虎之
气"及"又或拔自奴虏行伍之间，足堪一剑之任，而韬钤不谙，终非全
才"④。受整个社会重文轻武的风气影响，武将也开始以善于"文"而能，
以跻身文人雅士之列而荣，正如戚继光指出："军旅之毋学，五伯之羞
称，却乃籍其豢养之资，用心逐时之末，谓之人品，高谈于宾筵，窃取于
文艺佛老，盗高人之名，杂缙绅之伍，固实未尝不为之荣矣。"⑤ 明正统
十四年（1449）的"土木之败"及嘉靖二十九年（1550）的"庚戌之
变"正是明代武备废弛、重文轻武带来的严重后果。

面对国内武备废弛、外敌侵扰几欲遭遇亡国之灾，明代社会重文轻武

---

①　张廷玉等撰：《明史》卷七十《选举一》，中华书局 2010 年版，第 1686 页。

②　龙文彬：《明会要》，中华书局 1956 年版，第 876 页。

③　《中国兵书集成》编辑委员会编：《登坛必究·自序》（中国兵书集成，第 20 册），1990
年，第 58—59 页。

④　戚继光：《练兵实纪》，邱心田校释。中华书局 2001 年版，第 200 页。

⑤　同上书，第 214 页。

的风气，使得一批明代文人开始身体力行地推行文武并重之思想。明代提倡"文武并重"，并身体力行挽救长期重文轻武影响风气之端者为丘浚，其在弘治时就主张"文武非二道"，提出"治忽在乎文，文之所以备，相之辅也。强弱由乎武，武之所以备，将之辅也"等观点①，随后还有马文升、余子俊等人随风而起。

随着嘉靖时期沿海倭患的蔓延，一批主张文武兼备、致力改变明代武备废弛的有识武将不断努力改变社会重文轻武风气，其中以俞大猷、戚继光为代表。

俞大猷也是在东南沿海抗倭战争中涌现的一名文武全才的抗倭名将，他"少好读书。受易于王宣、林福，得蔡清之传。又闻赵本学以易推衍兵家奇正虚实之权，复从受其业。……又从李良钦学剑"②。俞大猷本为书生，其父去世后才不得不承武职而世袭百户。嘉靖十四年（1535），俞大猷参加武科会试第五，升任千户。俞大猷由文士转为武将，对文武之道有自己的见解，主张文武并备，绝非一般文士可比，认为"武官虽猥鄙，亦行道地也"③。俞大猷还以言说躬行实践自己的"文武并举"，他将跟随赵本学学习的兵法及自己的《剑经》合编为《续武经总要》，在东南沿海抗倭战争中练兵御倭，在武平教练士兵时，还办"读书轩"，"与诸生以文会，而日教武士击剑"④，显示了他以身践行文武并举的思想。

戚继光为明代嘉靖时期东南沿海抗倭名将，文武全才，不仅著有流芳后世的《纪效新书》《练兵实纪》兵书，在戎马倥偬之暇还留下《止止堂集》等大量诗文集，可谓"沉毅有度，具文武才"，择当时民间善之善者拳法创编"三十二势长拳"，并创造了令倭寇闻风丧胆的"鸳鸯阵"，训练出御倭奇兵"戚家军"。戚继光在当时有"忠故能谋，仁故能勇。……负文武才如公者，一时鲜见其俦，是则可传也已"之赞誉⑤。他反对那些

① 陈宝良：《晚明的尚武精神》，明史研究编辑部编：《明史研究》，黄山出版社1991年版，第249页。

② 张廷玉等撰：《明史》卷二百一十二《列传第一百·俞大猷传》，中华书局2010年版，第5601页。

③ 俞大猷：《正气堂集》卷六《复台州陆教授书》，清道光刻本（复旦大学图书馆藏）。

④ 张廷玉等撰：《明史》卷二百一十二《列传第一百·俞大猷传》，中华书局2010年版，第5602页。

⑤ 戚继光：《止止堂集》，王熹校释，中华书局2001年版，第8页。

视弓马为末艺的世人偏见，认为："天下之事，难者多矣。至于兵，则难之尤者也。世有视弓马为末艺，等行伍为愚民者，是岂知本之论哉？"①

在明代中晚期，尤其是晚期，由于沿海倭寇之患，出现了一股文人谈兵之风，这也是明代文人尚武之风的一个显著表现，其中以唐顺之、郑若曾、何良臣、茅元仪等人为著名。这批文人、儒生在社会上践行"尚武""谈兵"之风，成为明代晚期文武并举之风的引导者，他们"或仿效班超投笔从戎，或投身武将幕府，或亲身武将、与士卒浴血沙场"②，

唐顺之不仅是一位在文学上有极高造诣的"唐宋派"文学家，而且倡导文士习武，他本人即精通武艺，他的著作收入四库全书有《武编》（前、后集）、《稗编》、《荆川集》、《文编》，其中《武编》前集卷五收录有关拳、枪、刀、剑等论述，所论之精要，绝非文士空谈，乃出自躬身精通武艺者之手。唐顺之曾经在浙江西兴江楼为戚继光讲解、传授枪法，令在场之人叹为观止，并传为后世佳话。

巡抚荆川唐公于西兴江楼自持枪教余，继光请曰："每见他人用枪，圈串大可五尺，兵主独圈一尺者何也？"荆翁曰："人身侧形只有七八寸，枪圈但拿开他枪一尺，即不及我身膊可矣。圈拿既大，彼枪开远，亦与我无益，而我之力尽"。此说极得其精。余又问："如此一圈，其功何如？"荆翁曰："工夫十年矣"。时有龙溪王公，龙川徐公，皆叹服。艺之精，其难如此！③

郑若曾早年历经多次科举考试，均名落孙山，遂绝志科名，无意仕途，潜心学问，尝与当时名士王龙谿、唐荆川、茅鹿门等交往。嘉靖年间，有感于明朝武备废弛，其家乡昆山备受倭寇袭扰，应聘进入胡宗宪幕僚，先后编撰《筹海图编》《江南经略》，其中《江南经略》卷八上《兵器总论》对当时拳种、流派及各家器械记录甚详。

何良臣早年擅于辞赋，以诗文称著乡里，弱冠弃诸生从军，从戎于东

---

①　戚继光：《纪效新书·自序》，曹文明、吕颖慧校释，中华书局2001年版，第1页。

②　陈宝良：《晚明的尚武精神》，明史研究编辑部编《明史研究》，黄山出版社1991年版，第251页。

③　戚继光：《纪效新书》，马明达点校，人民体育出版社1988年版，第199—200页。

南沿海抗倭,为整顿明朝军备而著《阵纪》《军权》等书。何良臣在军中多年,对军旅武艺及民间武术较为熟悉,《阵纪》卷二《技用篇》对明代军旅武艺及民间各家拳家、器械流派多有记述。《四库全书总目提要》对何良臣及其《阵纪》有着十分中肯的评价:"明之中叶,武备废弛,疆圉有警,大抵鸩乌合以赴敌,十出九败。故良臣所述,切切以选练为先,其所列机要,亦多即中原野战立说。"

茅元仪,字止生,是晚明倡导文武并举的儒将,其祖父为明代著名的散文家,文武兼备,其父国缙官至工部郎中。受家庭熏陶,茅元仪自幼勤奋好学,博览群书,尤其喜读兵、农之作。成年后又熟谙军事,胸怀韬略,对长城沿线的"九边"之关隘、险塞,都能口陈手画,了如指掌。正如明末钱谦益在《列朝诗集小传·茅待诏元仪传》中记述①:

> ……少为孤童,雄杰异常见。……止生好谈兵,通知古今用兵方略,及九边防塞要害。口陈手书,历历如指掌。……先帝即位,经进《武备志》,且上言东西夷情,闽粤疆事及兵食富强大计。先帝命待诏翰林。寻又以人言罢。己巳之役,高阳再出视师,半夜一纸,催出东便门,仅随二十四骑。止生腰刀匹马以从。四城既复,牒授副总兵,治舟师,略东江。

茅元仪文武全才,时人称:"年少西吴出,名成北阙闻。下帷称学者,上马即将军。"茅元仪面对明末武备废弛之状况,曾多次冒死上书言陈富国强兵之计,并收集、辑录了历代兵书、术数之各类典籍、历时十五年之久而成《武备志》,对后世影响深远,其中卷八十四至九十二卷辑录有枪、刀、拳等明代武术图谱。

明代晚期出现了一大批群体儒生、文士谈兵,以上仅略举几位知名的,有关内容将在以下相关章节深入研究。另外如赵本学(其门生俞大猷将《兵钤内外篇》与《剑经》合著为《续武经总要》)、孙承宗著《车营百八叩》、曹飞著《火攻纪要》《阵图纪要》等兵书。明晚期这些儒生、文士掀起的谈兵之风,其实就是明晚期广大有志文士及儒生、武将面对武备荒废的一种"尚武"精神迸发,这种"尚武"精神在明晚期社会上引

---

① 转引自茅元仪辑:《武备志》卷首《茅元仪传》,华世出版社 1984 年版。

起了巨大反响，激起一大批有志之士抛弃功名利禄，有的投笔从戎，有的
归隐山林潜心研究兵学。这种"尚武"精神成为明代晚期那个特定时代
的民族之魂！这些人有的载入史册，成为名垂青史的抗倭民族英雄；有的
虽没有进入正史，却也在一些文献典籍中略有记述，至今仍然可以略加考
索。明晚期这一"尚武"精神的兴起，与明中期国家内忧外患的时代背
景有密切的联系，同时社会文士、儒生的谈兵"尚武"之风也刺激了民
间武术的兴起，这些都为明中晚期武术的兴盛奠定了基础，也加强了军旅
武艺与民间武术的交流。

三　明末东南遗民文士的尚勇习武活动

明末清初之际被称为是天崩地裂的时代，山河瓦解的时代，血流成河
的时代，头颅堆山的时代，怒火滔天、悲泪覆地的时代，明末"一些身
怀忧国之情的知识分子，特别是东南地区的一些年轻士人，抛弃重文轻武
的传统陋见，把一部分精力用之于研习韬略和武技上来"①。这一时期的
明末遗民文士习武以吴殳、黄百家为代表。

吴殳（1611—1695），名乔，字修龄，号沧尘子，江苏娄县（今松
江）人，一说江苏太仓人，早年入赘到昆山，遂占籍昆山。吴殳既是一
位明末清初的诗人、史学家，其《围炉诗话》为文坛所知，同时他还是
一位坚守志节、文武兼备的清初东南明末遗民志士，精通武艺，尤以精研
枪法，他的《手臂录》为明清武学名著，好为后世武学者所推崇。明崇
祯六年（1633），石家枪法名家石敬岩来到娄江寄寓报本寺，吴殳约同夏
君宣、夏玉如、陆桴亭一同拜石敬岩为师学习枪法，并朝暮习练不辍，后
又继续学习了程真如之峨眉枪法、杨家枪、沙家枪、马家枪、少林枪、程
冲斗之汉口枪等枪法；明崇祯八年（1635），吴殳还在湖州跟随"天都侠
少"项元池学习双刀；还曾向渔阳老人学习剑法。吴殳还亲自设计了一
种"笔枪"，留心击刺三十余年，曾屡折四方枪师。当代武术史学者马明
达教授对吴殳及其著述有深入的研究，称吴殳是一位"畸"人：成功地
融合了文学、史学和武学，创造出独具一格的学术模式，是明清革代之际
文武兼修学风中最突出的代表②。

---

① 马明达：《说剑丛稿》（增订本），中华书局 2007 年版，第 84 页。
② 同上书，第 295 页。

　　黄百家（1643—1709），原名百学，字主一，号不失，是明末思想家黄宗羲之子，其父黄宗羲精于技击，明末曾组织武装在浙江四明山抗击清兵。黄百家在父亲反清复明思想熏陶下，自幼被其父送到内家拳高手王征南（1617—1669，名来咸，明末内家拳著名传人，师承单思南）门下习练内家拳，以图反清大业之需，在王征南参加反清失败后归隐老家宁波宝幢同岙，黄百家曾裹粮前往王征南住处铁佛寺朝暮跟随王征南学习内家拳，黄百家也是明代文献记载的王征南内家拳唯一传人。黄百家深受其父黄宗羲反清思想熏陶，抱民族革命之志，跟随王征南学习内家拳，其初始意气风发，专心学习内家拳，"百家颖悟，从学后，于拳之应敌打法、穴法、所禁犯病法、练法，皆能尽举，以六路、十段锦歌诀隐略难记，各为诠释"①。后入清后，"当是时，西南既靖，东南亦平，四海晏如，此真挽强二石，不若一丁之时。家大人见余跅驰放纵，恐遂流为年少狭邪之徒，将使学为科举之文；而余见家势飘零，当此之时，技即成而何所用？遂自悔其所为"②，黄百家于是转攻科举之业，遂放弃了内家拳，自此之后，文献难觅内家拳传承记载，内家拳遂成为"广陵散"而失传。在王征南去世（1669）后，黄宗羲曾为王征南写了篇墓志铭《王征南墓志铭》，记述了内家拳源流、传承谱系及其生平事迹；清康熙十四年（1675），在王征南去世后七年，黄百家看到家乡盗贼蚁合、流离载道、白骨蔽野，很后悔抛弃其师王征南所授之学，又感到王征南拳法"所授者唯余"，不忍心内家拳从自己失传，追悔之余，写成《王征南先生传》，以备后学者学习。

　　明末清初东南遗民文士习武之风与明清革代之变的时代背景有密切的关系，明末遗民的民族气节在中国历史上是有着深远的影响的，不仅有文士以其民族气节流芳后世，甚至更有一些思想家如黄宗羲、黄百家父子及以理学闻名的陆桴亭等均精于技击，另外崇尚习武以备反清之需，因而积极结识当时一些民间武术家，如石敬岩、王征南等，像吴殳这种文士习武的明遗民在明代武术史上还有不少，有的为历史所埋没。正是由于明末特殊的历史阶段，明末遗民文士结识的一些民间武术家得以被记载下来，有的成为研究明代武术史的重要史料，为人们了解明代民间武术的发展提供了诸多历史线索。

────────────────

① 唐豪：《内家拳》，山西科学技术出版社2008年版，第25页。
② 同上书，第25页。

第 二 章
明代的武举及武学

中国的武举制初创于唐武则天长安二年（702），废止于清光绪二十七年（1901），在长达一千二百年左右的中国科举制度史上，武举制大概前后断断续续实施了八百多年①，历经唐、宋、明、清四朝（元代没有设置武举）。明代在继承、发展唐宋时期武举制度的基础上，使之更加制度化，武学制度亦较之宋代完备。武举制实行的考试内容虽然不完全属于武术内容，但作为历史特定时期的军旅武艺形式，包括射艺，都在一定程度上促进了民间下层习武之风，身怀武艺、有一技之勇者均有机会通过武举进入仕途。中国的武举制是在明代不断得以制度化及完备的。

第一节　明代的武举

一　明代武举制度的初步完备（弘治、正德）

明代选拔武将主要有四种途经：世职、武举、行伍、纳新②。明代的武科制度最早可以追溯到朱元璋（1328—1398）进行统一战争时，"吴元年（1367）设文武二科取士之令，使有司劝谕民间秀士及智勇之人，以时勉学，俟开举之岁，充贡京师"③，当时主要是为了延揽武勇人才。明朝正式建立后，文科取士在洪武四年（1371）开始，而武科却迟迟没有举行。洪武二十年（1387）礼部奏请"立武学，用武举"，不但没有得到应允，反而遭到朱元璋以建立武举和武学是将文、武分开，藐视天下无全才为由的严词训斥，故而洪武一朝终未见有关武科的史料记载，这也是历代王朝"重文轻武"治国方略的体现。

---

① 许友根：《武举制度史略》，苏州大学出版社 1997 年版，第 3 页。
② 张廷玉等撰：《明史》卷七十《选举二》，中华书局 2010 年版，第 1725 页。
③ 同上书，第 1695 页。

"天顺八年（1464）命天下文武官举通晓兵法、谋勇出众者，各省抚、按、三司，直隶巡按御史考试。中式者，兵部同总兵官于帅府试策略，教场试弓马。答策二道，骑中四矢、步中二矢以上者为中式。骑、步所中半焉者次之。"①"天顺八年十月甲辰，立武举法"②。另外有文献记载："天顺八年，始开武举。然所取不过一二名，至七名而止"③。虽然文献记载天顺八年开始实行武举，还制定了具体的武举考试办法，但有学者研究指出天顺八年并没有实行武举④。"成化十四年（1478）从太监汪直请，设武科乡、会试，悉视文科例"⑤，但也因兵部尚书余子俊及大学士万安等人暗中操作而搁置，故而终成化一朝武举亦未得以实行⑥。明代中后期著名文学家王世贞记载武举开始于弘治十四年（1501）⑦。在弘治年间，武举制度不断完善，如弘治六年（1493）定武举六年一次，先策略，后弓马；弘治十七年（1504）改为三年一次，并出榜赐宴。"正德元年，始行武举，三年一次……"⑧。正德十四年（1519）又对武举考试内容进行具体规定：初场试马上箭，以三十五步为准；二场试步下箭，以八十步为准；三场试策一道，逢子、午、卯、酉年乡试。至正德年间，明代武举制度从开考时间到内容基本确立了下来。

二 明代武举制度的不断完善（嘉靖、万历）

明代武举在嘉靖时期进一步完善，考试时间、规格及内容日趋完备。如"嘉靖初，定制，各省应武举者，巡按御史于十月考试，两京武学于兵部选取，俱送兵部。次年四月会试，翰林二员为考试官，给事中、部曹四员为同考。乡、会场期俱于月之初九、十二、十五。起送考验，监试张榜。……又仿文闱南北卷例，分边方、腹里。每十名，边六腹四以为常"⑨。由此可见，嘉靖时武举已不是时断时续举行的，其规格已开始与

① 张廷玉等撰：《明史》卷七十《选举二》，中华书局 2010 年版，第 1708 页。

② 龙文彬：《明会要》，中华书局 1956 年版，第 877 页。

③ 查继佐：《罪惟录》，浙江古籍出版社 2012 年版，第 844 页。

④ 张详明：《明代武举新论》，齐鲁学刊，2011 年第 3 期，第 48 页。

⑤ 张廷玉等撰：《明史》卷七十《选举二》，中华书局 2010 年版，第 1708 页。

⑥ 晁中辰，陈风路：《明代的武举制度》，《明史研究第三辑》1993 年，第 53 页。

⑦ 王世贞：《弇山堂别集》，魏连科点校，中华书局 2006 年版，第 98 页。

⑧ 查继佐：《罪惟录》，浙江古籍出版社 2012 年版，第 831 页。

⑨ 张廷玉等撰：《明史》卷七十《选举二》，中华书局 2010 年版，第 1708 页。

文举相近，在考试时间、监考官、录取张榜及名额分配上都与文举相近。万历三十八年还规定会试录取名额，进士录用最多百名，特殊情况下增多不超三十名。

"穆、神二宗时，议者尝言武科当以技勇为重。万历之末，科臣又请特设将才武科，初场试马步箭及枪、刀、剑、戟、拳搏、击刺等法，二场试营阵、战车等项，三场各就其兵法、天文、地理所熟知者言之。"① 虽"报可而未行"，但从一个侧面可以看出，此时期武举制度及内容更加全面，对此有学者指出："显而易见，这是一个具有远见卓识的提议，可惜并没有引起朝廷重视，只是说说罢了，否则将会产生极为深远的历史影响"②。明代嘉靖、万历时期对武举的使用及待遇也有了较为详细的规定，如"嘉靖元年，凡会试中式者，不分名次俱升职二级、月支米三石；指挥以上者斟酌推用；署千户、百户、镇抚、总旗者，俱送各边总兵官处为赞画；杀敌立功者，添加米石，于原卫所支给；获军功依例加升；五年无功者发回。万历初年又规定，武举中式的锦衣卫和各卫千、百户等官，多年未著贤劳，有无举荐，则将因武举中式而加的禄米停支"③。嘉靖、万历年间对武举中式后的升迁、待遇等都进行了详细的规定，表明明代武举制度的进一步完备。

三 明代武举制度的成熟（天启、崇祯）

随着明代朝廷面对的"内忧外患"，越来越对武勇人才的渴求，不断对武举进行完备，武举在明代晚期的天启、崇祯时期得以发展成熟，其标志之一就是武举乡试、会试、殿试三级制度的完备，并且达到与文举同样的规格。自武举开科以来，一直没有殿试，故而武举殿试的呼声一直不断。天顺八年（1464）、成化十四年（1478）、弘治十五年（1502）不断有大臣谏言武举进行殿试，但均未予以实行；天启二年（1622）给事中国甄淑再次提议皇帝亲自到教场进行临轩策问殿试，"十月上旬过堂，令（武举子们）各陈所能，先期演试。即于是月望日，皇上临轩策问，阁臣与兵部尚书侍班，皇上钦定一甲三名授都司金书，二甲三十名授守备，三

---

① 张廷玉等撰：《明史》卷七十《选举二》，中华书局 2010 年版，第 1708 页。
② 马明达：《说剑丛稿》（增订本），中华书局 2007 年版，第 110 页。
③ 晁中辰，陈风路：《明代的武举制度》，《明史研究第三辑》，1993 年，第 56 页。

甲百余名以次各授出身"①,但仍没有得以实行。

"崇祯四年(1631),武会试榜发,论者大哗。帝命中允方逢年、倪元璐再试,取翁英等百二十人。逢年、元璐以时方需才,奏请殿试传胪,悉如文例。乃赐王来聘等及第、出身有差。武举殿试自此始也"②。在崇祯四年的会试中,只有王来聘与徐彦琦可以运使一百斤重刀,结果张榜时徐彦琦却落第,一时朝野一片哗然,震怒了崇祯,置办了主考官、监试御史及兵部郎官二十余人,委派方逢年、倪元璐再试,并亲自殿试,钦定一甲三人,王来聘居首,成为明代武举第一位真正意义上的殿试武状元③,会元翁英为一甲第二名武榜眼,张载赓为一甲第三名武探花④。明代武举考试分乡试、会试与殿试。乡试中举者称为武举人,乡试第一称解元;会试中举者称武进士,会试第一称会元;殿试第一称状元。文科科举史上连中"三元"者不乏其人,即乡试、会试、殿试均第一,而武科科举连中"三元"者则凤毛麟角。由于明代在崇祯四年(1631)前没有殿试,故而乡试、会试第一者亦可称为"三元"。明代武举连中"三元"者有尹凤、王名世。尹凤为嘉靖二十五年(1546)乡试解元,嘉靖二十六年(1547)会元、状元;王名世为万历二十五年(1597)顺天乡试解元,万历二十六年(1598)会元、状元⑤。在崇祯七年、十年、十三年及十六年相继举行过殿试⑥,也就是说严格意义上明代武状元仅有五名,崇祯四年之前由于没有殿试,其乡试、会试俱为第一者,也可以成为"三元"。虽然明代武举实行殿试仅有五次,但毕竟明代武举在乡、会、殿三级考试上与明代文举达到了一致,随后的清代基本沿用了明代武举制度。

四 明代武举制度的社会地位及其产生的影响

(一)明代武举制度的社会地位

明代在相当长的时间内虽多有提议进行武举制度,但迟迟没有进行,

---

① 王鸿鹏、王凯贤等编著:《中国历代武状元》,解放军出版社2002年版,第169页。
② 张廷玉等撰:《明史》卷70《选举二》,中华书局2010年版,第1708页。
③ 许友根:《武举制度史略》,苏州大学出版社1997年版,第56页。
④ 王鸿鹏、王凯贤等编著:《中国历代武状元》,解放军出版社2002年版,第235页。
⑤ 同上书,第169—170页。
⑥ 谢建平:《明代武举与社会》,华中师范大学2002年硕士论文,第24页。

除了朱元璋洪武时期主张"文武兼备"外，主要是明代武将选拔采用的是武职世袭制。随着这种武职世袭制越来越腐朽与落后，很多人对武职世袭提出了批评，武举制度才开始逐渐得到重视而渐渐实行起来。但相当长的时期内，武举仍然仅是武职世袭的一种补充。当初，朱元璋由于是靠武将夺取的天下，因此对武将格外照顾，所以反对武举而选择武职世袭，虽然朱元璋也考虑到武职世袭弊端，曾颁布了《武士训诫录》《大诰武臣录》用以约束武臣子弟，还制定了严格的条例，"洪武初，军功袭职子弟年二十者比试，初试不中，袭职署事，食半俸。二年再试，中者食全俸，仍不中者充军。其法甚严，故职不冗而俸易给。自永乐后，新官①免试，旧官即比试，贿赂无不中，此军职所以日滥也"②。可见，即使朱元璋制定了严格的惩罚制度，以防止武职世袭素质下降偏离其良苦初衷，但武官世袭仍然是越来越腐朽。"今武弁袭替至京比试徒应故事，其目不识丁、射不穿札者，俱金紫银青而归。徒靡廪饩，缓急不得丝毫之用"③，即是对明代武职世袭的真实写照。正是随着武职世袭制度的腐朽性不断得到明朝廷的认识，才逐渐加强武举制度的推行，不但希望通过武举制度选拔一大批武勇将才，还要求武职世袭子弟通过武举考试合格后方可世袭武职，这无疑是武举制度对武职世袭制度的补充与促进。

实行武举之后，武官子弟如需世袭武职，就要和庶民子弟一样参加武举考试，中式后才可以承袭祖辈武职、授官加职。因此武官子弟就不得不加强武举考试的弓马骑射策论的学习，这在某种程度上保证了武官世袭的质量，提高了明代武官的弓马骑射技能及策论水平。文献记载："及嘉靖间，此途（武举）渐重，于是世胄徒为虚器，而功臣之泽斩矣。"④　表明嘉靖时期，武官子弟承袭武职不再像以前那样享受世胄特权那么容易，功臣的光泽逐渐消退，反映出武举制度在国家中的社会地位在上升。嘉靖年间，即使权倾朝野的严嵩子弟也逃不过武举考试承袭武职，"效忠（严嵩

---

① 所谓"新官""旧官"，"新官"是指洪武三十一年至三十五年跟随明太祖朱棣征战（推翻其侄明惠帝朱允炆）有功的武官，其子孙年满十六岁即可袭武职而免于比试，这是朱棣对跟随其征战武官的关照；"旧官"是指洪武三十一年以前的有功武官，其子孙年满十五岁袭替武职，必须经过比试方可袭职。

② 张廷玉等撰：《明史》卷七十一《选举三》，中华书局 2010 年版，第 1725 页。

③ 沈德符撰：《万历野获编》，中华书局 2007 年版，第 870 页。

④ 孙承泽著：《春明梦余录》，北京古籍出版社 1992 年版，第 810 页。

之孙）年十六，因武会试未第，咨两广军门听用"①。可见，嘉靖时期武举的社会地位提高到了一定的程度。武科举制的实行及随着制度的不断规范与强化，朝廷的逐渐重视，对明代武官选拔规则形成了一些促进，武艺高下、策对优劣成为可以参加武备人才选拔并得以跻身武职的标准，而不再有过多的血统、出身及门第等附加、限制考试条件，即使出身豪门望族，一旦无法通过武举考试，也无法成为武进士而不具备武职官员资格。这无疑会促进下层习武群体及武职子弟对武艺的孜孜追求，不断加强武艺的训练，在一定程度上促进了下层群体习武之风。

　　虽然朝廷对武举制度越来越重视，武举制度在促进武职世袭上也产生了一定的影响，但由于明代社会风气的"重文轻武"，取得武举与取得文举还是有很大的反差。文献记载："嘉靖中，世胄颇为文职所抑，至有大老方称觞介寿，其子孙以文场不入式，偶赴武科得隽者。报至，主人大不乐，为罢宴，曰'某丑不能陪侍'。且曰'吾方具奏声武弁不职之罪，乃身即下贱，堕我世业如此！'及归，以子不类，不命入门，亲友百劝，必弃不受职乃已。"② 由此可见，世胄之家有子弟考取武举被认为是有辱家门之事，社会对武举之偏见及"重文轻武"之风已经达到了何等程度。

　　明代武举中式后，虽然有被授予高官者，但人数较少。明代学者王世贞在其《弇山堂别集》中的"武举首至通显"一栏记录了明代的五位武状元：尹凤、王世科、许泰、安国、王佐，他们都官至都督佥事，其中尤以后三位有才望：许泰，明孝宗弘治十七年（1504）甲子科武会试第一，官至左都督（正一品），为明代武状元中的最高官职，封安边伯；安国，明武宗正德十五年（1520）戊辰科武会试第一，至都督同知（从一品），赠左都督，赐谥武敏；王佐，初为锦衣都指挥使（正三品），后赠右都督（正一品）③。另外，嘉靖年间俞大猷（1503—1580）中武举即任除千户。明代第一位武状元王来聘被崇祯中式后立即破例授予副总兵职位（从二品），这是武举及第被授予的最高官阶，亦是明代之前历朝所未有过的殊荣，即使文举得中状元也没有达到过的（文科状元一般仅授从六品官），

　　①　张廷玉等撰：《明史》卷二百一十《列传第九十八·周冕传》，中华书局 2010 年版，第 5558 页。

　　②　查继佐：《罪惟录》，浙江古籍出版社 2012 年版，第 844 页。

　　③　王世贞：《弇山堂别集》，中华书局 2006 年版，第 98 页。

难怪王来聘授予武职后感激涕零、受宠若惊谢恩："皇帝如此重视武举，是要我们为了国家效命疆场，不捐躯杀贼，我们用什么来报答皇恩？"①后来王来聘在平定登州（山东）游击孔有德叛乱时战死，崇祯得知其钦点武状元战死疆场，还甚为惋惜，后赠王来聘特进光禄大夫、左都督（正一品），世袭锦衣卫百户官，清乾隆皇帝特赐王来聘"忠愍"谥号②。当然，这些人多为皇帝特赐，通过武举进入仕途并达到这样官职的毕竟为少数，明代通过武举进入仕途的大多数为低级武官。

（二）明代武举产生的影响

明代武举是伴随着明代"内忧外患"的时代背景不断得以完善与加强的，"天启中，以边事急，武科稍盛"③。开设武举的目的就是加强统治及排除外患，这可以从下文得以说明："武举之设，将以延揽英雄，广储将帅，招徕韬略之士，收拾跅弛之才。盖古今治天下之具，惟文、武二道，天之生才以供世用，惟文、武二艺。凡国家求相于文，求将于武，亦惟文、武二科。"④ 而明代通过武举选拔亦的确造就了一批武官将领，这些武举中式后大多充实于京师军营、团营及各地卫所、边防等武职中，在某种程度可以说提高了明军武将尤其是下层军职的军事及战斗力素质，他们在平定内乱、农民起义及外抗御辱等战争中均有可圈可点的历史功绩。尤其是嘉靖年间"倭患"中涌现了像俞大猷等武举出身的抗倭名将，史称"大猷负奇节，以古贤豪自期。其用兵，先计后战，不贪近功。忠诚许国，老而弥笃，所在有大勋"⑤。在嘉靖东南抗倭战争及抵御女真、蒙古入侵等战斗中有不少武将出身武举，这在《明史》中均有其传，如初起家武举的朱先，曾为戚继光手下的蓟镇南兵营参将，"先大小数十载，皆先登，杀倭甚众。以功授都司"⑥；万历末期武举会试者童仲揆，在天启初的一次抗击清兵围攻时，"力尽矢竭，挥刀杀十七人"后被清兵万箭

---

① 王鸿鹏、王凯贤等编著：《中国历代武状元》，解放军出版社2002年版，第236页。

② 同上书，第237页。

③ 查继佐：《罪惟录》，浙江古籍出版社2012年版，第844页。

④ 孙承泽：《春明梦余录》，北京古籍出版社1992年版，第843页。

⑤ 张廷玉等撰：《明史》卷二百一十二《列传第一百·俞大猷传》，中华书局2010年版，第5608页。

⑥ 同上书，第5617页。

齐发射死①；万历中武举会试第一的张神武，"遇大清兵，疾呼奋击，孤军无援，尽殁于阵"②；正德三年武会试第一的安国，"十一年冬，寇二万骑分掠偏头关等处，国偕游击杭雄驰败之岢岚州，斩首八十余级，马千余匹。寇遂遁。……独国以材武致大将。端谨练戎务，所至思尽职，推将材者必归焉"③。王效，读书能文辞、娴韬略、骑射绝人，曾中武会试，"用兵兼谋略，威名著西陲。与马永、梁震、周尚文并为名将"④，等等，不一而足。在《明史列传》中记载有许多武举出身名垂青史之武官。明宪宗时期国内农民起义不断，使得宪宗即位后就复兴武举，其意在"用武勇以除贼寇"⑤。明代晚期，随着国内农民起义、边防清满族的逼临，明崇祯将明代武举制度推向了顶点，钦点武科状元，但这已经是明代气数已尽之时，明代武举制度的成熟及完备与明代兴衰正好成反比，这正是历史留下的一个重要启示。

明代武举制度在明代不同时期的发展总体趋势是上升的，尤其是明代中晚期，明代统治者在急需大量武勇人才充斥明军中下级军职时，在选将上从世袭武职逐渐转移到武举取士，这在一定程度上刺激了广大下层习武群体，使得习武练兵在明代区域内形成习武之风，武举应试者及中式者数量不断扩大，从中足以窥见当时习武之风之盛。上至军队中武职军官及士兵，下至民间广大有武勇者，都形成一种"尚武"之俗，明代晚期民间武术发展的兴盛与明代武举的成熟是同步的。

第二节　明代的武学

中国最早的武学设立始于宋仁宗庆历三年（1043）⑥，武学是一种为国家培养军事人才而设置的学校，在明代以前武学仅是作为武举的一种附

---

① 张廷玉等撰：《明史》卷二百七十一《列传第一百五十九·童仲揆传》，中华书局 2010 年版，第 6954 页。

② 同上书，第 6955 页。

③ 张廷玉等撰：《明史》卷一百七十四《列传第六十二·安国传》，中华书局 2010 年版，第 4651—4652 页。

④ 张廷玉等撰：《明史》卷二百一十一《列传第九十九·王效传》，中华书局 2010 年版，第 5579—5580 页。

⑤ 李建军：《明代武举制度述略》，《南开学报》1997 年第 3 期，第 58 页。

⑥ 赵冬梅：《武道彷徨：历史上的武举与武学》，解放军出版社 2000 年版，第 119 页。

庸。明代武职实行世袭制，这种武官世袭制度使得对武官子弟的教育提高到了国家层面，故而明代武学也达到了前所未有的程度，那就是相比前代更加规范与完备。

一 明代武学设置的历史背景：武官世袭制度下子弟教育的需要

武官世袭是从明代开始的，明代产生过两批世袭武官，并有"旧官""新官"之别：第一批是跟随明太祖朱元璋打天下的武官，称为"旧官"；第二批是跟随明成祖朱棣在争夺皇位推翻建文帝的"靖难之役"中的武官，称为"新官"。明代虽然对武官世袭的比试内容及奖惩有严格的规定，但随着武官子弟大多变为纨绔子弟，武官世袭的素质不断下降，这使得明太祖及其后继者开始重视对这些世袭武职及一些下层武官子弟的教育，武学便应运而生。另外，由于明代实行卫所制，武官分布在各地卫所中，在一些地处边防重地的卫所如辽宁、宁夏、陕西等边疆偏远地区，武官子弟多跟随父辈生活在卫所，一方面是为了以后武官子弟世袭的素质教育，另一方面还担心这些武官子弟远在边地，长期受不到庙堂思想管制，得不到儒家文化礼教熏陶，可能日久生变。因此，相继在各地卫所开办教育武官子弟的"卫儒学"及中央的"京卫武学"。

二 明代武学的发展

明代在各地卫所及中央这些为武官子弟教育而开设的学校，即为"武学"，有的亦称"卫儒学"①。史载"武学之设，自洪武时置大宁等卫儒学，教武官子弟"②，而此时期的"卫儒学"是指设置在边地为教育武官子弟的学校教育机构，在一些地方"卫儒学"还不是严格意义上的"武学"。其实洪武二十年（1387）七月礼部奏请设立武学，没有得到皇帝朱元璋的允许，"礼部请如前代立武学，用武举，仍建武成王庙。上曰：'是歧文武为二也，轻天下无兼长矣。三代以上，文武咸宜，如太公望鹰扬而授册书，仲山甫赋政而式吉训，召虎经营而陈文德，岂尚一偏之艺为哉？'罢不立学"③。明代京卫武学设立于惠帝建文元年（1399），但

---

① 赵冬梅：《武道彷徨：历史上的武举与武学》，解放军出版社 2000 年版，第 132 页。
② 张廷玉等撰：《明史》卷六十九《选举一》，中华书局 2010 年版，第 1690 页。
③ 查继佐：《罪惟录》，浙江古籍出版社 2012 年版，第 843 页。

成祖即位即予罢除。宣德十年（1435）英宗即位，下诏全国卫所都设立武学，正统六年（1441）设京卫武学，除教授一员，训导六员，教习勋位子弟，正统七年（1442）设南京武学①。"正统六年五月，从成国公朱勇等奏，以两京多勋卫子弟，乃立武学，设教授、训导，如京府儒学之制"②，即正统年间，成国公朱勇曾选拔五十名都指挥使、一百名娴熟骑射的幼官，在两京设立武学予以训练。武学入学资格为都司、卫所世袭子弟十岁以上者，提学官选送其读书，当地没有武学者送儒学。武学中武生考试有罚有奖，"幼官武生肄业外，每五日一次习演弓马，各营总兵官，兵部堂上官，每月一员，下学考验，武库司籍其功能岁终检阅，其一次答策文理可观，并马步中五、六箭者，赏钞一百贯；三、四箭者，五十贯；若积累至于能专其业，可以为将，或坐营把总守备者，不次擢用。十年以上怠于进学者，黜退送操"③，对考试优等者，十年一次举送各营各卫，如遇坐营把总等缺，从其中选用。另外还有官员不定时检查，发现逃学送交法司处理，还要追回所领粮饷。武学教读之书为《武经七书》《百将传》等，弘治年间的兵部尚书马文升曾刊发给两京武学之用。武学中的教员为文武重臣担任，万历时武库司专设一名主事管理武学。教官教学时，都指挥使要按照弟子之规行礼，并立为教规。崇祯十年（1637）各府、州、县学均已设立武学④。"万历中，兵部言'武库司专设主事一员，管理武学'，御史左光斗请增畿南真、顺、广、大四府武学"⑤。对于如何设立武官子弟教育问题，培养具有"真才实学"的将才，明代著名抗倭将领戚继光曾提出过建议："近该本院调取所属遵化等卫应袭舍人⑥，亲临演武场，聊一试之，得年力精健、骑射闲习者三百余人。窃欲将此辈群之武库，择立师长，授以《武经总要》《孙吴兵法》《六壬》《百将》等书，俾各习读，讲解其义。仍于骑射之外，如矛盾、戈铤、钩弩、炮石、火攻、军战之法，各随所长，分门解析，各令精通。俟其稍熟，间一试之。或令之赴边，使习知山川之势、夷虏之情。或暂随在营，使熟识旌麾

---

① 龙文彬：《明会要》，中华书局1956年版，第413页。
② 顾炎武：《日知录》，黄汝成集释，上海古籍出版社2007年版，第1016页。
③ 《明会典》卷一百二十五《兵部二十》见《四库全书》文渊阁本"政书类·史部十三"。
④ 张廷玉等撰：《明史》卷六十九《选举一》，第1690页。
⑤ 龙文彬：《明会要》，中华书局1956年版，第414页。
⑥ "舍人"指对宋元以来显贵子弟的俗称。

金鼓之节，且教而且用之。用之不效，而复教之。如此，数年之后，必有真才。"① 明代朝廷对这些建议采纳了多少，不得而知。明代武学的一个局限就是其培养对象是武官子弟，其他人士是无法进入武学的，这就局限了武学招生人员的素质，限制了一些身怀武技之人通过武举进入武职仕途。总体上讲明代武学虽然在制度上更进一步完备，但毕竟是武举制的一个附庸——仅是武官子弟教育的场所。

由此可以看出，明代武学在武生入学资格、教授内容、教法教规、管理等方面均有严格规定，对武学成员也有考验、擢用、罢退、奖惩等详细要求，故而明代武学较之前代有很大发展。明代武举及武学，对推动习武之风尤其是文人习武、民间习武具有一定的积极影响。

明代武举中式者中同历代武举一样，"既有文韬武略、德才兼备的将才，也有庸庸碌碌、无所作为的马弁；既有为中华民族、为国家甘心马革裹尸、效死疆场的英雄人物，也有玩忽职守、身败名裂的落败之人"②。其制度毕竟是一种通过武技获取功名的路径之一，也向来视为武官入门之正途，它为民间普通群体中那些精通武艺而又有心报效国家的武勇人士提供了一条道路。明代也确实有一些下层人士通过武举获得武职，并在维护国家边防、抵御外敌入侵等战争中发挥了作用。作为中国科举史上的明代武举，其制度的成熟与完备在中国科举史上具有重要的意义，这个意义也是超出科举史之外的，尤其在中国武术史、军事史、教育史上都有其价值与意义。中国武术的源头古典武艺，尤其是在明代的古典武艺，也包括一些武举考试内容，如试力之重刀，至今在武术中还有所遗存。因此，当我们讨论明代武术的发展时，作为明代武术一部分的武举自然在研讨之列。

---

① 戚继光：《练兵实纪》，邱心田校释，中华书局 2001 年版，第 201 页。
② 王鸿鹏、王凯贤等编著：《中国历代武状元》，解放军出版社 2002 年版，第 17 页。

第 三 章
明代军旅武艺

作为一种武技，尤其是古代武术，一向将其能否"真可搏杀"视为本源，而在军旅中经过历代兵将实践过的军旅武艺一向被视为中国武术古典武艺之源。明代曾有一些军旅古典武艺在流入民间后，成为"游场"较技的民间传统武艺，如杨家枪、双刀等。因此，研究明代军旅武艺对于认识明代武术发展及与民间武艺的交流具有追本溯源之意义。

第一节　明代兵制

一　明代卫所制

"明以武功定天下，革元旧制，自京师达于郡县，皆立卫所"①，明代实行的兵制是卫所制，所谓"卫所"就是分屯设兵，控制边防各地要害之处，其主要特点在于家属同守、寓兵于农。明代军民分籍，凡属于卫所的军民，一般都是代代相传为兵，成为一种世袭军户。这种世代为兵的军籍，既保证了一定的兵源，也使得军旅武艺在军户子弟中得以世代相传。

卫所制是明代最主要的军事制度，为明太祖朱元璋根据隋唐时代府兵制所创。明代在与元朝及元末群雄争战期间，军队的来源有诸将原有之兵，即所谓从征；有元兵及群雄兵归附的；有获罪而谪发的；而最主要的来源则是籍选，亦即垛集军，是由户籍中抽丁而来。除此之外尚有简拔、投充及收集等方式。此外，明朝中期以后又有强使民为军的方式，不过都属于少数，卫所制才是最主要的军制。

二　明代朝廷对军士武艺的督训

明代重视对军队的武艺训练，文献中多有记载皇帝关于督促军队训练

---

① 张廷玉等撰：《明史》卷八十九《兵一》，中华书局 2010 年版，第 2175 页。

的诏令，对军队训练的考核、奖惩亦有严格的规定。明太祖曾"起兵布衣，策群力，取天下。即位后，屡命元勋宿将分道练兵"①。洪武六年（1373）朱元璋要求将官要轮番进京测试，测试结果与奖惩联系，如果都指挥的军士有六分之一达不到要求的要罚俸禄一年，超过四分之一达不到要求的要罢官。建文帝时"六师尝自教阅"②，地方则命官员监督操练，到京接受检阅。明武宗好武勇，曾让提督到军营监督操练。嘉靖六年（1527）皇帝命各营挑选一二名精于刀、枪、箭、牌及铳手的军士作为教师，相互教习，并对技艺优秀者进行奖赏。这些诏令和举措，无疑严格督促了军士的武艺训练。

洪武六年（1373）朱元璋命中书省、大都督府、御史台、六部商议教练之事，并制定了练兵"教练军士律"："骑卒必善驰射枪刀，步兵必善弓弩枪。射以十二矢之半，远可到，近可中为程。远可到，将弁百六十步，军士百二十步；近可中，五十步。彀弩以十二矢之五，远可到，蹶张八十步，划车一百五十步；近可中，蹶张四十步，划车六十步。枪必进退熟习。"③朱元璋时期军备强盛，对军士武艺练习有较为严格的制度规定，这样便于对将官进行考核。明洪武时期，朱元璋都会在京师卫所中抽取一定比例的武官（指挥官以下）亲自进行御前验试，其余武官一并轮番进行，如果军士骑射都达标或优等，其统帅的将领就会受到奖赏，否则就会受罚；验试军士还会发给路费。

洪武十六年（1383），"敕天下卫所习射，选善射者十之一，于农隙更番赴京较试。个边军士，本卫较射"④。同书还记载了明洪武十六年、二十年、二十二年、二十五年、宣德五年、景泰二年、成化间、弘治九年、嘉靖六年、隆庆四年等时间明朝廷选军士进京验试的纪录。这表明明代历代皇帝对军士训练十分重视，但随着明代军队官吏的腐败，这些督导训练已经逐渐失去意义。

三 明代民壮、乡兵及土兵

明代除了"正规军"军籍士兵外，还有其他非正规兵制的地方武装，

---

① 张廷玉等撰：《明史》卷九十二《兵四》，中华书局2010年版，第2258页。
② 同上书，第2259页。
③ 同上书，第2258页。
④ 龙文彬：《明会要》，中华书局1956年版，第1145页。

这些兵不入军籍，而在国家非常时期才被朝廷征用，如民壮、乡兵及土兵。“卫所之外，郡县有民壮，边郡有土兵”①。

（一）民壮

明代为备御北边和维持社会治安而组织的地方武装，又名士兵、民颖、会手、剑手、民壮、机兵等。民壮依其承担职责不同，又有巡捕民壮、巡盐民壮、盐捕民壮、常随民壮之分。初为招募，后在民户中编派。“太祖初，立民兵万户府，简民间武勇之人，编成队伍，以时操练。有事用以征战，无事复还为民”②。“成化三年（1467），国子监学录黄明义言：‘宋时多刚县夷为寇，用白艻子兵破之’，白艻子即今之民壮也”③。

民壮其实就是从民间选拔一些武勇之才而临时组织起来的地方武装，当然这种地方武装的选拔也可以从本地选拔到一些具有武艺的人才，或也可招募到一些前来应募的武勇人才，如万历年间，常熟发生“盐盗”薛四彭等人引起的动乱，县令耿橘招募勇士，也就是招募民壮，当时明末武术家石敬岩即在招募之列④。明代被招募为民壮的可以免除杂役，文献记载：“弘治二年（1489），令州县选民壮，人免户户丁杂役。”⑤

明代不同时期招募民壮的规模数量不定，一般边事紧张、国内有农民起义暴动、外族入侵时期招募数量较大。正统二年（1437），当时招募余下的民壮愿意留下继续效命的，陕西有四千二百人，每人赏给布二匹、月粮四斗。正统十四年（1449）“土木之变”后，令各处招募民壮，在各地官司率领下操练，用以遇警调用。天顺元年（1457），招募民壮，鞍马器械都是官府提供，本户有粮的免五石，并免户下二丁，以资供给。弘治二年（1489），令各州、县选民壮，弘治七年（1494），立民壮法，要求州、县七八百里以上的，每里佥派二人；五百里每里派三人；三百里、四百里以上派五人，有司负责训练，供给行粮⑥。嘉靖二十二年（1543），兵部奏请增选州、县民壮，最多千人，次之六七百人，最少者五百人。隆庆四年（1570），浙江抚按官以浙中旧额设民壮一万六千三百九十名，请留下

① 张廷玉等撰：《明史》卷九十一《兵三》，中华书局2010年版，第2249页。
② 龙文彬：《明会要》，中华书局1956年版，第1135页。
③ 顾炎武：《日知录》，黄汝成集释，上海古籍出版社2007年版，第1648页。
④ 马明达：《说剑丛稿》（修订本），中华书局2007年版，第88页。
⑤ 查继佐：《罪惟录》，浙江古籍出版社2012年版，第893页。
⑥ 张廷玉等撰：《明史》卷九十一《兵三》，中华书局2010年版，第2250页。

四千二百一十一名，备各府州县守城之用①。

总之，民壮作为军队之补充的地方武装，多临时招募，一般缺乏正规训练，虽然其中也招募到一些武艺高超之人，但由于缺乏组织管理，加之官吏时常私役民壮，故民壮在嘉靖之后，逐渐改为纳银代役。

（二）乡兵

"国家郡邑，额设营兵之外，民间乡兵，所在而设。初，起角抵，相团结，后遂因不废。"②乡兵又称民兵，是居民自动组织或政府组织起来的武装力量，一般乡兵"随其风土所长应募"③，这些乡兵之武技多具有本地域特长。有隶属军籍的乡兵中最有名的为"浙兵"，以义乌为最，其次为处州，台州、宁州又次之，擅长狼筅及叉鏟。戚继光曾招募"浙兵"创制"鸳鸯阵"，东破倭寇，北守蓟门。另外还有"川兵""辽兵"，崇祯时多调用剿杀流贼。另外，"不隶军籍者，所在多有。河南嵩县曰毛葫芦，习短兵，长于走山。而嵩及卢氏、灵宝、永宁并多矿兵，曰角脑，又曰打手。山东有长竿手。徐州有箭手。井陉有蚂螂手，善运石，远可及百步。闽漳、泉习镖牌，水战为最。泉州永春人善技击"④。

僧兵也属于乡兵之列。僧兵主要以少林、五台、伏牛三处僧兵最为出名，明嘉靖东南倭寇侵扰我东南沿海江浙一带时，招募到的僧兵有四十多人，战亦多胜，使得少林武术得以传播，并有"今之武艺，天下胥推少林"⑤。

乡兵武技大多具有地域特色，虽然不像军旅武艺那样经过严格的训练，但这些乡兵的武技却各有所长，有些器械既丰富了军旅武艺，同时也推进了这些具有地域特色的武艺进一步发展。乡兵每次进行征讨外敌入侵、镇压农民起义及对抗外族入侵，都不同程度地促进了这些具有乡土特色的武技的提高，有些再次流入民间，成为地方民间武术的代表。如处州"浙兵"的狼筅在抗倭时期被戚继光进行了大力改进，成为御倭"奇"兵器；闽漳、泉擅长藤牌刀，至今福建泉漳地区民间武术的藤牌加刀仍是一大地方特色武术。

① 龙文彬：《明会要》，中华书局1956年版，第1136—1141页。
② 查继佐：《罪惟录》，浙江古籍出版社2012年版，第892页。
③ 张廷玉等撰：《明史》卷九十一《兵三》，中华书局2010年版，第2251页。
④ 同上书，第2252页。
⑤ 郑若曾：《筹海图编》，李致忠点校，中华书局2007年版，第739页。

（三）土兵

土兵、土司兵均为西南等边地少数民族自治下的地方武装，"土"即本土之意，"土兵""土司兵"因地区不同亦有不同的称谓，如外西南夷服之兵，蜀曰"土兵"；黔蒙民兵，粤西瓦氏、东兰、那地、南丹、归顺诸州，俱曰"狼兵"①，另外湖南永顺、保靖，四川酉阳、石柱秦氏、冉氏诸土司均有各自训练的土兵。

土兵一般具有较强的武技，其战斗力很强，如湖南永顺土兵的钩、镰、矛、弩诸技，天下莫敌，在嘉靖时期东南抗倭时屡破倭寇，总督胡宗宪称赞土兵："短兵相接，倭贼甚精，近能制之者，惟湖广土兵钩、镰、枪、弩之技。"②

土兵一般有其独特的阵法，如粤西瓦氏有岑氏家法："七人为伍，每伍自相为命。四人专主击刺，三人专主割首。所获首级，七人共分之。割首之人，虽有照护主击刺之责，然不必其武艺精绝也"；湖广土兵阵法："每司立二十四旗头，每旗一人居前，其次三人横列，为第二重；又其次五人横列，为第三重；又其次七人横列，为第四重；又其次七人为横列，为第五重。其余皆置后，欢呼助阵。若在前者败绩，则第二重居中者进补，两翼亦然。胜负以五重为限，若五重而皆败，则余无望矣。每旗内十六人，二十四旗共三百八十四人，皆精选之兵也。"③ 土兵的阵法节制甚严，违者或退缩者皆斩，故人敢莫撄。④

土兵在抵御外辱、镇压农民起义暴动等事件中多有奇功，朝廷时常调用土兵进行征战。四川的石柱土兵曾在万历时从征播州，援辽东；天启时，讨奢崇明；崇祯时，剿流寇。酉阳土兵在景泰四年（1453），从征五开、铜鼓苗；弘治十二年（1499），协剿贵州贼妇米鲁；万历四十六年（1618），援辽。广西诸狼兵在正统二年（1437），总兵官山云上言："左右两江土官所属狼兵素勇，为贼所畏。若量拨田州土兵于近山屯种，分界耕守，断贼出入，不过数年，贼必坐困"。上报得以允许，以后东南有事，就调用狼兵。⑤ 嘉靖三十三年（1554），总督张经曾调永顺、保靖土

① 查继佐：《罪惟录》，浙江古籍出版社2012年版，第892页。
② 郑若曾：《筹海图编》，李致忠点校，中华书局2007年版，第738页。
③ 同上书，第736页。
④ 龙文彬：《明会要》，中华书局1956年版，第1143页。
⑤ 同上书，第1143—1144页。

兵剿倭寇，保靖土兵败倭寇于石塘湾，同时永顺并受邀夹击，倭寇溃败奔走王江泾。

第二节　明代军旅武艺训练——戚继光之军旅武艺

在边防危机之下，明代建立了强大的军事机构，拥有相当数量的军队。元顺帝退走大漠后仍时时侵扰明朝北部边境，"元人北归，屡谋兴复。……故终明之世，边防甚重"①。另外明中后期东南沿海倭寇也时时侵扰。明代的"北虏南倭"始终困扰着历代统治者，内忧外患，不仅使明代必然建立庞大的军事机构，而且十分重视士兵的武艺训练。火器虽宋代就在军队中使用，但在明代的使用较宋代更为广泛，不过火器此时期仍不能取代冷兵器，军队中各种冷兵器训练仍是军队武艺训练的重要内容，并更加斥"花法"而重"实用"。明代军队武艺训练，加强了士兵身体素质的训练，各种冷兵器及其技能有所改进、创新，武艺训练更加突出对敌实战，技术讲究简单实用。明代戚继光对其所练之军旅武艺有较为详细的记载，鉴于明代大多兵书均极为推崇戚继光练兵之法，不少兵书将戚继光之练兵武艺训练收录其中，故而本节以戚继光之军旅武艺训练为例，并辅以其他文献记载对明代军旅武艺的训练进行说明，以便对明代军旅武艺训练作一探究。

一　明代军旅长短冷兵器训练

明代作为临阵实用的军旅武艺，长短冷兵器是主要的训练器械，尤以长枪、腰刀为代表。在明代这些长短冷兵器随着军旅武艺与民间武术的交流，有些经过军旅生死相搏得以流传的技艺也流入民间，成为后世武术家珍视的珍品，如杨家枪、双刀等技艺，戚继光就曾对杨家枪极为推崇，称"夫长枪之法，始于杨氏，谓之曰'梨花'，天下咸尚之，其妙在于熟之而已"②。

明代"戚家军"军士的武艺操练主要以枪、刀、钯、狼筅、藤牌等

---

① 张廷玉等撰：《明史》卷九十一《兵三》，中华书局 2010 年版，第 2235 页。

② 戚继光：《纪效新书》（十八卷本）卷十《长兵短用篇》，曹文明、吕颖慧校释，中华书局 2001 年版，第 158 页。

长短冷兵器为主，并根据各种兵器的特点配合使用。兵器制造亦有要求，长枪锋要轻利，重不过两，枪杆要梢长、腰硬而跟粗；狼筅要在顶端有利枝，四周竹枝要竖直粗大；钯、叉、棍要长一丈二尺；藤牌要高宽能够遮挡持牌者，要坚固轻便，并配备长刀、标枪①。各种兵器操练按照对敌实战需要进行，反对花哨而不实用的技法，并有赏罚。如训练腰刀时预备长（七尺）、短（三尺五寸）棍两根，步兵从远处快跑向棍，要先砍短棍（假设为马腿），转身砍长棍（假设为马头），砍中的有赏，违反规则者要被记录在册；其他棍、牌、钯等操练时均假设敌人练习，并对速度、准确性有具体要求，均从实战对敌演练出发②。

　　戚继光对军士进行各种长短兵器操练时先看个人演练，主要看手法、步法，再对练，并对个人演练、对练作出优劣等分，并给予赏罚。如长枪操练时，先看单人演练枪法，看其手法身法，进退步法，圈串不宜甚大，尺余便好；然后在二十步外立一木人，高五尺，宽八寸，在木人眼、喉、心、腰、脚挖五个直径一寸多的圆孔，孔中安一木球，每人持枪听鼓声快跑向木人，枪刺木人，以能刺中木人五个部位的木球者为优；两人持枪比武时，能熟练运用封、闭、捉、拿、守枪法防守，不被刺中即为掌握了枪法的秘诀③。其他兵器如刀、藤牌、钯等均有训练之法，如刀能冲入叉、钯、狼筅，使其不能遮拦为熟练，并认为刀法甚多，真正得其妙者不多；叉、钯要先个人演练，看其身法、手法、步法，然后再以叉钯与长枪、短刀比试，能格挡长枪、刀、棍、狼筅，并能杀敌者为熟练；狼筅亦是先个人演练，看其身法、手法、步法，然后与长枪比试，能经得起长枪迷惑及格挡开长枪的方为熟练；藤牌先要个人演练，看其藤牌遮挡活动能否藏身不见，但自己可以看到外面敌人，脚下要灵活，然后藤牌与长枪比试。藤牌因只能防御不能杀敌，故而藤牌需要配合腰刀或标枪使用。明代军旅兵器使用技能主张不在于多，而在于精，明代何良臣曾说："不在多能，务求精熟。设或不精，反为所累。所以秘技有神授，

---

　　① 戚继光：《纪效新书》（十八卷本）卷六《比较武艺赏罚篇》，曹文明、吕颖慧校释，中华书局 2001 年版，第 91—92 页。

　　② 戚继光：《练兵实纪》卷四《练手足》，邱心田校释，中华书局 2001 年版，第 96—98 页。

　　③ 何良臣：《阵纪注释》卷二《技用》，陈秉才点注，军事科学出版社 1984 年版，第 103—104 页。

如无真授，未可强为。授之不精，未可称技。精而不能变，犹为法之所泥。"① 因此，明代军士的武艺技法不多，多为战阵而练，技术讲究简单、实用，反复练习，以达到实战时的简洁、快速，这正是明代军中武艺与民间武艺的区别。

二　明代军旅射艺

"武术在不同的历史范畴里，有其不同的内容和形式，今天的武术乃是古代武艺在现代条件下的继续，是发生了质变的继续。……弓马之术是古代武艺最基本、最重要的内容，只是到了近代，由于古代武艺在新的历史条件下从总体上演变成了强身健体之术，历史前提和自身发展都要求它必须对固有的内涵作应时而变的保留与摒弃、发展和萎缩，于是弓马之术才与母体分道扬镳、自称体系了。"② 因此，古代军旅弓马骑射也属于军旅武艺之列。

明代戚继光对军士的武艺训练，除各种长短兵器外，射技也是重要的训练内容，其中包括马射和步射。戚继光《纪效新书》卷十三有《射法篇》，对马射和步射的动作要领有详细的记述。骑射时"势如追风，目如流电，满开弓，急放箭，目勿瞬视，身勿倨坐，出弓如怀中抱月，平箭如弦上悬衡"③；骑射马箭有三种方法：一为马箭分踪式，向前射（图3—1）；一为马箭对蹬式，向旁射（图3—2）；一为马箭末秋式，向后射（图3—3）。④ 步射时前腿压紧地面以支撑重心，后腿脚尖踮地并抬起脚跟，左肩尖直对右脚尖，放箭瞬间的步形既不是"丁"字步，也不是"八"字步，所谓"不丁不八"。拉弓时前手向前推弓，后手向后拉弦，满开弓，快放箭，如果箭摇头则是右手大食指扣弦太紧的缘故。书中也对各种可能错误的动作提出了改正的方法，并配有"实握射图""掌心推射图"。这些都是指导军士练习骑射与步射的要诀，军士可将这些射箭时的

① 何良臣：《阵纪注释》卷二《技用》，陈秉才点注，军事科学出版社1984年版，第109页。

② 马明达：《说剑丛稿》（增订本），中华书局2007年版，第311页。

③ 戚继光：《纪效新书》（十八卷本）卷六《比较武艺赏罚篇》，曹文明、吕颖慧校释，中华书局2001年版，第222—223页。

④ 郑若曾：《筹海图编》卷十三下《兵器》，李致忠点校，中华书局2007年版，第936—939页。

动作要领烂熟于心以进行练习。掌握了射箭的动作要领后就要训练射箭的

图 3—1　马箭分踪式

准确度及距离了，"学射以十步立标，标眼如钱大，平胸满射，能三矢中二，远移五步。又能不离左右，即于二十步立标，标眼如酒盅面大，平胸满射，能三矢中二，远移五步。……标之高下，须以远近相称，虽立百步，不过高六尺是也"①，可见标眼是随着距离的增加而逐渐增大的。

图 3—2　马箭对蹬式

图 3—3　马箭末秋式

三　明代军旅武艺的身体素质训练及拳术

　　戚继光对军士的武艺训练强调要重视身体素质的训练，主要有练手力、练足力、练身力。士兵平时操练所使用的器械，要比对敌交锋时所用的器械重，平时以重器械练习，临阵交锋时使用轻器械就会手法快捷，这是练习手力；平时士兵都要练习快跑，以一气跑完一里而不气喘为准，腿上可以裹沙袋，逐渐加重，上阵时去掉沙袋，这样自然轻便，是谓练习足力；平时操练时要穿重甲，并逐渐加重物，以能承受为准，临战时去掉，自然身体轻便，进退迅速，这是练身力之法②。戚继光指出士兵练习手足

---

　　① 何良臣：《阵纪注释》卷二《技用》，陈秉才点注，军事科学出版社 1984 年版，第 93—94 页。

　　② 戚继光：《练兵实纪》卷四《练手足》，邱心田校释，中华书局 2001 年版，第 103 页。

之力对掌握器械之重要性："手足便捷，系于器械轻利。古法云：'器械不利，以卒予敌。'手无搏杀之方，徒驱之以刑，是鱼肉士卒也。"①

戚家军的武艺训练也包括拳术，戚继光虽认为拳法是"无预于大战之技"，仅作为贯勤肢体的初学入门之用，并把《拳经捷要篇》作为诸篇之末②，但同时也指出练习拳法可以使"身法活便，手法便利，脚法轻固，进退得宜"。明代军事家虽不重视拳法在军队武艺训练中的作用，却把拳法作为学习其他器械的入门技能，"学艺先学拳，次学棍。拳棍法明，则刀枪诸技，特易易耳，所以拳棍为诸艺之本源也"③。

总之，明代军旅武艺主要是长短冷兵器。除了传统的长枪、刀等冷兵器外，明代后期在东南御倭练兵的戚继光根据需要，对其也进行了一些改进和创新，如狼筅、藤牌刀等，有些是吸收了土兵、乡兵的地方武器，并适当进行了改进，使得明代军旅武器更加丰富起来。同时这一时期军旅武艺与民间武术也在相互交流中得以提高，如民间武术演练的"花法"带入了军旅武艺，而仅作为"活动肢体"之用、无益于军旅武艺的拳术却越来越得到民间武术的重视，并在明代后期成为诸艺之冠，这也是拳术在清代逐渐兴盛的开始。

---

① 戚继光：《纪效新书》（十四卷本）卷三《手足篇》，范中义校释，中华书局 2001 年版，第 47 页。

② 戚继光：《纪效新书》卷十四《拳经捷要篇》，马明达点校，人民体育出版社 1988 年版，第 307 页。

③ 何良臣：《阵纪注释》卷二《技用》，陈秉才点注，军事科学出版社 1984 年版，第 99 页。

第四章
明代军事著作与武术文献对武术的影响

明代涌现了多位精通武术的军事家，并为后世留下了多部具有重要史料价值的军事著作，如戚继光的《纪效新书》、俞大猷的《续武经总要》、唐顺之的《武编》等，这些军事著作为后世留下许多珍贵的明代武术资料。兵家言武术，即军事家谈武术，是明代武术史一大特色。

第一节　明代与武术有关的军事著述

武术古籍是我国古代文献典籍中一个特殊的领域，是具有很高学术价值和现实价值的民族文化遗产[①]。明代是中国封建社会历史上的一个重要时期，明朝前期不仅政治强大，而且社会经济亦获得极大发展，并出现了资本主义萌芽。中国武术也在明代步入成熟时期，形成了完整的中华武术文化体系，许多武术古籍文献为后世所瞩目，例如《纪效新书·拳经捷要篇》《耕余剩技》等。风格各异的拳、刀、枪、剑等诸种武术流派异彩纷呈，如拳有八闪翻、巴子拳等诸家拳种；枪有杨家枪、峨眉枪等流派之别；棍法有紫薇棍、青田棍等流派之分；刀法有双刀、钩刀、手刀等多家流派，明代中国武术体系显现出日趋成熟的特点。通过对明代武术古籍文献的梳理及武术流派的考析辨流，窥探中国武术在明代的大体概貌，尤其是中国武术在成熟时期的拳种、器械、功法等完备体系，对认识中国武术从明代至今的演进有着学术价值与现实意义。

一　郑若曾与《江南经略》

郑若曾（1503—1570），字伯鲁，号开阳，江苏昆山人，少师从魏校，后从学于明代哲学家王守仁，经常与归有光、唐顺之、茅坤等学者切

---

① 马明达：《说剑丛稿》（增订本），中华书局 2007 年版，第 318 页。

磋。嘉靖十五年（1536）以贡生入京进国子监，东南倭患时被任为胡宗宪的幕僚，著作有《江南经略》《筹海图编》。《江南经略》乾隆时收录入《四库全书》。

《江南经略》共八卷，每卷又分上、下二子卷，是专为防御倭寇侵入长江而作之海防著作，为首部海防研究专著。《江南经略》初刻于明隆庆二年（1568），明万历四十二年（1614）据隆庆本重刻。有关武术的内容主要在《江南经略》卷八上《杂著·兵器总论》，记述了当时使枪之家十七、使刀之家十五、使剑之家凡六、弓弩之家十四、使棍之家三十一、使杂器械十家、使钯之家凡五、马上器械十六家、拳家凡十一。由于郑若曾长期生活在江南，故而《江南经略》中所记载的拳械应多为南方武术流派。

二　俞大猷与《续武经总要》

俞大猷（1504—1588），字志辅，号虚江，福建晋江人，明代抗倭名将，与戚继光并称"俞龙戚虎"。俞大猷少好读书，先后跟随王宣、林福、蔡清学习《易经》，从赵本学习兵法，从李良钦学剑，明嘉靖十四年（1535）中武举会试第五名，为武进士。[①] 其著作有《续武经总要》（卷八）及《正气堂集》。

《续武经总要》为俞大猷与其师赵本学的合著，共八卷，其中前七卷为赵本学撰写，卷八为俞大猷撰写。其书初刻于明嘉靖三十六年（1557），重刻于万历四十二年（1614），流传不广。该书分三部分：一为《韬钤内篇》（卷一至卷四），辑录并考证、解说古代"圣王贤将"之阵法；二为《韬钤外篇》（卷五之卷七），辑录了"汉唐以后文士俗儒所演"的阵法，并对其详加辩驳；三为《韬钤续篇》（卷八），主要记载了俞大猷的《剑经》《射法》，其中《剑经》备受后世武学珍视，具有深远的影响。

《剑经》虽以"剑经"为书名，其实是一本专论棍法的专著，对明代棍法从理论高度进行了总结与阐述。《剑经》被戚继光全文收录在其《纪效新书》中的《长兵短用说篇》，戚继光称其为"千古奇秘，非欺人也"。[②]《剑经》在明代有单行本，俞大猷个人文集《正气堂集》卷四[③]亦

---

①　张廷玉等撰：《明史》卷二百二十《俞大猷传》，中华书局 2010 年版，第 5601 页。

②　戚继光：《纪效新书》，马明达点校，人民体育出版社 1988 年版，第 295 页。

③　所参考《正气堂集》本为复旦大学所藏之清道光刻本。

收录（图4—1），《明史·艺文志》也著录了《剑经》。①

图4—1 《正气堂集》卷四《剑经并序》

《剑经》以棍的技法论述，一技一节，一法一论，条文各自独立，首先指出如能使好棍的话，其他如钩、刀、钯、枪等器械都可以从棍法中领悟。《剑经》主要论述棍法，除钯法十二条外，其余皆是棍法②，假设棍对棍、棍对刀、棍对枪、棍对钩、钯对刀等各种兵器相互破解之法，以及棍的基本理论、基本技法、步法、进攻、防守等。戚继光还为《剑经》增加了十四幅图势（图4—2）：偏身中拦势、大当势、大剪势、仙人捧盘势、大吊势、齐眉杀势、滴水势、直符送书势、走马回头势、上剃势、倒头势、下穿势、闪腰剪势、下接势。

图4—2 戚继光为《剑经》配图 齐眉杀势

---

① 张廷玉等撰：《明史》卷九十八《艺文三》，中华书局2010年版，第2437页。

② 唐豪：《中国武艺图籍考》，山西科技出版社2008年版，第129页。

三　唐顺之与《武编》

唐顺之（1507—1560），字应德，号荆川，人称荆川先生，江苏武进人，嘉靖八年（1529）会试第一。唐顺之学识渊博无所不窥，"自天文、乐律、地理、兵法、弧矢、勾股、壬奇、禽乙，莫不究极原委"①，曾以郎中身份督兵浙江，与胡宗宪共同抗倭，率兵泛海屡破倭寇，因功官至右金都御使，代凤阳巡抚，崇祯中追谥襄文。唐顺之精通武艺，曾向抗倭名将戚继光讲解枪法，其技令人当场叹服，"巡抚荆川唐公于西兴江楼自持枪教余，……余又问曰：'如此一圈，其工何如？'荆翁曰：'工夫十年矣。'……皆叹服"。② 著作有《武编》（前、后集）、《荆川稗编》、《荆川集》，其中《武编》《荆川集》收入《四库全书》。

《武编》在唐顺之生前并没有刻印出版，只有抄本传世。后来著名学者焦竑得其手稿，万历四十六年（1618），值后金努尔哈赤起兵攻明之际，交付武林出版家徐象枟曼山馆首次刻印刊行。由于焦竑得到的手稿并非完整手稿，故而书中有缺文。《武编》分为前集、后集，各六卷，共十二卷，分一百八十七门。前集六卷，分五十四门，主要阐述将、士、制、练、令等五十四个有关军事理论及战略战术的问题，并引征古代兵法及前人的理论论述；后集六卷，分一百三十三门，将明代以前的战争事例分成料敌、抚士、信、勇、严、赏等九十七个问题。

《武编》中有关武术的内容在前集卷五，分别记述牌、火器、射、弓、弩、甲、拳、枪、剑、刀、简、锤、扒等器械，其中拳、枪、剑、刀部分尤为珍贵，并记载了明代温家拳拳谱，"温家拳则钺所专习，家有谱"。③《武编》成书要早于《纪效新书》，出版却比之晚。

四　戚继光与《纪效新书》

戚继光（1528—1588），字元敬，号南塘，晚号孟诸，卒谥武毅。其祖居山东东牟，后迁安徽定远，再迁至山东登州（今蓬莱）。戚继光本人

---

① 张廷玉等撰：《明史》卷二百五十《唐顺之传》，中华书局2010年版，第5424页。

② 戚继光：《纪效新书》（十八卷本），曹文明、吕颖慧校释，中华书局2001年版，第165—166页。

③ 马力：《中国古典武学秘籍录》（上卷），人民体育出版社2006年版，第3页。

自称定远人①，其出生地为山东济宁。戚继光出生将门，自幼勤习武艺，于嘉靖二十八年（1549）十月乡试中武举②，随后南抗倭寇，北镇鞑虏，可谓南征北战、戎马一生，为明代著名军事家、民族英雄、抗倭名将。戚继光在嘉靖二十三年（1544）袭祖职任登州卫指挥金书③，嘉靖三十二年（1553）进署都指挥金事，负责山东备倭，嘉靖三十四年（1555）调任浙江都司金书。嘉靖三十八年（1559）到义乌募兵，并对募集到的四千多名矿工及农民进行训练，发明"狼牙筅"，创制"鸳鸯阵"，并将训练士兵的条款汇集成册，于嘉靖三十九年（1560）著成《纪效新书》。戚继光从嘉靖三十四年（1555）至嘉靖四十五年（1566）在东南沿海抗倭十二年，从浙江到福建，从福建至广东，为平息东南倭患立下不朽功勋，在抗击东南倭患时建立了攻无不克、战无不胜，令倭寇望风即溃的"戚家军"。隆庆元年（1567）调往北京，镇守蓟镇，并着手练兵，将练兵制定的具体条款汇集成《练兵实纪》一书，其中正文九卷成书于隆庆五年（1571），杂集六卷成于万历初年④。戚继光在北方镇守蓟镇十六年间，"边备修饬，蓟门宴然。继之者踵其成法，数十年得无事"⑤，明代朝廷无虏犯京师之忧，蒙古骑兵的铁蹄未曾踏入长城之内一步。万历十一年（1583）戚继光因受内阁首辅、大学士张居正遭弹劾病逝牵连，被谪调广东。戚继光在广东期间一边整饬兵备一边整理著作，万历十二年（1584），在十八卷本《纪效新书》与《练兵实纪》的基础上整理出十四卷本《纪效新书》。万历十五年（1587）戚继光在山东蓬莱逝世，终年六十岁。清乾隆年间编纂的四库全书共收录兵书二十部，其中戚继光就占了两部：《纪效新书》（十八卷本）与《练兵实纪》，由此可见戚继光在中

---

　　① 戚继光自称是定远人，《纪效新书》自叙中署名即为"定远戚继光"，明代人亦认为其祖先在定远，主要是因为戚继光是军籍，明代卫所制度有军籍袭替、官职承袭。戚继光始祖戚祥定居定远，曾跟随朱元璋起义，后战死，其子戚斌官至登州卫指挥金事，自此戚家承袭登州卫指挥金事一职，故而祖籍亦为定远。

　　② 范中义著：《戚继光传》，中华书局 2003 年版，第 39 页。

　　③ 明代军官的袭职要经过各级的武艺考核合格后方可承袭，首先卫所对承袭军官培训，以使其"素习弓马"，并进行袭职前弓马是否娴熟的考试后才开具文书；袭职人持文书进京到都督府验明文件并进行武艺比试，主要比试骑马越墙、射箭及骑马使枪两人对刺，比试合格后兵部武选清吏司发给袭职证明方可回卫所报到任职。戚继光袭职时不满 16 周岁。

　　④ 王兆春：《中国历代兵书》，中国国际广播出版社 2010 年版，第 121 页。

　　⑤ 张廷玉等撰：《明史》卷二百一十二《戚继光传》，中华书局 2010 年版，第 5616 页。

国古代军事领域举足轻重的地位。

　　《纪效新书》是戚继光撰写的一部兵书，其中收录了不少古代武术内容，为后世保留了许多明代珍贵的武术资料。关于《纪效新书》书名的来历，戚继光在《纪效新书》自叙（图4—3）中有所交代："客为题曰《纪效新书》。夫曰'纪效'，明非口耳空言；曰'新书'，所以明其出于法而不泥于法，合时措之宜也。"①《纪效新书》有十八卷本与十四卷本两种，其中十八卷本中卷十四有《拳经捷要篇》，而十四卷本却删除了此篇，增加了十八卷本中所无的《辛酉刀法》，因此两种卷本如春兰秋菊，各有千秋。

　　《纪效新书》最初成书于嘉靖三十九年（1560），为十四卷，后又增加为十八卷，这可以在十八卷本中卷十四的《拳经捷要篇》题解中看到，"此艺不甚预于兵，……于是以此为诸篇之末第十四"②。十八卷本中的武艺内容主要集中在卷十《长兵短用说篇》、卷十一《藤牌狼筅总说篇》、卷十二《短兵长用说篇》、卷十三《射法篇》及卷十四《拳经捷要篇》，尤以《拳经捷要篇》中"择其拳之善者三十二势（图4—4）"，图文并茂，为研究明代武术的珍贵史料，历来受到武术家们推崇，对后世武术影响深远。有学者指出明末清初河南温县陈王廷即吸收了戚继光"择其善者"所创编三十二势长拳中的二十九势创造了陈氏太极拳。十四卷本中的武艺内容主要集中在卷三至卷五的《手足篇》，其中有卷三的《长兵短用解》；卷四的《短兵长用解》《藤牌解》《腰刀解》《长刀解》《镜钯解》《狼筅解》《长枪解》；卷五的《大棒解》，主要论述了刀、枪、牌、钯、射训练之法。《纪效新书》对刀、枪、棍棒及狼筅等冷兵器的制作及使用方法均有详细论述，并提出"长兵短用""短兵长用"之法以及各种冷兵器搭配使用的方法，使得各种冷兵器长可护短、短以卫长，充分发挥长、短兵器配合的威力。戚继光创造的"鸳鸯阵"，就是各种冷兵器配合使用并可以因敌变化的御倭奇阵。

---

　　① 戚继光：《纪效新书》（十八卷本），曹文明、吕颖慧校释，中华书局2001年版，第2页。

　　② 同上书，第227页。

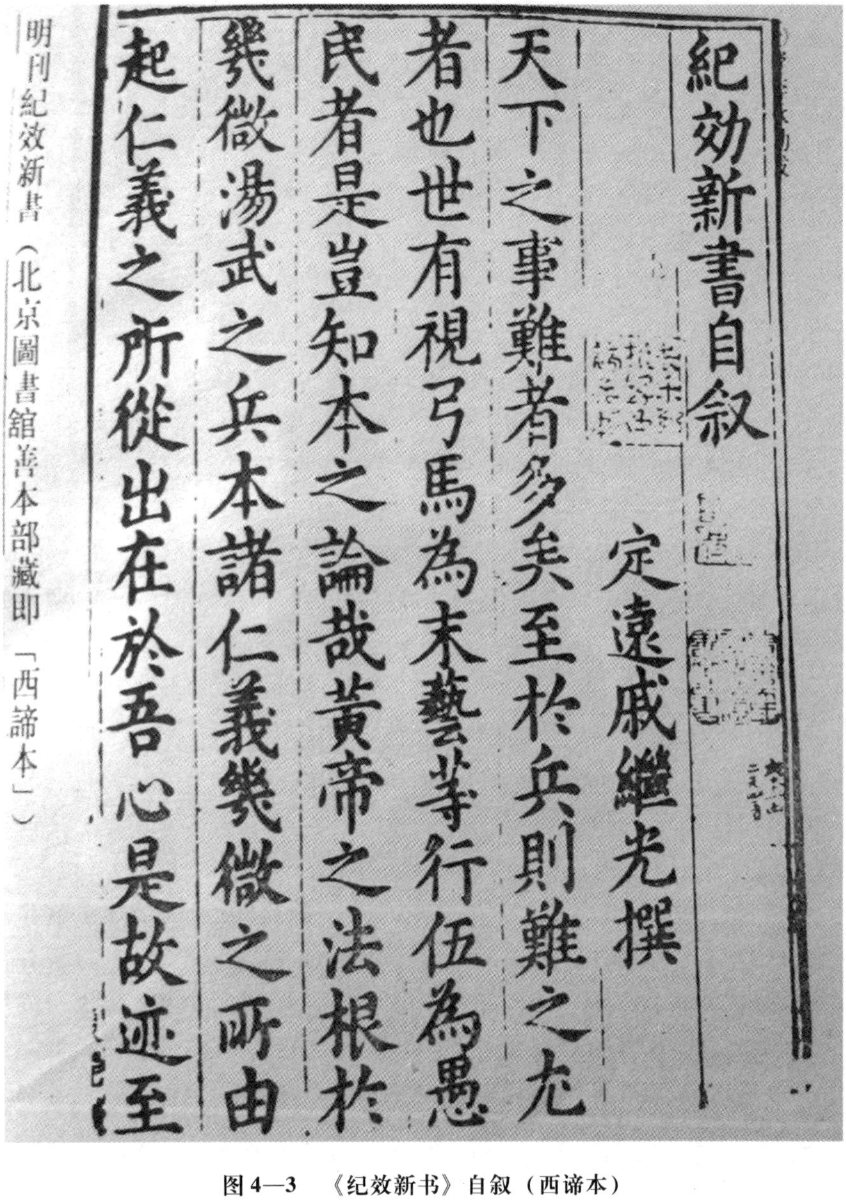

明刊紀效新書（北京圖書館善本部藏即「西諦本」）

紀効新書自叙

定遠戚繼光撰

天下之事難者多矣至於兵則難之尤者也世有視弓馬為末藝等行伍為愚民者是豈知本之論哉黃帝之法根於幾微湯武之兵本諸仁義幾微之所由起仁義之所從出在於吾心是故迹至

图4—3 《纪效新书》自叙（西谛本）

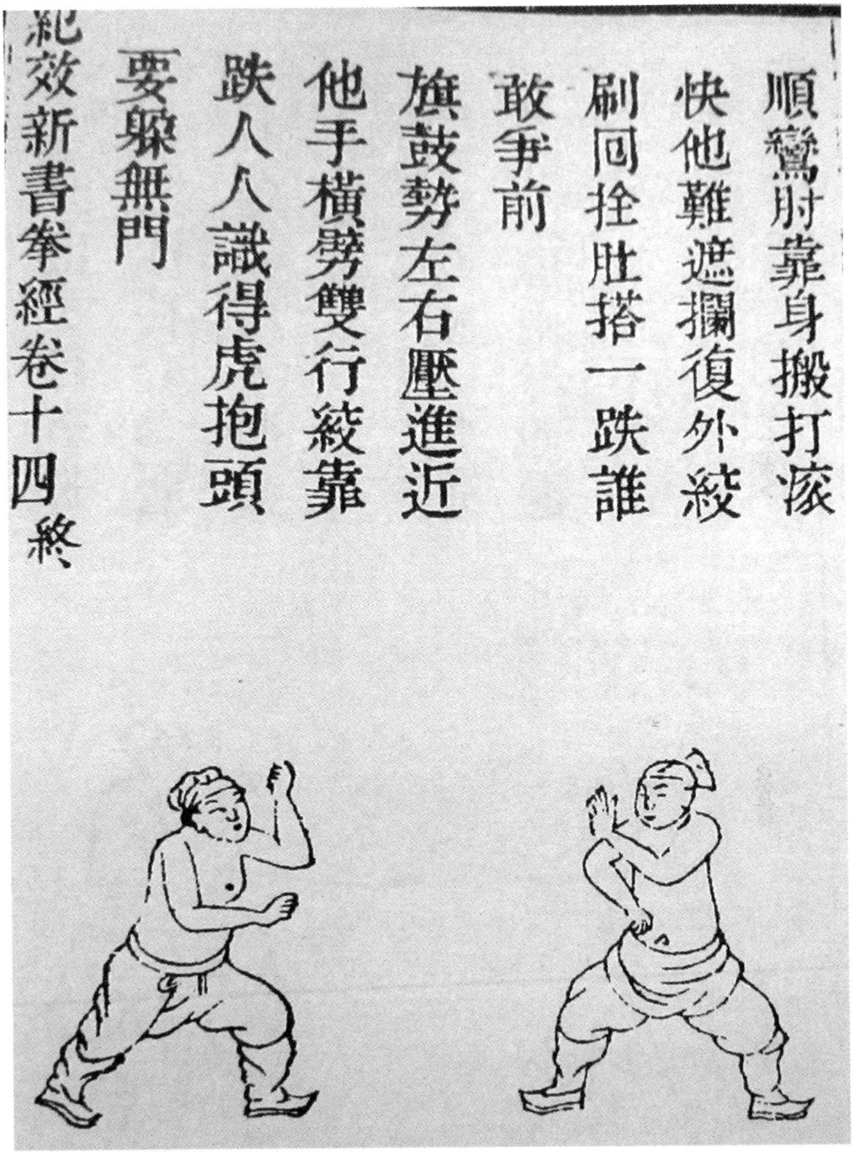

順鸞肘靠身搬打滾
快他難遮攔復外絞
刷回拴肚搭一跌誰
敢爭前
旗鼓勢左右壓進近
他手橫劈雙行絞靠
跌人人識得虎抱頭
要躲無門
紀效新書拳經卷十四終

图4—4 拳经三十二势之旗鼓势、顺鸾肘

《纪效新书》刊出后广为流传，其后出版的《武备志》《三才图会》《筹海图编》均转载有其中的武艺内容。《纪效新书》问世后还流传到邻近国家，并受到朝鲜和日本两国军士训练的重视。朝鲜有在《纪效新书》基础上结合本国武技修订增删而成的《武艺图谱通志》，曾在万历二十二年（1594）设立训练都监时，把《纪效新书》作为教科书。《纪效新书》在日本亦有刻本传世，如宽政九年（1798）刻本①。

五 何良臣与《阵纪》

何良臣，字际明，号惟圣，浙江余姚人，生卒年不祥，据《阵纪》中的"序""跋"及所述内容推测，何良臣大约生活在明代正德至万历年间。早年"擅辞赋，以其余谈将略，壮诗人气"②，以诗文著称，嘉靖年间投笔从戎，作为幕僚参与训饬府兵，立过战功，官至蓟镇游击将军。《四库全书总目提要》这样评价何良臣及其《阵纪》："明之中叶，武备废弛，疆圉有警，大抵鸠乌合以赴敌，十出九败。故良臣所述，切切以选练为先，其所列机要，亦多即中原野战立说。"何良臣除著有《阵纪》外，另有《军权》及《利器图考》③。

《阵纪》主要有万历十九年（1591）刻本、清嘉庆二十二年（1817）《墨海金壶》丛书本、清道光《珠丛别录》丛书本、道光二十六年（1846）《惜阴轩》丛书本④等，其中以《惜阴轩》本较好。

《阵纪》共四卷，分二十二类，共六十六篇，约近五万字。卷一有募选二篇、束伍四篇、教练三篇、致用二篇、赏罚四篇、节制三篇，共十八篇；卷二有齐正虚实四篇、众寡三篇、率然二篇、技用十五篇，共二十四篇；卷三有阵宜三篇、战令五篇、战机三篇，共十一篇；卷四有摧陷一篇、因势二篇、车战一篇、骑战一篇、步战一篇、水战三篇、火战一篇、夜战一篇、山林泽谷之战一篇、风雨雪雾之战一篇，共十三篇。

《阵纪》中有关武艺内容的有《束伍》《教练》《技用》篇，其中以

---

① 王兆春：《中国历代兵书》，中国国际广播出版社 2010 年版，第 118 页。

② 何良臣：《阵纪注释》附录《阵纪后序》，陈秉才点注，军事科学出版社 1984 年版，第 246 页。

③ 《利器图考》一书仅在何良臣著《阵纪》卷二《技用》中提及："以下器具矩式制法用法，别载《利器图考》"。《利器图考》未见有传世之本，故而无法得见该书所载详细内容。

④ 何良臣：《阵纪注释》，陈秉才点注，军事科学出版社 1984 年版，第 13 页。

《技用》篇中涉及武术内容最为集中，其中记载有明代流行的拳术及名家，如宋太祖之三十六势长拳、六步拳、猴拳、囮拳、温家之七十二行拳、三十六合锁、二十四弃探马、八闪番、十二短，当时拳术名家有吕红之八下、绵张之短打、李半天及曹聋子之腿、王鹰爪及唐养活之拿、张伯敬之肘、千跌张之跌以及童炎甫、刘邦协、李良钦、林琰等；记载的武术器械：棍有扒杈棍、少林棍、紫薇山棍、张家棍、青田棍、赵太祖腾蛇棍、贺屠钩杆、西山牛家棍等；枪有六合枪、马家长枪、沙家杆子、李家短枪、杨氏梨花枪等及枪的制作、习练方法；另外还记载了狼筅、藤牌、刀以及杂兵器。《阵纪》中涉及的拳种及当时武术名家之技，可与《纪效新书》等明代其他文献相互印证，为人们了解明代的武术发展及体系提供了宝贵的文献史料。

六 茅元仪与《武备志》

茅元仪（1594—1640），字止生，号石民，又号东海书生、东海波臣，明代湖州府归安县（今浙江湖州）人。茅元仪出身于书香门第，其祖父茅坤为文学家，其父国缙官至工部郎中。茅元仪自幼勤奋好学，喜好谈兵，通古今用兵方略，文武双全，时人称："年少出西吴，名成北阙闻，下帷称学者，上马即将军。"[1]茅元仪汇集历代兵书两千多本，耗时十五年辑成中国大型军事类书《武备志》，是中国古代卷帙最多、门类最齐全的军事百科全书，于明天启元年（1621）刻印。崇祯二年（1629）冬，后金骑兵直逼北京，茅元仪击退后金军解北京之围，因功升副总兵。

《武备志》由兵诀评、战略考、阵练制、军资乘、占度载五部分组成，共二百四十卷，二百多万字，附图七百三十八幅。其中兵诀评 18 卷，战略考 33 卷，阵练制 41 卷，军资乘 55 卷，占度载 93 卷[2]。其中阵练制教艺部分，从卷八十四至卷九十二共九卷涉及武术内容，有弓、弩、剑、刀、枪、镋钯、牌、狼筅、棍、拳、比较诸艺，茅元仪称应该习练的武艺包括：长兵有弓和弩两种，短兵有剑、刀、枪、镋钯、牌、狼筅六种，棍作为习练手足的短兵器之本，拳虽战阵不可用但习身手，并可以作为比较之法。《武备志》涉及武术内容多辑录自其他文献，如弓辑自《武经总

---

① 王兆春：《中国历代兵书》，中国国际广播出版社 2010 年版，第 140 页。
② 茅元仪辑：《武备志》，华世出版社 1984 年版。

要》《虎铃经》《事林广记》《步射总法》《马射总法》《射疏》《黑鞑遗事》《纪效新书》《筹海图编》等；弩录自《太白阴经》《武经总要》《教弩诀法》《蹶张心法》等；枪、狼筅、拳、比较武艺、锐钯皆出自《纪效新书》，茅元仪为锐钯增加了七势并配上了图；剑法辑自《剑诀歌》《朝鲜势法》；刀法辑自日本隐流刀法六势、戚继光改进倭刀法十六势；棍法取自《少林棍法阐宗》①。

《武备志》的价值主要在于辑录了许多明代及之前的与武术有关的珍贵文献资料，如中国流往朝鲜的剑法，图文并茂，具有较高参考价值。同时，《武备志》还提供了许多明代武术珍贵资料的线索。

第二节　明代武术文献对武术的影响

一　明代军事著作中保存的珍贵武术史料

我国武术古籍记载有关武术的文献虽然很早，在西汉前就有武术专著记载，从仅保留下只言片语的目录可以窥豹一斑，如《汉书·艺文志》中记载的《手搏》《剑道》等诸篇。但宋以前的武术图谱只有少量射箭图书和《角力记》保存了下来，当今的武术古籍绝大多数是明、清著作，尤以清人著作为多②。因此，明代军事著作中记载的有关武术文献在武术古籍中的地位不言而喻，大体上认为古典武术文献需要从明代军事著述中寻找这些著述为后世研究、认识明代武术的概貌提供了原始珍贵的史料，对当代武术的发展有举足轻重的意义。

有学者指出，武术古籍真正有价值的是那些出自明、清军旅武术名家之手，有著录资料可供考察其源流的图书③。明代武术文献较有代表性的如戚继光的《纪效新书》十八卷本中卷十至卷十四中有关长短兵、藤牌、射法、拳法等古典武艺，尤其以卷十四的《拳经捷要篇》是唯一留存下来的明代拳谱，为后世民间武术家奉为武艺经典，它对明以后古典武术向近现代武术的转化产生过深远的影响④；卷十《长兵短用说篇》记载了古

---

①　唐豪：《中国武艺图籍考》，山西科技出版社 2008 年版，第 27 页。

②　马明达：《武学探真》（下），逸文 2003 年版，第 203 页。

③　同上书，第 204 页。

④　马明达：《说剑丛稿》（修订本），中华书局 2007 年版，第 321 页。

典军旅武艺"梨花枪"的完整图谱；卷十二《短兵长用说篇》转载了棍法经典俞大猷的《剑经》。唐顺之《武编》前集卷五有关拳、枪、剑、刀、弓、弩、锐钯、牌、狼筅、棍等武术记载，其中对拳之势的论述尤为精当："拳有势者，所以为变化也。横邪侧面，起立走伏，皆有墙户，可以守，可以攻，故谓之势。拳有定势，而用时则无定势。然当其用也，变无定势，而实不失势，故谓之把势……"①，书中还记载温家拳有谱、练腿功法等，是后世研究明代武术的珍贵史料，而且其论述达到了很高的理论水平。茅元仪在《武备志》中还辑录了一份明代珍贵的双手剑谱——朝鲜势法，这份剑谱是"近有好事者得之朝鲜"②，这份剑谱在中国明代已经失传，是从流往朝鲜的图书中重新获得，所谓"中国失而求之四夷"，其文献史料价值可见一斑，这是明代文献唯一记载古剑谱的武术古籍，这份剑谱在朝鲜亦有文献记录。

明代军事著述及一些类书中辑录的武术篇章不仅对保留明代古典武艺具有极为重要的史料价值，而且还是我们研究中国古典武艺、明代武术发展及中国武术体系形成时期重要文献的第一手资料，因为明代正式出现了武术专著，中国武术最早的武术拳种流派最早也可追溯到明代。而且这些文献对于我们当代中国武术的发展亦具有重要的实践价值，对于我们认识中国武术的本源、发展规律，依然具有重要的现实指导意义。

二 明代武术的军旅武艺与民间武术的双向交流

明代军事著述中虽然多记载的是军旅武艺之类的弓马武艺，尤其是刀、枪、棍、钯等长短冷兵器，其用法追求简单、实用，但从文献中也透露出明代军旅武艺与民间武艺的双向交流日趋频繁，这也是明代武术趋向成熟的一个重要标志。戚继光在其《纪效新书》十八卷本中记载的《拳经捷要篇》中"择其善者"而成的"三十二式长拳"就是精心选择当时民间各家拳法创编而成，其中所记载的长枪之法即是后世民间广为流传下的"六合枪法"；俞大猷的棍法经典《剑经》也是学自民间"荆楚长剑技"而成。另外明代军事著述《纪效新书》《武备志》《阵纪》《筹海图

---

① 《中国兵书集成》编辑委员会编：《中国兵书集成》（第13—14册），解放军出版社、辽沈书社1989年版，第782页。

② 茅元仪辑：《武备志》，华世出版社1984年版，第3205页。

编》等记载了明代民间多种著名拳种、代表人物及名目繁多的器械种类。

明代军旅武艺与民间武术的双向交流大大促进了明代武术体系，尤其是明代民间武术体系的发展与完备，其中，"十八般武艺"即是明代武术体系趋于成熟的一个重要标志，而军旅武艺的器械与民间武术器械的双向交流则是其最好的见证。首先明代军旅武艺中许多器械来自于民间，主要是各种乡兵、土兵等，如从西南乡兵引入的藤牌刀、土兵引入的标枪、双刀等；军旅武艺器械中许多器械明显来自民间，如钯、叉，显然是从民间武术器械中引进到军旅武艺中来的，而这些器械大多是在与乡兵、土兵交流中吸收的。同时，诸多军旅武艺使用的器械也流入民间，进入民间武术器械"十八般武艺"之列，如明代马上使用的长器械偃月刀，其型制"马上刀要长，须前过马首，后过马尾方善"①，这种马上使用的偃月刀流入民间后，即成为青龙偃月刀，有的增加重量，成为一种练习力量的重刀、练功手段。此外，明代讲究"真可搏杀"的军旅武艺也受到民间武术"套路"的影响，这些在民间武术演练中不实用的花架子，被明代军事将领们斥为"花法"。戚继光曾严厉斥责军旅武艺不许学习这些"徒支虚架，以图人前美观"的花枪花刀等法；何良臣在《阵纪》中也告诫习练者要"酌其短长，去其花套，取其精微"，只有这样方能"久则自可称无敌也"。这从一个侧面反映出即使在讲究实用、追求对敌实战效用的军旅武艺，也不可避免地在与民间武术交流中受到民间武术套路"花法"的影响，可见军旅武艺与民间武术的双向交流是相互影响的，由于军旅武艺与民间武术的各自特点不同，追求的功能与价值功用不同，其影响对双方也是有利有弊的，总体趋向是军旅武艺对民间武术的影响利大于弊，军旅武艺大大丰富了民间武术的内容。

---

① 郑若曾：《筹海图编》，李致忠点校，中华书局2007年版，第757页。

第 五 章
民间武术著作中与武术有关的著述

中国武术体系在明代形成的一个重要特征即民间武术流派的形成,这些流派各有师承,并具有各自技术特征,涌现了各自流派及拳种代表的武术家,他们或专擅一技,或兼学各家,其技艺已达臻境,出神入化,有的还为后世留有珍贵的武学著作。

一 程宗猷与《耕余剩技》

程宗猷(生于 1561 年,卒年不详),字冲斗,明徽州汊口(今安徽休宁)人,明后期武术家。少时立志习武,四处拜师学艺,曾先后到河南嵩山少林寺跟随少林僧洪纪、洪转、宗相、宗岱学习少林棍法十余年,并随广按师云游多年。程冲斗不仅精通少林棍法,还精于长枪、单刀、弩法。其枪法得自河南李克复;刀法学自浙江武林教师刘云峰,得倭刀真传;弩法为游寿春时得穴中古铜弩机而创制,所造之弩腰肘均可携带,使用方便、快捷①。

明天启二年(1622),程冲斗受天津巡抚李辟邀请,率本族弟侄八十人赴军门,以自创弩及刀、枪诸法训练士卒。晚年在家乡传授武术,传人甚多,乡里无剽劫之警,四乡百姓得以安居乐业,正如县令侯安国在《耕余剩技》序中言:"宗猷所带弟子兵,虽仅八十人,可当数千之用。"② 程冲斗不仅精通武艺,而且著作颇丰,有《少林棍法阐宗》《单刀法选》《长枪法选》《蹶张心法》,后合编为《耕余剩技》,于天启元年(1621)刊出。崇祯二年(1629)又撰《射史》八卷。

---

① 程宗猷:《耕余剩技·少林棍法阐宗前言》,1929 年吴兴周氏言言斋影印明刻本。
② 程宗猷:《耕余剩技·侯安国序》,1929 年吴兴周氏言言斋影印明刻本。

《少林棍法阐宗》是程冲斗最重要的著作，共三卷，为万历四十二年（1614）著。上卷有纪略、总论、名棍源流、小夜叉一路、二路、五路棍谱、阴手棍谱、破棍谱六路、又破棍谱三路及棍图；卷中为棍式一图、枪式三图及五十五幅棍图及五十二首棍势歌诀（图5—1、图5—2）；下卷为问答篇，论述棍法理论及其练法、用法。

《单刀法选》不分卷，所载刀法为程宗猷从得倭之真传的浙江武林教师刘云峰习得，由于当时跟刘云峰所学刀法"有势有法而无名"，所以程宗猷将刀法"依势取像，拟其名，使习者易于记忆"，并配图加以详注，该谱有单刀势三十五图，绘有刀法运行路线图，为现存最早的图、谱兼备的刀谱。该谱记载的刀法有劈、砍、撩、拦、推、削、格等，尤其强调"唯以身法为要"，刀法必须配合身法。该谱所载的单刀与一般的有别，刀把较长，多用双手持握，为"日本刀法"，但经程宗猷加入个人多年的研习习得，已经融入了中国刀法风格①。

《长枪法选》所载枪法为杨氏六合枪。戚继光在《纪效新书·长枪总说》中有"夫长枪之法，始于杨氏，谓之曰'梨花'，天下咸尚之，其妙在乎熟之而已"②，程宗猷师从河南李克复习得此枪法。该著主要有："长枪说""六合原论并注""散劄拔萃二十六条""长枪式说""长枪式""长枪图十八势并说"，亦是图、谱并茂③。

《蹶张心法》所载为弩法。弩是一种用机械发射的弓，力强射程远，其中用脚踏开的弩称为蹶张。程宗猷曾在游皖之寿春时，购买下当地人在穴中发现的一具铜机，经过精心研究改制，成为可以脚踏、腰引、肘悬之弩，携带方便，并可与枪、刀等配合使用。书中详细记载了各种弩的用材、制作及使用之法，图文并茂④。

二 程子颐与《武备要略》

程子颐，字涵初，生卒年不详，安徽新安人，约生活在明晚期，为明代安徽休宁当地望族，为明代民间武术家程宗猷之令侄。在程宗猷的

① 程宗猷：《单刀法选》，1929年吴兴周氏言言斋影印明刻本。
② 戚继光：《纪效新书》（十八卷），曹文明、吕颖慧校释，中华书局2001年版，第158页。
③ 程宗猷：《耕余剩技·长枪法选》，1929年吴兴周氏言言斋影印明刻本。
④ 程宗猷：《耕余剩技·蹶张心法》，1929年吴兴周氏言言斋影印明刻本。

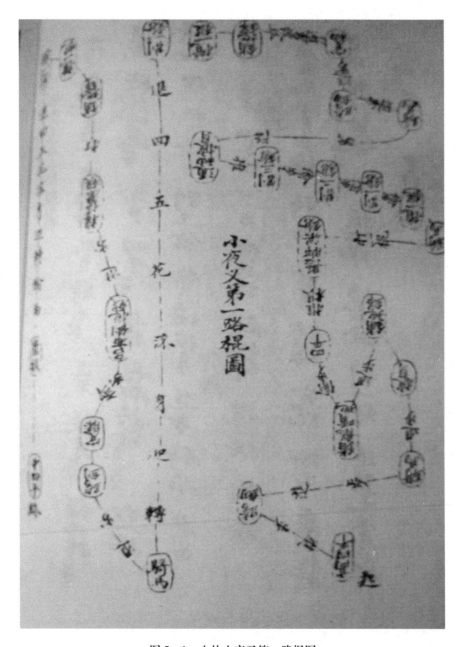

图5—1 少林小夜叉第一路棍图

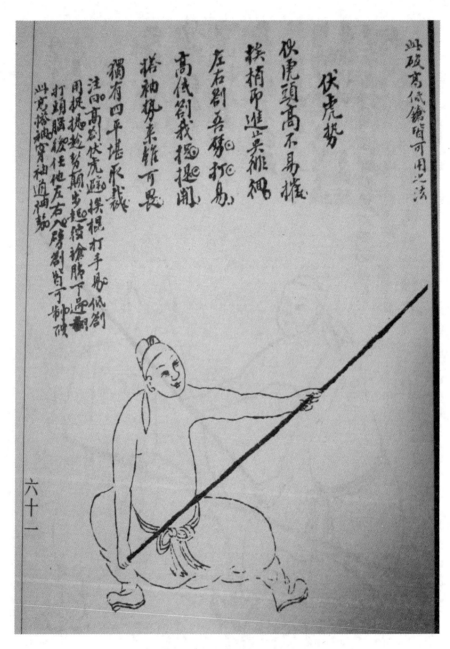

图5—2　少林棍法之伏虎势

《少林棍法阐宗·纪略》中有："余叔祖武学生云水、侄君信、太学生涵初，昔曾同学少林棍法……"表明程子颐曾跟随程宗猷一同前往少林寺学习少林武术。太学生是指在明代国子监读书的生员，是明代最高级别的生员，程子颐即被程宗猷称为"太学生"，当是表明程子颐曾为在国子监读书的生员。由于程家是当地望族，在程宗猷之前多致力文科，程子颐能进入国子监读书也是情理之中，可见其文化修养较高。这一点也可以从县令侯安国为其书《武备要略》所作的序中看出："出其《武备要略》示余，余开卷览之，其法玄论卓，较之《耕余剩技》删补更精，武备之绝伦矣！"① 可见程子颐是一位具有很高文化修养的习武之人，可谓文武全才。可惜我们对其生平知之甚少，尚有待于进一步发掘有关史料。

程子颐出生在一个武学世家，推测其父也精通武艺。在程子颐所撰《武备要略》卷之八《峨眉铲说》中有这样的记载："夫峨眉铲南北未有共艺，惟江西教师吕月崖昔时曾负此器至新安，余家君见其技勾推快利，进出便捷，因传其艺，且用法与长枪少异。"② 文中"家君"即指程子颐的父亲。安徽休宁程氏家族，为当地望族，在程宗猷之前家族以文为主，程宗猷时期家族渐成习武之风，家族中精通武艺者不少，推测程子颐也出生在一个习武家庭中，其父亦精通武艺，至于其父具体名讳及武艺，目前文献还没有发现有关其生平及武艺的更多记载。

《武备要略》崇祯年间成书，从《武备要略》开头一篇《序》可以推测，大约成书于明崇祯五年（1632），该序为"崇祯壬申岁仲冬望日安成李邦华懋明父题"。

《武备要略》共十四卷，其中涉及武术的有卷四、卷八至卷卷十二。主要内容有：卷四的《步骑射法图说》，卷八的《鞭法图说》《大刀图说》《画戟图说》《峨眉铲图说》《狼牙棍图说》《长柄斧图说》《天蓬铲图说》《狼筅图说》《滚牌图说》《长拳图说》，卷九的《蹶张弩说》，卷十的《单刀说》，卷十一的《长枪说》，卷十二的《少林棍法图说》。程子颐在每卷的开始对器械的制作、用法先进行论述，后绘图势及文字说明，卷末将图势绘成套路动作路线图，基本同当今器械动作路线图相近，

---

① 程子颐：《武备要略》（十四卷，四库禁毁书丛刊，子部第 28 册，明崇祯五年刻本，中国科学院图书馆藏），北京出版社 1997 年版，第 8 页。

② 同上书，第 275 页。

为研究明代武术器械套路及其动作路线提供了可靠详尽的资料。其中卷十至卷十二的《单刀图说》《长枪图说》《少林棍图说》与程宗猷的《耕余剩技》相近，略有删节，应为抄录了程宗猷的《单刀法选》《长枪法选》《少林棍法阐宗》，在每卷的开始均有"新都程冲斗宗猷撰，侄涵初子颐较（辑）"字样。其中《蹶张弩法》有"安成李邦华懋明父定，新安程子颐涵初著"，表明此篇为程子颐本人撰写。

程子颐所著《武备要略》十四卷，其中一些器械用法是其个人习武心得，为明代武术文献所少见。如鞭法、大刀、画戟、峨眉铲、狼牙棍、天蓬叉等，这其中有一些器械技法是程子颐根据自己多年习练器械将技术移植到其他器械上的，如鞭法为"夫鞭之用，莫究其所自，而敬德之鞭，亦不见于史传。予少时甚慕焉，遍访不得其传，一日习单刀于冲斗公，得其法，则知刀与鞭大同小异也"[1]；狼牙棍法为"夫狼牙棍，只传其名，而未见有用者。余昔曾制此器，头长二尺四寸，靶长四尺，共有六尺四寸。用法类大刀、阴手棍"[2]；画戟法为"夫画戟，海内罕见其用，间有用者，法未尽善。余思之，不若以少林棍法参用之为妙。盖画戟之器，有旁枝，便于勾推，与钩镰枪同类，短枪似不及矣。其用法以单手扎、有拿，有捉，有四平、跨剑、骑马、披身、悬脚梁戟、通袖、穿袖、韩信磨旗、吕布倒拖戟、定膝诸势，一如棍法用，乃能尽善。以与他艺试，与棍法上大同小异耳……"[3]。从文献分析，程子颐不仅熟练掌握了刀、枪、剑、棍等器械，还在器械研制上下了不少功夫，应该说在某些器械制作及技法上进行了创新，其书中所载的鞭、狼牙棍、大刀、画戟诸技法为明代其他有关武术文献所罕见。另外，从文献记载推测来看，《蹶张弩法》为程子颐个人所著，其中有关弩的制作及弩法亦为其本人撰写，可能程冲斗为其长辈，其本人又跟随程冲斗学习刀、棍、枪诸技多年，无论从家族辈分还是师承上都极为尊重程冲斗，故而《蹶张弩法》曾作为程冲斗著作收录在《耕余剩技》中，而在程子颐的著作《武备新书》中，程子颐似乎在表明《蹶张弩法》为其本人所著。从程子颐精心创制鞭、狼牙棍及

---

① 程子颐：《武备要略》（十四卷，四库禁毁书丛刊，子部第二十八册，明崇祯五年刻本，中国科学院图书馆藏），北京出版社1997年版，第260页。

② 同上书，第278页。

③ 同上书，第271页。

画戟等器械来看，蹶张努法是由程子颐研制的似乎更有说服力。

三　毕坤与《浑元剑经》

毕坤，字云龙，生于元末，卒于明代，为明代隐居山中的著名剑客，由于文献史料缺失，对毕坤的生平及其武艺知之甚少，仅有其流传后世的著作《浑元剑经》，目前中国国家图书馆藏有《浑元剑经》清抄本①。

《浑元剑经》分内外两篇。内篇主要是论述剑法的原理及剑客一些戒律，有剑法四宜、四忌、四勿、四权、戒律二十条、剑髓千言、剑学指要、气贯周身法、精神气血解、剑诀提纲、指南篇、剑法髓言、十二连城法、剑法捷诀、剑要窍精言、三直六揭、双吃、要诀、密钥、浑元小解、详解剑力、使手力量等，对剑法精髓有诸多精要之论，如"练剑莫先于练气，练气要首在于存神"，"剑法又有奇有正、奇中正、正中奇、奇中又奇、正而复正"等，对剑法运用之妙进行了理论概述，对其中的许多精妙之处进行了深入研究，代表了明代晚期中国武术剑法理论高度。外篇主要论述了剑法的招式以及剑法应对各种器械的用法，有三十六宫跳步图说、详解条目说（手、眼、身法、步、式、招、长、短、行、飞、立、剪、侵、凌、围、跳、跃、闪、腾）、九宫三十六式图说、七十二手使破、剑破枪、剑破棍、与诸兵对较歌诀等，对剑法招式论述很详细，遗憾的是外篇没有图势说明，且有诸多深奥文字，因而令人难以理解。这是《浑元剑经》较之程宗猷的《耕余剩技》与程子颐的《武备要略》不足之处，其可贵之处是对明代剑法精要进行了理论阐述。

毕坤的《浑元剑经》中有关于气功与剑法结合的记载，这是明代气功与武术结合的一个重要特征，而且是将气功与武术器械的结合。"练剑莫先于练气，练气要首在于存神"②，其《气贯周身法》中有："夫气起于丹田，升于泥丸，降于背，入于肩，流于肘，抵于腕，至十指尖，此气之上贯也。气生丹田，介于两肾间，降于涌泉，此气之下贯也。气随心到，心遂气穿，心能普照，气自周全，久而力自加焉。式如行云水流，无停无滞，瞬息存养，动静清轻而灵，入手神妙，可以进退如意，形无定

---

① 马力：《中国古籍武学秘籍录》（上卷），人民体育出版社 2006 年版，第 166—215 页。

② 同上书，第 175 页。

门，非斜非横，忽高忽蹲。功夫到此，可谓通真。"①

《浑元剑经》中已经出现了一个值得注意的现象就是气功神秘化、妖魔化现象，那就是练剑与念咒、焚书及吞符，由此可见清代大量出现的民间秘密会社中的各类念咒、吞符之"神功"与武术的结合在明代尤其明代晚期即已经出现端倪。其《立功歌诀》中有："……每用行立功时，默呼'九天元祖、太上圣师，速显灵通'。每晨吞罡方清炁五口，内有要诀，饮五雷五电符各一道，朱书墨盖，下列五雷电符式，白纸朱书，内有符壳墨镇。先静坐片时，默持一点天清咒，取东方清炁一口，吹于笔上，再吞罡炁（气）三口，以外合内，运贯周身，练之，书符焚化，滚白水吞之，再演行立二功。"②

四　吴殳与《手臂录》

吴殳（1611—1695），又名乔，字修龄，号沧尘子，江苏太仓人，早年入赘到昆山，明末清初武术家。吴殳早年攻文，后习武，崇祯六年（1633）常熟枪法名家石敬岩到娄县（江苏太仓），吴殳约同乡夏君宣、夏玉如、陆桴亭跟随石敬岩学习枪法三年③。后从程冲斗之书研习棍法，洪转之书学习少林枪法，于郑华子习得马家枪法，于倪近楼得杨家、沙家枪法，在聊城得敬岩所师之淄川韩氏枪法，最后得程真如峨眉枪法，留心击刺三十余年，比试中屡败四方枪师。康熙元年（1662）吴殳受邀担任昆山盛辛五之子的武术老师，并结识了盛家"弓马精绝、枪法得自程真如"的友人朱熊占，再次学习了亡佚的部分峨眉枪法，并写成《枪法元神空中鸟迹图及说》一篇，《枪法圆机说》二篇等④。吴殳除对枪法有精习深研外，对单刀、藤牌、腰刀、狼笔、剑法诸器也均有研究，曾从渔阳老人学习剑法，从天都侠少项元池学习双刀。

吴殳不仅精通武艺，还是一位诗人，撰有《围炉诗话》六卷。作为武学家，吴殳留给后世的武学著作除《手臂录》，还有《纪效达辞》二十卷、《梦绿堂枪法》一卷、《峨眉枪法》一卷、《无隐录》二卷。其中尤

---

① 马力：《中国古籍武学秘籍录》（上卷），人民体育出版社 2006 年版，第 182 页。
② 同上书，第 212 页。
③ 吴殳：《手臂录》附卷《峨眉枪法·石敬岩枪法记》，山西科学技术出版社 2006 年版。
④ 吴殳：《手臂录》卷四《峨眉枪法原序》，山西科学技术出版社 2006 年版。

以《手臂录》为世人所熟知。

《手臂录》为一部主要研究枪法的专著，由四卷与附卷组成。除卷三（包括《单刀手法说》《单刀法十八势》《单刀法歌诀》）、卷四的《诸器总说》《叉说》《狼筅说》《藤牌腰刀说》《大棒说》《剑诀》《双刀歌》《后剑诀》诸篇外，其他均为论述枪法，所论枪法有石家枪、沙家枪、峨眉枪、马家枪、杨家枪、梦绿堂枪及程冲斗枪。

吴殳为明末清初人，《手臂录》虽最终成书于清康熙十七年（1678），但《手臂录》中所记载的武艺篇章多为其"壮年所广集，汇为一编"，是吴殳将壮年所学武艺在晚年追忆陆续撰写而成，其中诸多武艺多为明代源流有序的武艺，如记载的枪法（石家枪为石敬岩，峨眉枪为程真如等）、刀法（双刀学自项元池）均出自明代民间武术家，是研究明代武术的重要文献，鉴此，本书也将吴殳及其《手臂录》作为明代文献。

五　《易筋经》

《易筋经》的作者有两种说法：一为少林僧达摩；一为明代天启年间天台紫凝道人宗衡。对于达摩为《易筋经》的作者这一说法，著名武术史学者唐豪及徐哲东已分别进行过论证，唐豪在其《少林武当考》中有"达摩与《易筋经》"[①] 及《行健斋随笔》中的"易筋洗髓经牛李二序之伪"[②]、徐哲东在其《国技论略》中"辨伪第三"之"易筋经洗髓经不出于达摩"[③] 等专篇中，已就达摩为《易筋经》作者之伪进行了论证。另外，《易筋经》作者为明代天启四年（1624）天台紫凝道人宗衡，是唐豪在《旧中国体育史上附会的达摩》一文中提出的[④]。

《易筋经》自明代问世后是以抄本形式出现的，至清嘉庆十年（1805）开始有祝文澜刊本；道光年间又先后有傅金铨、来章氏、宋光柞等人的辑本问世；清咸丰八年（1858）潘霨编辑《卫生要术》，收录了来章氏辑本中的《易筋经》十二势图；光绪八年（1882）王祖源出版《内功图说》；自《卫生要术》《内功图说》二书出版后，《易筋经》流传渐

---

①　唐豪：《少林武当考》，山西科学技术出版社 2008 年版，第 35—54 页。

②　唐豪：《行健斋随笔》，山西科学技术出版社 2008 年版，第 36—38 页。

③　徐哲东：《国技论略》，山西科学技术出版社 2003 年版，第 13—17 页。

④　中华人民共和国体育运动委员会运动技术委员会编：《中国体育史参考资料》（第四辑），人民体育出版社 1958 年版，第 23—31 页。

广，光绪二十一年，周述官编辑《增演易筋洗髓内容图说》，将《易筋经》《洗髓经》《内功图说》汇集成一册。

《易筋经》还有《易筋经义》以及其他名称，其中内容亦有所变化。目前经学者①考证所知较好的版本有：西谛本《易筋经义》（国家图书馆古籍部藏，郑振铎捐献，据有关学者推测该抄本年代约为明末，为目前所知最早抄本）、述古堂本《易筋经》（台湾"中央图书馆藏"）、浙图本《易筋经》（浙江图书馆善本部藏）、来章氏本《易筋经》。

《易筋经》不同版本内容略有不同，有的分上、下卷，有的不分卷。以西谛本《易筋经义》为例，包括以下内容：上卷：易筋总论，膜论，内壮论，揉法，日精月华，服药法，内壮丸药方，烫洗药水方，初月行功法，二月行功法，三月行功法，四月行功法，行功轻重，用功浅深，两肋分内外功夫；下卷：木杵、木槌式，石袋式，五、六、七、八月行功法，九、十、十一、十二月行功法，阴阳配合论，下部行功法，行功禁忌，下部洗药功，内壮神勇，炼手余功，外壮神勇八段锦，神勇余功。

从《易筋经》所记载的内容看，与武术有关的主要涉及以下方面：一是武术内功修炼方法，如易筋总论、膜论、内壮论、日精月华等篇，主要论述通过配合呼吸、调理内外，达到修内壮外之功效；二是拍打功，如揉法、初月行功法，二月行功法，木杵、木槌式等篇，主要通过按摩、运用木杵、木槌进行全身拍打，以使筋膜逐渐坚壮；三是锻炼掌、臂、指等硬功，如内壮神勇，炼手余功等篇，主要通过石袋拍打掌、臂，运用手指插豆等方法，以增加掌、臂、指的硬度。

有研究指出《易筋经》所记载的内容除武术练功方法外，还涉及明代的导引，如易筋十二图势；还有道家"阴阳配合论"的练功方法等。

---

① 周伟良：《〈易筋经〉四珍本校释》，人民体育出版社 2011 年版。

第 六 章
明代典型武术流派技艺的发展

第一节　明代少林武术

明代是少林寺武术大发展时期，作为"禅宗祖庭"的少林寺武术活动在文献记载中逐渐增多。明代嘉靖年间少林僧兵抗倭，并与民间武术得以广泛交流，明代后期，已经有"今之武艺，天下胥（须）推少林"①，使得少林寺武术名扬天下。

一　紧那罗王传说与少林武术起源

明代少林武术以棍法著称，并有"神传"之说。嘉靖抗倭名将俞大猷在为少林寺所撰的《新建十方禅院》碑文中有："予昔闻河南少林寺有神传长剑技"，其所言"长剑"即"棍"，而"神传"则是有关紧那罗王传棍传说。明末清初民间武术家吴殳在其《手臂录》附卷下《梦绿堂枪法》中也提到少林棍为神传之技："少林棍法，出自神授，名重古今，余颇染指焉。"关于少林棍的神传紧那罗王传棍传说，明代程宗猷在《少林棍法阐宗》开篇《纪略》中有记载："元至正间，红军作难，苦为教害，适爨下一人出慰曰：'惟众安稳，我自御之。'乃奋神棍，投身灶炀，从突而出，跨立于嵩山御寨之上，红军自相辟易而退。寺众异之。一僧谓众曰：'若知退红军者耶？乃观音大士化身紧那罗王是也！'因为编藤塑像，故演其技不绝。"② 清代叶封在《少林寺志》记载的"紧那罗王"传说与之略有不同："元至正初，有一僧至少林，蓬头裸背，跣足止著单棍。在厨中作务数年，殷勤负薪执爨，朝暮寡言。暇则闭目打坐，人皆异之，莫晓其姓名。至十一年辛卯三月二十六日，颍州红巾贼率众突至少林，欲行

---

①　郑若曾：《筹海图编》，李致忠点校，中华书局 2007 年版，第 739 页。

②　程宗猷：《少林棍法阐宗·纪略》，山西科学技术出版社 2006 年版。

图6—1　紧那罗王像

劫掠，此僧乃持一火棍而出，变形数十丈，独立高峰，贼众望见惊恐而遁。僧大叫曰：'吾紧那罗王也！'言讫遂没。始知菩萨化身也，塑像寺中遂为护法伽蓝，至今灵异。"①

有关"紧那罗王传棍传说"在其他文献中也多有记载，故事大意相近而略有不同。紧那罗王已经成为少林寺武术的一种文化信仰（图6—1），所谓"神传之技"，即指紧那罗王传下的棍法，紧那罗王更是被少林武僧奉为"棍祖"、"二辈爷"（头辈爷为昙宗）。

中国武术各派起源多伪托有名的仙人或神话，并不见怪，少林武术在明代以棍显却是史实。明代诸家有名棍法中，多推崇少林棍，主要有大夜叉、小夜叉、阴手、穿梭以及对练的排棍。明代茅元仪在《武备志》中记载："诸艺宗于棍，棍宗于少林，少林之说莫详于近世新都程宗猷之《阐宗》。"② 明代少林武僧中以棍出名者不乏其人，如洪纪、宗相、宗岱、广按宗师等。明代少林棍法有势、有路、有谱，已经形成了体系完备的棍法流派。

少林棍法虽有"神传"之说，文献记载却表明明代少林寺已成为全国武术交流传播的中心，少林武术包括棍法是与广大民间各家武术交流得以形成的。如俞大猷曾将其学自李良钦的"荆楚长剑"即棍法传授给少林僧人；程宗猷亦曾跟随广按宗师出寺同游；吴殳在《手臂录》中《石敬岩枪法记》中提到的刘德长，开始为少林寺僧，后来遍游天下，而后枪技特绝，与少林推第一的洪纪较技，将洪纪手中杖物拨去。

明代少林寺武术虽以棍法为宗，并不仅限于棍法，还有枪法、拳法。明代后期少林寺武术转向主攻拳法。程宗猷在《少林棍法阐宗》卷下《问答篇》对此解释为："或问曰：棍尚少林，今寺僧多攻拳而不攻棍，何也？余曰：少林棍名夜叉，乃紧那罗王之圣传，至今称为无上菩提矣。而拳犹未盛行海内，今专攻于拳者，欲使与棍同登彼岸也。"这种解释有

---

① 叶封：《少林寺志》。江苏广陵古籍刻印社1997年版，第75页。
② 茅元仪辑：《武备志》，华世出版社1984年版，第3317页。

一定道理，然纵观中国武术的演进历史表明，拳法在明代及以前仅作为"活动肢体"而无欲于大战之技，军旅武艺始终占主流，而明末之后显现出拳法开始跃居诸艺之冠，各种拳谱、抄本逐渐增多，军旅武艺中器械武艺的失落与民间武术的拳法兴盛正是中国武术发展的内在规律使然。

二 少林僧兵抗倭事迹考略

明自正德以后，国势日衰，武备荒废，加之官贪吏败，人民暴动、起义不断，东南沿海还一直都有倭寇侵扰。此时，日本幕府政权被击溃，国内局势动荡，一些没落武士、商贾、亡命之徒及无业游民开始结队进犯我国沿海地区，明朝初期实行禁海政策。嘉靖元年（1522）后随着明朝的国力日趋衰落，由日本商贾、没落武士、浪人形成的"倭寇"[①] 对明朝东南沿海的侵扰逐渐加剧。另外由于沿海的禁令，阻断了与外国正常的贸易通商活动，我国沿海的奸商、海盗等与倭寇勾结，在沿海建立据点，危害沿海居民，而明朝军备荒废，将士不习兵革，号令无序，进退无方，无力抵抗，军士见倭即溃。国内武备的荒废，官吏贪污腐败，加剧了东南沿海的倭患，使得倭寇愈来愈猖獗。嘉靖三十二年（1553），浙江沿海数千里告急，倭寇攻太仓、上海县，犯崇明、嘉定、苏州，倭寇所到之处，攻城掠县，明军见倭溃散，而受害最大的是广大人民百姓。在《倭变事略》及《嘉靖东南平倭通录》等记载的倭寇史籍中，均有对倭寇的凶狠及其残忍无道作了栩栩如生的描述："官廪民舍，劫掠一空。驱掠少壮，发掘冢墓。束婴杆上，沃以沸汤，视其啼号，拍手笑乐。捕得孕妇，卜度男女，刳视中否为胜负饮酒。荒淫恶秽至有不可言者。积骸如陵，流血成川，城野萧条，过者陨涕。"[②] 至今读来仍令人切齿，热血沸腾。倭寇的横行，使得人民无处安身，为躲避倭寇，不得不背井离乡，导致农田荒废，沿海一带乡城荒凉之景，"孤城喜复愁还剧，草合通衢杂藓痕，废屋梁空无社燕，清宵月冷有悲魂"[③]，即是倭寇猖獗时期荒凉悲惨景象的真实历史写照！

---

① "倭"，中国古代文献中对日本的称呼，"倭寇"在日本就具有"地方集团武装为寇"的性质，曾不断入侵朝鲜半岛，至元朝后期，倭寇成为危害于日本海的巨盗，倭寇入侵我国始于元末方国珍引倭入侵山东。

② 佚名：《嘉靖东南平倭通录》，神州国光社 1946 年版，第 59 页。

③ 戚继光：《止止堂集》，王熹校译，中华书局 2001 年版，第 17 页。

明代倭患最早可追溯自明初，"元末濒海盗起，张士诚、方国珍余党导倭寇出没海上，焚民居，掠货财，北自辽海、山东，南抵闽、浙、东粤，滨海之区，无岁不被其害"①。东南沿海倭患绵延至嘉靖年间最为猖獗，加之此时期明代军备废弛，难以抵挡，国家危机时刻只得紧急征调各地乡兵抵御倭寇。明代郑若曾在《江南经略》卷八下《僧兵首捷记》有："国家承平日久，民不习兵，东南文物之地，武备尤弛。嘉靖癸丑春，倭人猾夏，我祖宗之制，非奏请不得善动军旅。有司仓皇不及以闻，权起民兵御之。"② 而少林僧兵即是其中被征调民兵之一，"又僧兵，有少林、伏牛、五台。少林僧应募者四十余人，战亦多胜"③。明代对我国东南沿海各地侵犯的倭寇就其成员而言，虽然其中有一些海盗是中国败类，但其整体的武装力量仍是由日本武士、浪人组成，无法改变其对中国主权的侵略、经济的掠夺、民族的屠杀性质。正是在这种反抗夷狄入侵的民族大义历史背景下，身处少林寺的佛门弟子也不能置之度外，积极参加抗倭行动，自然赢得了社会及士人的高度评价，顾炎武曾对少林僧兵的抗倭给予高度评价："嗟乎，能持干戈以扞疆场，则不得以其髡徒而外之矣。"④

明代僧兵有少林、伏牛、五台多家，而首推少林，郑若曾在《筹海图编》言天下精兵甚多，不可胜纪，并根据朝廷近年所调客兵的士人评述，对少林僧兵作了如下评述："今之武艺，天下胥推少林，其次为伏牛。要之伏牛诸僧亦因欲御矿盗，而学于少林者耳。其次为五台，五台之传，本之杨氏，世所谓杨家枪是也。此三者，其刹数百，其僧亿万，内而盗贼，外而夷狄，朝廷下征调之命，蔑不取胜，诚精兵之渊薮也。"⑤

少林僧兵以铁棍抗击倭寇是少林武术在明代显扬的一个契机，使得少林武术在明代后期有了"今之武艺，天下莫不让少林"的声誉，少林武僧在东南沿海与倭寇进行血与火的抗击中以精湛的武艺和保邦靖世的民族精神使得少林武术声名远播。

---

① 谷应泰撰：《明史纪事本末》卷五十五《沿海倭乱》，中华书局1977年版，第843页。

② 郑若曾：《江南经略》（永瑢，纪昀编撰，《文渊阁四库全书》，第728册），上海古籍出版社2003年版，第460页。

③ 张延玉等撰：《明史》卷九十一《兵三》，中华书局2010年版，第2252页。

④ 顾炎武：《日知录集释》（下册），黄汝成集释；栾保群，吕宗力校点，上海古籍出版社2007年版，第1646页。

⑤ 郑若曾：《筹海图编》，李致忠点校，中华书局2007年版，第739—740页。

文献记载的少林僧兵抗倭主要在浙江、上海及江苏等倭寇活动的东南沿海一带,大概从嘉靖三十二年(1553)至嘉靖三十四年(1555),显然作为临时征用的乡兵抗倭持续时间不长,但却在少林武术史上留下了诸多可歌可泣的英雄壮举,理应值得后世铭记。

首先使用少林僧兵的是都督万表(1498—1556)。万表,字民望,号鹿园,定远人。十七岁承袭宁波卫指挥使,文武兼备,明正德十五年(1520)武会试第一,先后擢任广东副总兵、漕运总兵官、南京中军都督府佥书,任职期间曾两次因病在家休养①。万表常住武林(今浙江杭州市),他认为国家如承平日久,士不识战,而少林僧精悍善斗,需要以备国家紧急之用,故而与少林僧多有相识、交往。嘉靖三十二年(1553)倭寇突犯赭山(今浙江杭州萧山南阳镇),万表受当时的布政使游居敬之请,精选了结识的二百名少林僧,由其女婿时任杭州卫指挥使的吴懋宣率领,前往剿灭倭寇,将倭寇打败。在这次战斗中,万表的女婿吴懋宣因独身追赶逃走的倭寇而战死。《筹海图编》卷十上《遇难殉节考》有记载:"贼犯杭州府,指挥使吴懋宣御之于赭山,死之。懋宣率僧兵御贼,力战而死。"② 赭山之战后,万表所识少林僧兵远近闻名,渐为朝廷所知,并被邀请参加了其他剿倭战斗。

《倭变事略》中有关于少林僧为其女婿报仇的记载:"万将军素好施舍,有少陵(林)僧自幼行脚江湖,谙武艺,手持铁棍,以古大钱贯铁条于中,长约八九尺,重约三四十斤。尝德万公施,欲为其婿报仇,曰:'吾辈不愿受中丞约束,愿为公灭此贼。'随集党八十余迎击贼。贼战,每摇白扇。僧识为蝴蝶阵,乃令军中各簪一榴花,僧手撑一伞以行,但作采花状。贼二大王者,望见僧,即若缚手然,盖以术破之也。僧以铁棍击杀之,并杀勇战者十余贼。僧欲尽灭此贼,俾无孑(遗)遗。我兵从征者争夺首级,至有自相杀伤者,僧怒,阖其伞,贼遂能应敌,且四遁矣。"③

郑若曾在《江南经略》卷八下有一篇《僧兵首捷记》,这篇记载有少林僧兵武艺及其抗倭的文献蕴含着丰富的历史文化信息,兹全文录下,以

---

① 范中义,全晰纲:《明代倭寇史略》,中华书局2004年版,第305页。
② 郑若曾:《筹海图编》,李致忠点校,中华书局2007年版,第642页。
③ 采九德:《倭变事略》,神州国光社1946年版,第76页。

便分析：

> 国家承平日久，民不习兵。东南文物之地，武备尤弛。嘉靖癸丑
> 春，倭人猾夏，我祖宗之制，非奏请不得善动军旅，有司仓皇不及以
> 闻，权起民兵御之。苏松海滨倭寇不盈二百人，挥刀迅捷，小民畏
> 怯，遇之辄败而走，如是者三十七阵矣。操江都御史蔡公克廉募僧兵
> 殄灭之，嗣后我师与倭战多凯旋，凯旋自天员僧一阵始，前此五越月
> 所未见也。
> 先是倭寇首陷黄陂，杭郡守孙公欲预备而无兵，与都督万鹿园拳
> 僧二百人于昭庆寺。三司戏鹿园曰："僧何能也，而隆重之乎"，鹿
> 园述文事武备僧若干人，三司欲赌酒为试，鹿园遂设席涌金门，三司
> 既集暗置教师八人，促鹿园召高僧一人敌之。
> 鹿园请孤舟，孤舟不知其何说也，扬扬而来，八教师从旁跃出，
> 各持棍乱击孤舟，孤舟一无所备，以偏衫袖却棍，一棍为袖所裹，信
> 手夺之反击八人，八人应棍而到，三司击节叹赏。孤舟直攻上堂，排
> 仆宴席，大呼曰："公等何讐，令人计杀我耶？"鹿园语之故孤舟乃
> 已，自是客僧大为三司所钦。
> 倭寇犯杭城，杭城闭。倭屯鲜山，三司领僧兵四十人御之，其将
> 为天真、天池二人。天池乃少林僧，尔时天员尚未出也，天真等交兵
> 大破倭寇，倭寇走袭上海太仓，蔡公驻节吾苏，闻僧兵名，遣千户王
> 茂生员盛之，化持金币往聘之，杭城方戒严，莫肯与，鹿园在西山中
> 得蔡公书，无以为谢，使人请月空等十八僧出城，三司以此十八僧者
> 原非御寇四十人之列也，遂从之。
> 鹿园与月空曰："尔之之都院也，宜述僧兵众寡不敌之故，缴其
> 礼币而善辞之，脱有不允，即荐少林僧天员为将。天员现讲《楞严
> 经》于天池山中，乃将才也，尔等属之可以当倭"。
> 月空至吴门，蔡公见而拜之，月空辞不获，遂荐天员，天员以是
> 就聘出山，乃五月十日也，蔡公馆之于瑞光寺与天员同处。天员招选
> 四方僧八十四人，拟立将领，杭僧以其原在吴地，有子民之义，月空
> 自杭来乃客也，宜让为将。天员曰："吾乃真少林也，尔有何所长而
> 欲出吾上乎？"十八僧自推八人愿与天员较技，八人暮以拳拳天员，
> 时天员立露台，八僧自墀下历阶而上，天员见之即以拳挥却不得上，

八僧走绕殿后，持刀从殿门出斫天员，天员急取殿门长闩横击之，众力不得近，反为天员所击，月空降气求免，十八僧遂伏地称服焉。左右驰报蔡公，蔡公亲至寺谓天员曰："闻汝骁勇，果能以灭倭自任乎？"应曰："诺"，面令竞试武艺，天员复以寡胜众，蔡公大奇之，遂批牌语云："月空领杭州僧兵一十八名，天员领苏州僧兵八十四名，协力征剿"。盖重鹿园而存体面，又半息其争也。

天员遂于五月二十一日从苏州起兵，二十六日至松江，又选蛇山兵一十八名，与月空合为一枝，共一百二十人，扎营于普照寺，密雇皮工造皮甲、竹工造毛竹甲，皮甲在内竹甲在外，铁工造钢叉二十四把，钩枪二十四把，铁棍一十二条。密与松江府取靛青佩诸身畔，封固刹门，分为十营，定派兵器而演习之。

六月初四日，发兵至闵行镇，蔡公牌仰僧兵为前哨。初八日，至新场镇，次日至南汇嘴中后所扎营。初十日，遣骑兵往六团巡哨，闻有贼百余人在焉，奋力追击，贼惧而逸，止存母子船五只，钻木取火烧去其三，以绝巢穴，余二只亦为风浪所粉。

十一日黎明，天员与指挥朱某方议往八团迎贼，留提管僧无极等于六团下营，会韩都司玺委朱指挥往八团巡哨，朱遂先至八团，被贼杀伤部兵二十九人。时六合知县董邦政兵被贼杀者亦四十人矣。是晚僧兵至八团，驻监生乔镗庄，有杨指挥、樊指挥者，先在庄前扎营。天员令其入内，自以兵捍贼于外。贼使人觇僧多寡，庄人谓之曰："其数吾不能知，但知其煮粥米一石，每人分啜二碗而已"，贼闻之即走。

次日哨探贼在二团三团，天员乃引兵南还，至一团之翁家巷遇敌，已申时矣。天员曰："天未晚，犹可战也。"率僧兵二十五骑前哨，众兵继之。

倭贼登屋瞭望者二人，天员率诸哨骑为先锋，月空等排阵于后。见贼下屋，天员心觉其设伏，即冲前堵杀，不容埋伏。贼忙迫换计，裹衣包为八杠饵我兵。天员下令曰："如有抢倭财物，防误大事者斩。"众骑不敢有所取。

月空、无极横列阵为长蛇之形，韩都司、王守备等继其后，相离约百余步。阵法：两人持长枪，夹一钩枪手于其内，稍退一步，钩枪之旁、长枪之后，铁棍、砍刀相间而列，弓弩火器左右参错。阵形既

定，各噙靛花一丸于口。倭贼见僧兵列阵，度不能伏，其头目称赵大
王者，即举扇招贼归战。诸贼扯去衣袖及内外襟，令人舁一板门，西
向植地，以枪支定，二善弩者夹门隐身而立，二小倭递箭于旁。贼酋
四十人，俱衣绿，排为一字形当其先，余六十人俱衣绯列于左右，各
持兵笼，仰天而揖。揖毕，令刀手驱所掳民抬前所裹衣包八杠，撒地
而走。僧兵知其为无用之人，不之迎之，亦莫敢越至而趋利焉。天员
引骑兵左右闪开，诱敌前进，贼先发矢，僧兵亦发矢。天员传令停射
交锋，无极摧阵，呼伽蓝三声，大喊："杀！杀！"长枪手奋勇前戮，
贼舞刀乱砍，钩枪手随长枪而进，从隙钩贼之足，箭手发射，铁棍随
钩枪而进，击死钩倒之贼，刀手继之。贼一面欲支长枪，又欲却箭，
不虞钩蛇循地而至，不能更顾其足也。

僧兵临战，暗约以靛青涂面，贼见青脸、红布蒙头，疑为神兵，
胆已褫落。战时，左右弓弩火器齐发，天员引骑兵绕出贼后，韩都司
家兵与铳箭手三四十人随之，围贼于中，贼大败，斩首四十余级。贼
舍死溃围，骑兵开一角纵之走，匿王氏屋中。僧兵围之，以火攻贼，
贼穿壁而逸，半陷入靛坑中，长枪手刺杀之。仅存二十余人，逃入老
营，合守营者共五十余人。僧兵攻之急，一倭妇出走，乃赵大王妻
也。僧有名某者，骁勇绝伦，持铁棍逾堑沟击杀之。时已昏黑，不能
战，遂收兵而还，行若干里，至中前所扎营，贼戴夜奔柘林，杀一巡
检、二弓兵，即如金山。

十四日，天员等坚壁不出，调养刀箭所伤。更选壮僧七十余人，
合韩都司家兵张忠等三十余人，更为征剿之计。是日也，韩都司等官
悉至营来谢，而以银牌称贺焉。

十五日，天员复引兵至金山，贼逃往嘉兴之白沙滩，潜往王家
庄。十六日，僧兵追及之，适汤总兵兵至，相合火攻，贼死二十余
人，出亡被杀者复二十余人。凡翁家港逃贼与老营之贼，至是剿灭无
遗矣。二十一日，天员复率兵在八团等处搜逻一日而还。

初，蔡都宪牌云："僧兵骁勇，不以首级论功"。天员据此节制
其众，不许违反宪语。韩都司见僧兵数寡，常恐恐然在阵后半里大呼
众兵接援，故一时被害不过了心、彻堂、一峰、真元四僧而已。僧兵
之成，韩都司协相之力，盖不可诬也。

夫今之武艺，天下莫不让少林焉。其次为伏牛，要之伏牛诸僧亦

因御矿徒而学于少林者耳。其次为五台，五台之传本之杨氏世所传杨家枪是也。之三者刹数百，其僧亿万，内而盗贼，外而蛮貊，朝廷下调之命蔑不胜者。然观于翁家港之捷，天员智谋纪律，有古名将之风，不特技艺之绝人而已。予尝过而访之，天员谪与高僧翻阅藏经三千而遍，其书有经、有论、有律。三才之理，靡所不载；用兵之诀，间见而杂出。非心闲气定，不能从容绸绎。天员学有渊源，宜其用武临戎而变化不穷，大与少林增光，未必少林之武僧一一如天员之胸襟也。吾儒讲法圣言，精忠为国，倘不鄙夷其技而兼通之师，尚父孔明有不能跂也乎。①

《江南经略》卷八下《僧兵首捷记》记载少林僧兵是杭州郡守孙公与万表共同豢养。当时倭寇首陷黄陂（岩），杭州郡守预备而无兵，与万鹿园豢养少林僧二百人于昭庆寺。随后还记载了一段精彩的万鹿园与三司赌酒测试少林僧孤舟武艺的文字，结果孤舟在手无寸铁且毫无防备的情况下击败八位教师，以精湛的武艺征服了杭州军将官。后来倭寇屯鲊山，三司率领僧兵四十人，以天真、天池二人为将将倭寇击败而逃。

《僧兵首捷记》还记载了一位武艺更高的自称"真少林僧"的天员，以一人力敌少林僧月空带领的八名僧人，显示了少林僧武艺之高。该文较为详细记载了有关少林僧在翁家港抗击倭寇的事迹，此战几将倭寇灭尽，郑若曾将此战称为"后我师与倭战多凯旋，凯旋自天员一阵始"，并在《江南经略》卷八有一篇《勒功三誓》，申辩了唐顺之等二人之功，第三誓即是为僧兵功巨而赏轻鸣不平："天员一战于翁家港，再战于白沙滩，倭贼二百五十余人，斩刈无遗。自时厥后，我民方知倭为可敌，而士气渐奋，捷音渐多，实天员一战有以倡之也。"②鄞县志亦对此战称赞："自倭深入，我兵望风未尝敢与斗，自是始知贼可杀，士气为一奋，俱用表所结客也"③，文献记载皆对天员一战称誉有佳。

少林僧兵在抗倭中所用兵器多为铁棍，文献多有记载。顾炎武《日

---

① 郑若曾：《江南经略》（永瑢，纪昀编撰：《文渊阁四库全书》，第728册），上海古籍出版社2003年版，第460—463页。

② 同上书，第465页。

③ 黎光明：《嘉靖御倭江浙主客军考》，哈佛燕京学社1933年版，第116页。

知录》记："嘉靖中，少林僧月空受都督万表檄，御倭于松江。其徒三十余人，自为步伍，持铁棍击杀倭甚众，皆战死。"① 佚名《云间杂志》记："一贼舞双刀而来，月空坐不动，将至，身忽跃起，从贼顶过，以铁棍击碎贼首，于是诸贼气沮。"② 《吴淞甲乙倭变志》载："……皆称少林僧。俱持铁棍，长七尺、重三十斤，运转便捷如竹杖，骁勇雄杰。……贼队有巨人红衣舞刀而来，领兵僧月空和尚遍视诸僧，皆失色；独一僧名智囊，神色不动，即遣拒之。兵始交，智囊僧提铁棍一筑跃过红衣倭左，随一棍落，其一刀贼复滚转。又跃过红衣倭右，又落其一刀，倭应手毙矣。"③ 当然，少林僧兵在抗倭中并非全部使用铁棍，也使用钢叉、钩枪、砍刀、弓弩、火器等。

除万鹿园使用少林僧兵外，韩玺（"都司韩玺奉军门檄讨南汇贼，会少林僧应募至，遂并统之，以进焚其三舰。辛巳，战于白沙湾，斩敌一百余级，僧了心、彻堂、一峰、真元，乘胜深入被害"④）、任环、卢镗、胡宗宪亦以僧兵抗倭。少林僧兵至明末时仍有活动记载，《明史》卷二百九十二《史记言传》记载，崇祯举人史记言，由长沙知县迁为陕西知州，由于陕西当时农民起义军攻击之地，史记言自己出资招募军士，聘请了少室僧训练⑤。

"护国安邦，为少林武术、少林僧兵，赢得了从未有过的盛名。官宦文人因为少林僧兵抗倭的原因，在其诗文中对少林僧兵、少林武术大肆褒扬，则使少林僧兵、少林武术的影响进入了主流舆论。这就更进一步扩大了少林僧兵、少林武术的知名度。毫无疑问，参加抗倭战争和其他的征战活动，是少林武术和少林武僧显扬的重要契机"⑥。明代少林僧兵在民族危机时刻，挺身而出，凭借着高超的少林武术用自己的鲜血践诺着护国御

① 顾炎武：《日知录集释》（下册），黄汝成集释；栾保群，吕宗力校点，上海古籍出版社2007年版，第 1646 页。

② 佚名：《云间杂志》，转引自无谷，刘自学编：《少林寺资料集》，书目文献出版社 1983年版，第 99 页。

③ 《中国野史集成》编辑委员会、四川大学图书馆编：《中国野史集成》（第二十五册），巴蜀书社 1993 年版，第 19 页。

④ 郑若曾：《江南经略》（永瑢，纪昀编撰，《文渊阁四库全书》，第 728 册），上海古籍出版社 2003 年版，第 302 页。

⑤ 张廷玉等撰：《明史》卷二百九十二《史记言传》，中华书局 2010 年版，第 7490 页。

⑥ 程大力：《少林武术通考》，少林书局 2006 年版，第 63 页。

敌的强烈世俗情怀。① 也正是这种爱国精神，少林武僧赢得了社会人士的普通认可，包括一些社会知名人士的称誉，如明末清初顾炎武对少林武僧发出"能执干戈以捍疆场，则不得以其髡徒而外之"的感慨。

明代少林僧兵的抗倭及奉旨征调参战，即是一种佛教受儒家忠孝仁义正统思想影响的表现。这是由于儒家文化作为几千年来统治者推行的思想，明代少林僧兵也深受影响，在这种儒家文化长期熏染下，当民族遭遇到外族入侵时而得以激发与体现，在社会忠义精神感召下，少林僧兵无论是出于对朝廷的忠诚，或者是出于仁义的自愿，这时候儒家的忠义精神表现得尤为强烈，即使脱离世俗的少林僧兵也难免在儒家忠孝仁义正统思想影响下，脱下僧衣，拿起铁棍、戒刀加入抵抗倭寇、镇压起义暴动的军事杀伐中。早在宋代时五台山僧人就曾组织僧兵武装进行大规模抗金活动，元代时五台山僧兵依然存在，并在元明时期小说、杂剧中亦有反映，鲁智深和杨五郎就是其中两个非常典型的人物，他们都是在五台山出家，且武艺高强，这可能是五台山僧兵的真实历史背景在文学艺术上的一种反映②。

明代少林禅宗不主张读经，也不提倡烦琐的修行方式，讲究"顿悟成佛"的佛教世俗化，也为少林僧人习武及参战打开了方便之门。因此"僧兵的建立与否，戒律的约束作用实际上是很微弱的，完全要视当时的社会政治环境来决定，而且会随不同的理解有不同的导向"③。程大力教授认为少林寺能够容忍或产生一种武术，能够在明代形成为僧兵，甚至开上了战场，显然与佛教禅宗历史上的世俗化、儒学化潮流有关。④

三　明代少林武术是军事武术实践与汲取民间武术精华的结晶

明代少林武术以棍为主，也包括枪、刀等器械，总体上是以器械为主，这时拳还没有达到较高的水平，在程宗猷《少林棍法禅宗》卷下的

---

①　周伟良：《明清时期少林武术的历史流变》，释永信主编，《少林功夫文集》（第一期），少林书局 2003 年版，第 7 页。

②　王继东：《明代的僧兵——以少林僧兵为考察中心》，西南大学 2010 年硕士论文，第 8 页。

③　严耀中：《佛教戒律与中国社会》，上海古籍出版社 2007 年版，第 495 页。

④　程大力：《少林寺棍法渊源详考》，释永信主编《少林功夫文集》（第二期），少林书局 2004 年版，第 81 页。

《问答篇》有具体的说明："或问曰：棍尚少林，今寺僧多攻拳而不攻棍，何也？余曰：少林棍名夜叉，乃紧那罗王之圣传，至今称为无上菩提矣。而拳犹未盛行海内，今专攻于拳者，欲使与棍同登彼岸也。"这表明此时期少林寺武术开始从器械转向拳法。器械的盛行正是军事武术时期的武术特征，而少林武术棍法也正是经历抗倭以及在屡次镇压国内农民起义、边区少数民族暴动等血与火的实践中不断发展的。明代少林武僧中有多位都经历了战争的磨炼，其少林武术必定在这些军事实践中适应军事武术的实战需要，如明代著名武僧"三奇和尚"周友，曾镇守山东、陕西布政司（省）辖下的堡寨屡立奇功，还奉命统征云南讨伐叛蛮，并参与了征讨刘六、刘七等人于明正德五年（1510）十月霸州起义等，现存少林寺塔林中有"三奇友公和尚塔"，塔额有"敕赐大少林禅寺，刺名'天下对手，教会武僧'。正德年间蒙钦取宣调，镇守山陕等布政边，京御封都提调总兵，统任云南烈兵扣官，赏友公三奇和尚之寿塔"字样①。少林武僧周友在征战过程中收有一千多名僧俗弟子，将其少林武术广泛传播，其中明代著名武僧洪转是周友的法侄，将周友的枪法整理成《梦绿堂枪法》。另外明代少林棍法著作《少林棍法禅宗》中所记载的少林棍法也是多"大封大劈""掀天揭地"技法，表现为一种强调力量和速度的简洁实用棍法，这正是少林武术在军事实践中的技术体现，而且少林棍法有以棍法代枪法之说，这些技术的演进都表明少林武术是一种站在军事集体化、简洁实用的军旅武艺立场发展的武术，少林武术的棍法之所以能在抗倭及戍边、镇压农民及少数民族起义中屡战奇功，与少林棍法的技术特征表现为军旅实用武艺实践是分不开的。

明代少林武术开始向社会上传播，并与民间武术进行了广泛的交流，因此，少林武术亦汲取了明代民间武术的精华。少林寺武僧无论是奉旨出征，还是有些少林武僧欲寻求进一步武术提高的出寺云游，都是在与民间武术进行不断的交流。如明代少林寺武僧广按就携程宗猷出寺云游，刘德长也曾为少林僧，后为不断提高武技而云游，吴殳在《手臂录》记载其师石敬岩少时曾与洪纪同向刘德长较技，而所执竿子为刘德长击落，足见刘德长在枪法上的造诣之高，而这与其游历民间与民间武术交流提高有密切的关系。

---

① 温玉成：《少林史话》，金城出版社 2009 年版，第 181—182 页。

　　少林寺本身就是寺内外不同武术交流的地方，本寺武僧奉旨出外征战以及经常出寺云游，寺外民间武术家到寺内交流。少林武僧是"介乎军旅与民间之间的一个特殊的武艺群体，正由于此，少林武艺便会兼有军旅武艺与民间武艺两方面的内容"[1]，少林武术就是在军事武术实践与汲取民间武术精华的基础上不断发展提高的。

四　明代少林武术体系的形成

　　关于少林武术起源于何时，目前武术界尚未有定论，主要有三种：南北朝说、隋唐说及明前期说[2]。但从史料文献来看，少林武术形成拳、棍等系统体系在明代基本形成，而这也与中国武术体系在明代基本形成是大体一致的。

　　从少林寺有关武僧的史料看，少林寺有史料记载的第一位武僧是被称为"三奇和尚"的周友，在明正德年（1506—1521）时，受武宗征调而出征山西等地边关镇守，并传授了僧俗弟子千余人，这是明代最早征用僧兵的记载，也是规模较大的一次僧兵参战活动[3]。

　　而从少林棍法"神传"之说，我们似乎可以推断少林寺习武活动会更早。在程宗猷《少林棍法禅宗》之《纪略》中记述元末紧那罗王的后嗣哈嘛师，曾以拳棍授匾囤，虽然紧那罗王之神传不可信，但匾囤和尚却有少林史料记载，确有其人，而且是一位高僧，在少林寺塔林东侧偏北有其灵塔，全称为"□没哪塔匾囤和尚灵塔"，为明嘉靖乙丑即嘉靖四十四年（1565）中秋吉日刻，铭石高62厘米、宽49厘米，书者不详，字径4×3厘米，孝重法孙普云建[4]。匾囤和尚是一位棍法高僧，其法孙即为建立少林寺十方禅院之人，而且法脉传承是清晰的，将匾囤之师追溯到紧那罗王，似乎在通过神话向人们透露少林棍法早在元末明初少林寺即已经有棍法了，由于元末至明代中期这个阶段资料的失落或阙如，我们不能直接

---

　　① 马明达：《花拳入门，错了一生》，释永信编《少林功夫文集》（第二期），少林书局2004年版，第133页。

　　② 周伟良：《明清时期少林武术的历史流变》，释永信主编《少林功夫文集》，少林书局2003年版，第14页。

　　③ 吕宏军：《嵩山少林寺》，河南人民出版社2002年版，第496页。

　　④ 米祯祥主编、王雪宝编：《嵩山少林寺石刻艺术大全》，光明日报出版社2004年版，第180页。

透视少林寺在元末明初的武术状况，但通过神传之说，恰似对少林寺明初武术发展的演绎①。至少明代中后期，少林寺棍法已经发展到很成熟的阶段，这时期出现了一批精通棍法的高僧，如万历时期洪转，有"棍法神矣，寺众推尊"之说；万历年间，程宗猷到少林寺十几年，先后跟随宗相、宗岱、广按等高僧学习少林棍法，足以证明这时期少林棍法已经达到的水平，无论在技术上、理论上已经自成体系，否则不会让程宗猷学习十几年，程宗猷少林寺学习棍法名著《少林棍法禅宗》对少林寺棍法渊源、技术、理论均进行了详细论述，代表了明代少林寺武术棍法的发展水平。

由于少林棍法在军旅中威力无穷，故而少林寺武术以棍显世，而至于拳、刀、枪等其他文献记载不多，然而从明代中后期一些文人游览少林寺所写的游记、诗句却为人们展示了少林寺武术体系的日趋成熟。明万历九年（1581）王士性《嵩游记》有："山下再宿，武僧又各来以技献，拳棒搏击如飞，他教师所束手观，中有为猴击者，盘旋踔跃，宛然一猴也。"②此时期少林寺不仅棍法闻名，而且拳法也似乎达到了一定的水平，如象形拳猴拳已经在少林寺武术之列。明万历三十六年（1608）金忠士在《游嵩山少林记》中有："至今寺僧以武勇闻，从来远矣！……午刻，少参君招饮溪南方丈，中观群僧角艺，尽酒十巡，乃起。"③万历三十九年（1611）袁宏道《游少林记》中有："晓起出门，童白分棚立，乞观手搏。主者曰：'山中故事也'。试之，多绝技。"④表明少林寺不仅有棍法、拳法，还有双人徒手手搏的对抗搏击。嘉靖时期武术家唐顺之在其文集《荆川集》卷三《峨眉道人拳歌》有："浮屠善幻多技能，少林拳法世希有"；黄宗羲在《王征南墓志铭》中也称："少林拳勇名天下"，从文献记载来看，至少从嘉靖到明晚期这段时间里，少林拳法已经发展成熟。明万历四十三年（1615）文翔凤在其《游少林记》中记载："归，观僧之以掌搏者、剑者、戟者。"⑤明代少林寺武术体系已经包括棍法、拳法、掌法、

---

① 程大力等：《少林寺棍法渊源祥考》，释永信主编《少林功夫文集》（第二期），少林书局 2004 年版，第 68 页。

② 吕宏军：《嵩山少林寺》，河南人民出版社 2002 年版，第 468 页。

③ 叶封：《少林寺志》，郑州市图书馆文献编辑委员会编：《嵩岳文献丛刊》（第四册），中州古籍出版社，第 43 页。

④ 同上书，第 45 页。

⑤ 同上书，第 49 页。

剑、戟等各类日趋成熟的体系了。

另外，明代除了文人墨客的游记、诗文对少林武术进行记载，明代还有朝廷官员到少林寺观看少林寺僧人演武而留下的诗句，从这一侧面可以更清晰地展示出少林寺武术体系在明代的成熟程度。一位是明天启五年（1625）河南巡抚程绍在少林寺观看少林寺僧人演武后而作的《少林观武》（图6—2），另一位是明万历时期吏部侍郎公鼐的《少林观僧比武歌》，引自叶封《少林寺志》，现兹录全文如下：

图6—2　程绍《少林观武》碑刻

少林观武

程绍

暂憩招提试武僧，金戈铁棒技层层。

刚强剩有降魔力，习惯轻携搏虎能。

定乱策勋真证果，保邦靖世即传灯。

中天缓急无劳虑，忠义毗卢演大乘。

少林观僧比武歌

公鼐

震旦丛林首嵩少，苾蒭千余尽英妙。

战胜何年辟法门，虎旅从兹参象教。

我度辕辕适仲秋，晓憩招提到上头。

倏忽绀园变莐舍，缁徒挺立如貔貅。

袒裼攘臂贾余勇，抗声鼓锐风雷动。

蜂目斜视伏狙趄，距跃直前霜鹘竦。

迅若奔波下崩洪，轻若秋箨随轻风。

崖目高眭慑猛兽，伸爪奋翼腾游龙。

梭穿彀转相持久，穷猿臂接夔兔走。

李阳得间下老拳，世隆取尝逞毒手。

复有戈剑光陆离，挥霍撞击纷飙驰。

狮吼螺鸣屋瓦震，洞胸斫胫争毫厘。

专门练习传流古，凭轼观之意欲舞。

自从武德迄当今，尔曹于国亦有补。

偶来初地听潮音，观兵何事在祇林。

棒喝岂是夹山意，掌击宁关黄檗心。

彭泽载酒惬幽赏，崖桂高梧对潇爽。

一时佛渭散空华，庭阴满院风泉响。

　　程绍的《少林观武》中的"定乱策勋真证果，保邦靖世即传灯"即是指明了少林武术是保疆卫国的武艺，并没有违背少林寺作为佛教的佛法与戒律，这也是中国佛教之儒、佛统一的特点。

　　公鼐的《少林观僧比武歌》一诗"展现了三百七十多年前少林寺千余名武僧清晨操练的壮观场景，如身临其境，目见其人，而闻其声，感沛于不可战胜的浩然之气之中"[1]。

　　从这些文人游记及诗文不难看出，至迟在明中晚期，少林武术已经发展成为棍、拳、剑等既有器械、徒手，又有对抗搏击技术的庞杂体系。并且在游人、文人、政府官员等到少林寺时，少林武僧的演武活动已经成为一种少林寺的仪式，如果明代少林武术发展没有成熟的技术，不可能组织如此大型的演武活动。作为中国武术的一颗璀璨明珠，明代少林武术体系的形成也符合中国武术体系在明代基本形成的历史事实。

第二节　明代峨眉武术

　　明代少林武术以棍著称，其拳法发展尚在进一步发展中，少林武术在明代被推崇，并成为源流有序、发展清晰的武术流派。但若以拳法而论，明代峨眉拳法及枪法当在少林之上，峨眉武术也是史料记载清晰的明代武术流派，其历史发展及声望在明代稍逊少林。只是由于史料的缺乏，我们对明代峨眉武术的发展难以窥见全貌，因而根据目前所能见到的吉光片羽

---

① 温玉成：《少林访古》，百花文艺出版社1999年版，第312页。

的史料，将在下文中对明代峨眉拳法及枪法等器械进行逐一考察。

一　明代峨眉拳法

明代少林寺武术以棍法闻名天下，为明代渊源有序可考的武术流派，此时期少林武术以棍为主，其拳法尚在进一步完善之中。而明代武术拳法及枪法以峨眉为首。在明代有关武术文献记载中，有关拳法的记载，多以戚继光《纪效新书》、何良臣《阵纪》中所记为主，在早于戚继光时代精通武术的军事家唐顺之，对峨眉拳法极为推崇，并亲眼目睹了峨眉道人演练的峨眉拳法，留下一首弥足珍贵的记载峨眉拳法的《峨眉道人拳歌》①，这也是目前有关峨眉武术最早的文献记载。唐顺之是见多识广、深通武艺的武术家，他对峨眉道人演练拳法的描述，更多是从武术的角度记述，而绝非如一般文人墨客般虚张声势、夸大其词地对武术进行虚幻的描述。现全文抄录如下：

峨眉道人拳歌

唐顺之

浮屠善幻多技能，少林拳法世罕有。

道人更自出新奇，乃是深山白猿授。

是日茆堂秋气高，霜薄风微静枯柳。

忽然竖发一顿足，崖石迸裂惊砂走。

去来星女掷灵梭，夭矫天魔翻翠袖。

舐啖含沙鬼戏人，髭髯磨牙赞扑兽。

形人自诧我无形，或将跟绁示之肘。

险中呈巧众尽惊，拙里藏机人莫究。

汉京寻橦未趫捷，海国眩人空抖擞。

翻身直指日车停，缩首斜钻针眼透。

百折连腰尽无骨，一撒通身皆是手。

犹言技痒试贾勇，低蹲更作狮子吼。

兴阑顾影却自惜，肯使天机俱泄漏。

---

① 唐顺之：《荆川集》（文渊阁四库全书，第 1276 册），上海古籍出版社 2005 年版，第 225 页。

余奇未竟已收场，鼻息无声神气守。

道人变化固不测，跳上蒲团如木偶。

　　唐顺之是明代拳法高手，其在《武编》前集卷五中对拳法有着精辟的论述："拳有势者，所以为变化也。横邪侧面，起立走伏，皆有墙户，可以守，可以攻，故谓之势。……作势之时，有虚有实，所谓惊法者虚，所谓取法者实也。似惊而实取，似取而实惊，虚实之用，妙存乎人。"这段文字对拳的势、攻守、虚实之法可谓论述精要，显示出唐顺之不仅在军旅武艺枪法上具有很高的技术水平，在拳法上亦有相当的造诣。正是由于唐顺之是一位在拳法上有很高造诣的武术家，因此他对峨眉道人的拳法多是从武术角度进行描述的。

　　从整体上看，《峨眉道人拳歌》记录了从拳法起势到收势的整套峨眉拳法演练的全过程，并从拳势、手法、身法、步法、劲力、攻守、气势等方面对峨眉拳法的演练进行了描述。此外，《峨眉道人拳歌》对峨眉拳法演练中的起、承、转、落、收也进行了形象地记述。"道人更自出新奇"一句表明，虽然峨眉拳法在明代已经发展得较为成熟，却依旧不太为世人所熟悉，同时，峨眉拳法的技术风格也是很新奇的，就连唐顺之这位拳法大家也感到拳法风格不同一般；"忽然竖发一顿足，崖石迸裂惊砂走"表现出峨眉拳法之刚猛；"去来星女掷灵梭，夭矫天魔翻翠袖"展现出峨眉拳法中身法、步法的快速与轻灵，也体现了峨眉拳法轻柔的一面；"险中呈巧众尽惊，拙里藏机人莫究"展现了峨眉拳拳法中起、承、转、合布局之巧妙；"百折连腰尽无骨，一撒通身皆是手"描写了峨眉拳法身法柔软、手法密集；"余奇未竟已收场，鼻息无声神气守"一句展现出峨眉道人功力的高深，一套拳法演练后竟能气息平和，足见其呼吸调整得法，也突出了峨眉拳法内外兼修的特征。

　　从峨眉道人演练峨眉拳法的描述来看，峨眉拳这时已经有了成熟的套路，从起势到收势有完整的套路编排。峨眉拳的套路兼具起落、刚柔、动静、转合等特质，在武术中，武术套路的形成是一个流派成熟的重要标志，这也证明了峨眉武术的拳法在明中叶以前就已形成，可见峨眉武术拳法的形成要早于少林武术拳法。只是由于资料的缺失，我们还不能更好地认识明代峨眉拳法的全貌，有关峨眉武术的资料有待进一步搜寻与发掘。

二 峨眉枪法

峨眉武术的拳法在明代被唐顺之认为是"道人更自出新奇",显然峨眉拳虽然发展成熟,但不太为外人所知晓,然而峨眉枪法在明代武术文献中却已名恭列当时著名枪法之中。郑若曾在其《江南经略》卷八上《杂著·兵器总论》中提及明代"使枪之家凡十有七"时,已将峨眉枪法列入当时枪法之列:"曰杨家枪三十六路花枪、马家枪、金家枪、……峨眉枪……"① 由此可见,明代峨眉枪法已经是与明代少林棍、杨家梨花枪齐名的著名枪法。"乃谈艺者,必以枪为首,称其为诸器之门户也"②,可见无论是军旅武艺的枪法,还是民间武术游场较技的枪法,在明代武艺中都有崇高的地位,这也是明代诸多枪法繁盛的原因。

峨眉枪法的源流文献最早追溯到明代峨眉山普恩禅师。据明末清初民家武术家吴殳在其枪法名著《手臂录·附卷峨眉枪法》辑录的由"峨眉僧普恩立法,海阳弟子程真如达意"的"峨眉枪法"记载:"西蜀峨眉山普恩禅师,祖家白眉,遇异人授以枪法。立机空室,练习二载,一旦悟彻,遂造神化,遍游四方,莫与并驾。"因此,峨眉枪法为峨眉山普恩禅师经异人传授参悟而创立,其后广东海阳人程真如云游访师到峨眉山,在考验程真如和荆江行者月空二年后,才将峨眉枪法传授给二人,"二人良苦,庶可进乎?我有枪法一十八扎、十二倒手,攻守兼施,破诸武艺。汝砍采久而得心应手,不知身法臂法已寓于是"③,普恩将峨眉枪法之动静进止之机、疾迟攻守之妙悉心传授给二人,程真如后来又和沙家枪、马家带棍枪进行比较,认为此两家枪法与普恩禅师所传授的峨眉枪相去甚远,故而程真如将普恩禅师所传授的枪法写成《峨眉枪法》一书流传后世。程真如曾将《峨眉枪法》传授给翁惠生、朱熊占,吴殳于1662年冬天在鹿城盛辛五家中巧遇朱熊占,得以跟随朱熊占学习峨眉枪法还得到了《峨眉枪法》枪谱,并将《峨眉枪法》收录在其枪法名著《手臂录》中,从而使得《峨眉枪法》为后世所知。

---

① 郑若曾:《江南经略》(永瑢,纪昀编撰,《文渊阁四库全书》,第728册),上海古籍出版社2003年版,第426页。

② 吴殳:《手臂录·附卷峨眉枪法》,山西科学技术出版社2006年版。

③ 同上。

从吴殳辑录的《峨眉枪法》可知，吴殳分治心篇、治身篇、宜静篇、宜动篇、攻守篇、审势篇、形势篇、戒谨篇、倒手篇、扎法篇、破诸器篇、身手法篇、总要篇等方面对峨眉枪法进行了详细记载，并对程真如的峨眉枪法进行了高度评价："……《峨眉枪法》，唯有革法十二、扎法十八，不言立势，不言步法，卓哉，绝识家之正法眼藏也。"

吴殳是明末清初的枪法大家，对明代古典武艺枪法用功甚深，并亲身学习掌握了明代诸家经典枪法，如杨家枪、沙家杆子、马家枪等，他本人是极为推崇峨眉枪法的，还在最后将其师石敬岩之枪法也归为"峨眉枪法"。从明代普恩传程真如，程真如传朱熊占，朱熊占又传吴殳，这表明了从明代至清初，峨眉枪法有着较为清晰的传承脉络，并有枪谱传世。

三　峨眉铲法

明代峨眉武术除了峨眉拳法及枪法之外，明代民间武术家程宗猷之侄程子颐在《武备要略》十四卷中还记载有"峨眉铲说"①，记载了峨眉铲法八势：四平铲势、边拿铲势、边拦铲势、崩劈铲势、圈里搅沉铲势、圈外压沉铲势、圈里沉铲势、圈外沉铲势。并且记载了峨眉铲的大致传承："夫峨眉铲南北未有共艺，惟江西教师吕月崖昔时曾负此器至新安，余家君见其技勾推快利，进出便捷，因传其艺，且用法与长枪少异。"②从文献可推知，明代峨眉铲最早由江西教师吕月崖所传，并传到安徽休宁程子颐父子手中。程子颐还进一步对峨眉铲的技法进行了记载："用法与长枪少异，阴阳手持铲，圈里有拿，圈外有拦，有边拿，有边拦，有勾，有推，有崩劈，有搅压沉铲，有圈里圈外沉铲，其进退与枪之凤点头步法同，能以铲艺跟枪用之可称无敌。今选数势绘图说于后，然峨眉铲胜似月牙铲者，何也？月牙铲中无钳口，不能压沉彼枪，又不便于勾推其柄，且短难与枪相敌，故不赘耳"。

从明代有关峨眉武术的文献记载来看，峨眉武术在明代大体已经形成拳法、枪法、铲法等徒手与器博兼具的完整的武术体系。

---

① 程子颐：《武备要略》（十四卷，四库禁毁书丛刊，子部第 28 册，明崇祯五年刻本，中国科学院图书馆藏），北京出版社 1997 年版，第 275 页。

② 同上书。

第三节 明代浙江武术

从明代有关武术的文献资料来看，明代浙江的武术已经发展得相当成熟，如戚继光在《纪效新书》中所列的拳种与器械流派，就有六步拳、青田棍等记载。明代浙东地区还出现了源流清晰、传承有序而有别于少林拳的内家拳，另外浙江在明代嘉靖年间抗倭战争中还有精通双刀的"天都侠少"项元池、精通日本双手刀的浙江武林教师刘云锋、精通少林拳法并在中日武术交流史上产生了深远影响的柔道鼻祖浙江余杭人陈元赟，这些武术家的生平及其武艺虽大多难以考证，但文献却明确记载了明代浙江出现了一批著名武术拳种、器械流派及民间武术群体，这既与浙江武术源远流长并且还是明代抗倭主战场有着密切的关系，还与浙江是明代对外交流口岸，与海外有着悠久的武术交流密不可分。深入阐述明代浙江武术的发展，对了解明代武术的整体发展有着重要的意义。

一 明代浙东内家拳

明代中后期，各具技法的拳种流派纷呈，出现了有别于以主搏人为特征的外家拳并以静制动为技术特征的内家拳。内家拳的出现标志着中国武术技术发展的一个新走向，"自明以来，凡谈技击者，遂有内家外家之派别"①，自此中国武术开始有内、外家之分。有关内家拳的源流主要载于黄宗羲的《王征南墓志铭》，其技法主要载于黄百家的《王征南先生传》。

（一）明代"内家拳"

明代内家拳的出现是中国武术发展史上的一次革新与飞跃，然而文献对内家拳确切含义却是记载不详，对于"内家拳"的释义也是众说纷纭、莫衷一是。首先，黄宗羲在《王征南墓志铭》开篇提出："少林以拳勇名天下，然主于搏人，人亦得以乘之。有所谓内家拳者，以静制动，犯者应手即仆，故别少林为外家……"；接着其子黄百家在《王征南先生传》中有："盖自外家至少林，其术精矣。张三丰既精于少林，复从而翻之，是名内家，得其一二者，已足胜少林。"正如当代武术家蔡龙云先生所言：

---

① 徐哲东：《国技论略》，山西科学技术出版社 2003 年版，第 9—10 页。

"由那时候起，中国的武术被黄氏父子截然地别为内外家了"①。自黄氏父子后中国武术史上开始出现了"内家"与"外家"的争论，而对于何为"内家"何为"外家"以及二者划分的依据是什么，黄宗羲并没有给出足够且明确的解释，这给后世对"内家"的理解增添了诸多疑惑，不少学者对"内家""外家"均有着不同的看法。

一是"内家""外家"指世俗与方外之别。1915 年出版的《少林拳术秘诀》一书中有："何以谓之内家，即尘世间普通之称，如佛门之所谓在家、出家是也；外家者，即沙门方外之谓，以示与内家有区别也。"②这种仅从世俗、方外来解释似乎没有道理，世俗与方外可以说很难将武术技术上划分为内、外家。二是"内家""外家"主静、动之内、外功说。民国时期武术史学者徐哲东指出，内家主静，外家主动，所以说内家、外家，犹言内功、外功也，徐先生从练功主内、外之分上解释内家、外家，比起以前对内、外家的认识有了提高，但中国武术向来都是主张内、外结合，刚柔相济的，因而这一个解释似乎也难以自圆其说。林伯原则认为内、外家是"清初人们按武艺技法的不同将其分为内家和外家，换言之，所谓外家拳主动出击、先发制人与内家拳以静制动、后发制人之法只是技法应用上的不同，而无拳种之分"③。有学者认为林伯原所论是很有道理的，是 20 世纪 80 年代我国武术理论进一步得到发展的体现。④ 另据清代乾隆时精于内家拳的福建水路提督叶相得的一份抄本《干城录》记载："或曰内家大内，宋初内侍，雄武军，川殿值，太祖亲训戎士，号内等子，传其艺者曰内家。三峰合势尤精于艺，故传名焉。"⑤ 而宋代的"内等子"是一些相扑手，这种说法也显然不成立。而根据最新资料及田野调查表明："内家"是行家之意，上乘之作，故为"内家"⑥。结合有关文献资料可以推断：内家拳是中国武术在明代发展成熟的一个具体拳种，

① 蔡龙云：《琴剑楼武术文集》，人民体育出版社 2007 年版，第 206 页。
② 周伟良：《试论明清浙东内家拳的拳理技法及文化价值》，《北京体育大学学报》2009 年第 12 期，第 101 页。
③ 林伯原：《"内家拳"与"外家拳"》，《武术健身》1984 年第 1 期。转引自《四明内家拳总部资料》2008 年第 3 辑。
④ 周伟良：《试论明清浙东内家拳的拳理技法及文化价值》，《北京体育大学学报》2009 年第 12 期，第 101 页。
⑤ 凌懿文：《浙江传统武术简史》，学苑出版社 2012 年版，第 94 页。
⑥ 夏宝峰：《论武术中外家拳与内家拳》，《四明内家拳总部资料》2008 年第 3 辑。

它是中国武术拳种在继承以往拳种技术及理论的基础上创新发展而成的，所谓"从而翻之"，可以"以静制动"，它在技术特征及理论上都与以前拳种有所不同，形成了独具特色的技术风格及理论体系。

（二）明代内家拳传承谱系

《王征南墓志铭》中清晰地记载了内家拳在明后期至清初清晰的传承谱系。内家拳起源于"夜梦元帝授之拳法，厥明以单丁杀贼百人"的张三丰之术，显为附会，民国时期唐豪先生已作过详细考证。内家拳流传于山西，以王宗为最著，温州陈州同跟随王宗学习，并将内家拳传授给乡人，从而使内家拳流传于温州。张松溪师承孙十三老，传人有三四人，其中以叶继美、叶近泉为最好，并由此使内家拳流传于四明（今浙江宁波），自此内家拳传承有着清晰的谱系：四明叶近泉传吴昆山、周云泉、单思南、陈贞石、孙继槎；吴昆山传李天目、徐岱岳；李天目传余时仲、吴七郎、陈茂宏；周云泉传卢绍歧；陈贞石传董扶舆、夏枝溪；孙继槎传柴元明、姚石门、僧耳、僧尾；单思南传王征南；王征南传黄百家。在文献记载的内家拳家中，除张松溪、单思南、王征南、黄百家外，其他皆因文献缺失，无事迹可考。

（三）张松溪及其内家拳

张松溪生卒年不详，据有关史料推测其生年最早亦在嘉靖之初，享年八十岁左右①，明代鄞县人（今浙江宁波），大体生活在嘉靖年间，是一个裁缝，善搏，其师为孙十三老。四明丛书本《四明文征》卷十六有明万历大臣沈一贯（1537—1615）写的《搏者张松溪》，雍正年间宁波知府曹秉仁纂修的《宁波府志》卷三十一有《张松溪传》。张松溪在嘉靖间以内家拳闻名宁波府，其内家拳有"勤、紧、径、敬、切"五字诀，其中前三诀为张松溪学自其师孙十三老，后二诀为张松溪所创。另外张松溪内家拳还有点穴之法。张松溪内家拳秉承择徒严格的师训，据黄宗羲《王征南墓志铭》载仅传三四人，以四明的叶继美、叶近泉为最好。作为目前记载张松溪生平及其内家拳事迹的最早文献《搏者张松溪传》②，对于

① 张如安：《内家拳大师张松溪生平辨误》，《体育文化导刊》1988 年第 4 期，第 28—29页。

② 转引自周伟良：《中国武术史参考资料选编》，逸文武术文化有限公司 2009 年版，第 59—60 页。

研究张松溪及其内家拳具有重要的史料价值，故全文录如下：

搏者张松溪传
沈一贯

　　我乡弘正时有边诚，以善搏闻。嘉靖末，又有张松溪名出边上。张衣工也，其师曰孙十三老，大梁街人，性粗戆，张则沈毅寡言，恂恂如儒者。张大司马罢而家居，引体抗然坐之上座，曰：边师之徒，袒裼扼腕，瞋目语难，而张乃摄衣冠不露肘；边师喜授，二显名当世，而张常自匿，人求见，辄谢去；边师之弄技，进退开阖，有绪如织，而张法直截，尝曰："一棒一痕，吾犹轻之，胡暇作此娄娄闲事。"边常北游，值六马驾负其力，肩之不胜，出于轮而病伛。有少林僧数十辈，寻边，边迁延之，至日晡与斗，烛入，灭烛而跃坐梁上，观诸僧于曰："相击于暗中而乘其毙，大抵间用术。"倭乱时，少林僧七十辈至海上求张，张匿不见，好事少年怂恿之，僧寓迎风桥酒楼，张与少年窥其搏，失哂，僧觉遮之，张曰："必欲一试者，须呼里魁合要，死无所问。"张故屡然中人耳，僧皆魁梧健力。易之，诺为要。张衣履如故，袖手坐，一僧跳跃来蹴，张稍侧身，举手送之，如飞丸度窗中，堕重楼下，几死。盖其法云："搏，举足者最下，易与也。"张尝被监司征，使教战士，终不许。曰："吾盟于师者，严不授非人。"张尝踏青郊外，诸少年邀之，固不许。还及门，诸少戒守者曰："毋入张。"闭之月城中，罗拜曰："今进退无所，且微观者，愿卒惠之。"张不得以，许之。门多圜石，可数百斤者，命少年累之，累之不能定，张手定之，稍之以瓦，而更累一于其上。祝曰："吾七十老人，无所用，尚直劈到底，供诸君一笑，可乎？"举左手，侧而劈之，三石皆分为两。张终身不娶，无子，事母以孝闻，死于牖下。所教徒仅一二，又不尽其法。余尝从其徒问之，曰："吾师尝观矛师，矛师夸吾师曰：'何如？'师曰：'吾不如。'吾党问之，师曰：'夫刺则刺矣，而多为之拟，心则歧矣，尚得中耶？'余闻之憬然，回忆往时，尝问王忠伯："边人何技而善战？"忠伯言："边人无技，遇虏近三十步始发射，短兵接，直前攻刺，不左右顾者胜，瞬者不可知旁视死矣。今张用此法。又悟北宫黝之养勇也，不肤挠，不目逃，非谓不被人刺，且挠且逃，直如飞蝇之著体，忘挠与逃，鼓精奋神，专笃无两。雷万春面集七矢而不动，是矣。"

　　张有五字诀，曰勤、曰紧、曰径、曰敬、曰切，其徒秘之。余尝以所闻妄为之解：曰勤者，盖早作晏作，练手足力，少睡眠，薪水井臼必躬，陶公致力中原而恐优逸不堪，以百甓从事，此一其；曰紧者，两手当护心胸，行左右护胁，击刺勿极其势，令可引而还，足缩缩如有循，勿举高蹈，阔丁不丁，八不八可，亟进可速退，毋令智昏，立必有依，勿虚其后，众理会聚，百骸皆束，畏缩而虎伏，兵法所谓始如处女，敌人开户者益近之；曰径者，"则所谓后如脱兔，超不及距者，无再计，无返顾，勿失事机，必中肯綮，既志其处，则尽身中一毛孔力，咸向赴之，无参差若猫捕鼠，然则三字中击刺之术尽之矣；曰敬者，儆戒自将勿露，其长好敌者，必遇其敌，其防其防，温良俭让，不忮不求，何用不藏；曰切者，千忍万忍，掐指咬齿，勿为祸先，勿为福始，勿以身轻许人，利害切身，不得已而后起，一试之后，可收即收，不可复试，虽终身不见其形，不成其名，而无所悔。盖结冤业者，永不释日，犯王法者，经无贯期，得无慎诸？闻张之受于孙，惟前三字，后二字张所增也，其戒心又如此。君子曰：儒者以忠信为甲胄，礼义为干橹，岂不备哉，使人畏而备之，孰与使人无畏而无备之为周。夫学伎以备患，而虑患乃滋甚，则焉用伎，恃伎而不虑患，患又及之，伎难言矣。故君子去彼处此。

　　《博者张松溪传》提供了有关张松溪及其内家拳诸多珍贵史料，如从文中可知张松溪其师为孙十三老，在与明代另一位少林高手边诚的对比中，揭示了内家拳的一些技术特征，如其技法直截。在记载张松溪的一些事迹时，展现了内家拳传授徒弟的严格及内家拳的功力，张松溪七十岁时都可以将三块大石直劈为二，虽有夸张之嫌，但也表明内家拳的一些功法特征，表明明代即有武术功法的展示。另外还记载了内家拳有五字诀：勤、紧、径、敬、切，其中前三诀为张松溪之师所传，后二诀为张松溪所增加，表明内家拳在张松溪这一代又得到了创新，沈一贯还根据所闻对内家拳的五字诀进行了解读，这为了解内家拳的五字诀提供了珍贵的参考资料。

　　《博者张松溪传》记载有关于张松溪内家拳的轶事。其一，嘉靖东南沿海倭乱，有少林僧欲与张松溪比试，张躲藏不愿与少林僧比试，后在迎风桥酒楼相遇，少林僧与张松溪比试，少林僧跃起欲踢时，张松溪稍侧身，举手一送，少林僧则如飞丸从窗口跌下楼去。其二，监司邀请张松溪教练军士，张松溪以曾对师门许下过谨守不轻易传人的诺言，拒绝了邀请。其三，一次郊外踏青，张松溪被一群想看一下其内家拳技的少年纠缠，在迫不得已的情况下，张松溪显露了其精湛的内家拳技，他将城门口三块大石叠放在一起，用左掌将三石劈为两段。

嘉靖间在诸多内家拳中，以张松溪的内家拳最为出名，张松溪也是内家拳传承谱系中最早的有事迹可考的内家拳家。

（四）王征南及其内家拳

王征南（1617—1669），名来咸，为明末清初最负盛名的内家拳家，师从单思南，得内家拳不传之秘，为张松溪内家拳第三代传人。王征南曾参加反清活动，后归隐家乡宁波宝幢同岙，传人仅黄百家。王征南不仅善于拳法及点穴之法，还精射法，在继承内家拳五字秘诀的基础上，并结合内家拳滚斫、柳叶斫、十字斫、雷斫这四种斫法，独创了盘斫之法，能以斫破斫，表明王征南在内家拳技法上又有独创，丰富了内家拳技法。

黄百家在《王征南先生传》中对王征南的事迹及技艺的记载有：其一，王征南艺成后非遇困不发，一次出去侦查被守兵所获捆在廊柱上，王征南拾起碎瓷片割断绳子，并将怀中银子撒向空中，使得数十人争夺银子并趁隙逃出。然而，王征南逃出数里后在田间迷路，被守田者疑为是贼而遭围攻，但守田者不幸被王征南打得受了伤；其二，一次王征南天黑独行时遇到七八个营兵，营兵强迫他负重，王征南苦苦哀求不能免。当走到桥上时，王征南丢掉重物，几个营兵欲用刀砍他，结果刀被格挡掉，王征南把刀扔进井里，待营兵捞出刀后，王征南已经跑远了；其三，王征南精通点穴，有一恶少欲欺辱王征南而被他点了穴，恶少向王征南认错并解了穴后又如常作恶了。有一牧童偷学点穴点同伴，同伴立即晕死，王征南看后说这是点了晕穴，一会儿就苏醒过来；其四，王征南曾跟随钱忠介①进行反清复明活动，屡立战功，授都督金事副总兵官，兵败后归隐故里，终身

---

① 钱忠介即钱肃乐（1606—1649），字希直，号止亭，一号虞孙，鄞县人明崇祯十年（1637）进士，明末之际的著名抗清人物，曾主事南明鲁王兵部，一生写下很多诗文，后人把它汇编成《钱忠介公全集》。参考周伟良《中国武术史资料汇编》，逸文武术文化有限公司2009年版，第62页。

食菜以明志；其五，王征南一次遇到故人，此故人与兵营将一同居住，正好遇到方廷松江教师讲习武艺，该教师高傲而要与王征南比试，结果被王征南连续跌了几下，血流满面而败，教师甘拜下风，并对王证南的技艺感到口服心服；其六，有一名天童①僧山焰，很有膂力，四五个人不能掣动其手臂，但只要稍微被王征南拿住他的膂，他就会疼痛难忍。

在《王征南先生传》中，黄百家较为详细地记载了内家拳的技法②：应敌打法色名若干，如长拳、滚斫、分心十字、摆肘逼门、四把腰等三十种；穴法若干，如死穴、哑穴、晕穴、三里等十三种穴；所禁犯病法若干，如懒散、迟缓、歪斜、寒肩、老步、腆胸、直立、软腿、脱肘、戳拳、扭臀、屈腰、开门、捉影、双手齐出等十五种；练法有练手法三十五、练步法十八；套路有十段锦、六路。黄百家的这篇《王征南先生传》是研究内家拳的重要史料，保存了明代内家拳技法，是较完整记录内家拳法的文献，也就是后世辗转相抄所称谓的《内家拳法》③。

清康熙八年（1669）王征南去世后，黄宗羲为其撰写了一篇《王征南墓志铭》。在这篇墓志铭中，首次提出了"内家"与"外家"之说："少林以拳勇名天下，然主于搏人，人亦得以乘之。有所谓内家拳者，以静制动，犯者应手即仆，故别少林为外家"，并记载了内家拳的源流、传承谱系及王征南生平事迹。在王征南去世后的七年，其传人黄百家为其撰《王征南先生传》，在里面详细记载了所学内家拳拳法。

清初内家拳传至黄百家时，因其弃武从文而没有了传人，而其他内家拳支系亦没有文献记载其有传人，故而内家拳在清初似成"广陵散"而从此失传。民国时期著名武术史学家唐豪先生还专门到内家拳一度兴盛的宁波实地调研，并到清初王征南隐居的宁波宝幢同岙访王氏后裔，没有发现内家拳的流传，因而认定内家拳在清初已失传④。近年随着有关内家拳新史料的出现，被人们认为在清初已成"广陵散"的内家拳，被证明仍然在浙东一带民间流传。2004 年 3 月 2 日《宁波晚报》以头版头条大红

---

①　天童即指宁波天童寺，历史上号称"东南佛国"，为我国"五大丛林"之一。参考周伟良《中国武术史资料汇编》，逸文武术文化有限公司 2009 年版，第 62 页。

②　唐豪：《内家拳》，山西科技出版社 2008 年版，第 45—49 页。

③　周伟良：《试论明清浙东内家拳的拳理技法及文化价值》，《北京体育大学学报》2009 年第 12 期，第 100 页。

④　唐豪：《唐豪太极少林考》，山西科学技术出版社 2008 年版，第 18 页。

字为标题刊登：《发黄的地契上记着400年前风靡宁波的内家拳拳谱精华再次现身》，此前内家拳拳谱持有人夏宝峰已经在宁波市武术协会申请成立内家拳分会。这份在地契上记载的内家拳拳谱的出现，动摇了七十多年前唐豪先生认定内家拳失传的定论，给内家拳研究带来了新的突破。地契为夏氏家藏的嘉庆四年地契，内家拳拳谱就写在地契的另一面，署名为："戊子岁秋（1948年）剡源夏教房明士撰于宜其家人居"，拳谱记载有内家拳源流、示后昆篇等，是夏明士之孙夏宝峰在其祖居老屋（即宜其家人居）墙中发现的。据夏氏后裔口述，拳谱是夏氏祖上为防止内家拳失传而又不愿张扬，将拳谱写在最珍贵的家藏地契之上藏于墙中的（图6—3）。

　　夏氏一枝内家拳是明代后期内家拳夏枝溪一支传承下来的，虽然保留了原始内家拳的精华，但据夏宝峰先生称，有些拳术及器械套路已残缺，目前内家拳经民国时期剡源夏名士去表存真而保留下来的内家拳核心内容，主要有：七十二加一的变法、三十九打法、二十四加一的正侧，以及最精

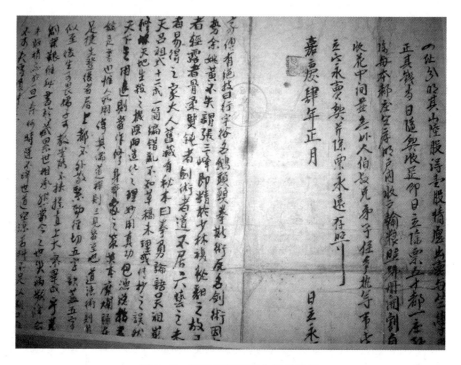

图6—3　夏氏家藏地契内家拳拳谱

华的小九天（阴阳十八法）和十二归一（即十三丹功），其中又有贯气诀、文十段、武十段、十二段锦及强硬拳术的四明长剑技和伤科易算等。拳谱有落路架、顺风锤、推扳手、南兵拳、内家醉八仙拳势、七十二行拳、雷公飞心腿、三十六计拳、玄功绝技（分贯气诀、文十段、武十段、十二段锦等）、十二成一、龙形圣手（分靠打、缠打、脱打）、四明兵谱（分短棍、四明刀谱、四明剑谱、四明暗器类等）①。

　　由于历史传承中的各种原因，流传至今的内家拳在技术特征、运动形式及拳理方面发生的一些变化，应是中国传统武术在历史演进中不可避免的，亦符合武术发展的历史规律，更有利于我们在其历史不同时期与各代传承过程中如何发现、研究这些规律，并积极借鉴与总结，为当代武术发展提供历史启示与理论依据。内家拳在当代社会中依然在武术拳理技法的技术实践及理论方面、传统武术的中药学经络理论和传统导引及武术传承中武德方面具有重要的历史文化价值，值得今人珍视与继承②。

二　明代浙东其他拳种、器械及民间武术家

　　当代武术史学者马明达先生指出："我国现存的传统拳种品类甚多，许多拳种都以历史悠久相标榜，实际上往往将一些传说附会之词掺杂其中，而缺乏真实可靠的史料根据，可信度甚低。研究证明，现存传统拳种多数是清代的产物，甚至是清中期的产物，真能追根溯源到明代的并不多，明以前的就更是微乎其微了。"③ 马先生的这个论断是建立在对明清武术文献考证研究基础上的正确之见。明代及明代之前的武术文献，即使是明代武术文献记载了诸多拳种名称，大多数也是没有很清晰地记承下拳种的历史源流及拳谱，当今的许多拳种名称虽然和明代文献上记载的拳种名称相同，但却并不能证明当今的这些拳种就是和明代拳种是一脉相承的，真正流传有序、追根溯源到明代的拳种是极少的。

　　在明代浙江除内家拳有着文献详细的记载，并且与当今流传有着文献史料及传人传承外，还有个别拳种、器械也存在类似的现象，虽然这些拳

---

① 引自四明内家拳总部资料，2008 年第 1 期（总第 3 辑），第 71 页。

② 周伟良：《试论明清浙东内家拳的拳理技法及文化价值》，《北京体育大学学报》2009 年第 12 期，第 103—104 页。

③ 马明达：《武学探真》（下册），逸文出版有限公司 2003 年版，第 49 页。

种没有内家拳那样详细的文献记载，但仍然可以从吉光片羽的文献及田野调查中寻觅，有的某种器械武术家仅在文献中被记载，但文献确凿表明这些拳种、器械及武术家技艺在浙江这块土地上存在过，从中国武术拳种历史悠久、渊源有序来看，这些拳种、器械及武术家在明代武术史上是值得记录在册的同时还有着极高的史料价值。在明代戚继光《纪效新书》卷十四《拳经捷要篇》中还记载有一种拳种——六步拳，"古今拳家，宋太祖有三十二势长拳，又有六步拳……各势各有所称，而实大同小异"①。六步拳也是至今流传在浙江的一种古老拳种，可惜戚继光仅记载下了拳种名称，在明代文献中亦没有发现其他记载。但在1929年杭州国术游艺大会上，浙江瑞安三十八岁的代表谢忠祥表演了六步拳，当时即引起许多观看的武术家重视，六步拳当时流行于浙江瑞安、乐清一带，每趟六步，表演后又经多次鉴别与评定，黄文叔认为六步拳以其古朴完整即为《纪效新书》中所记载的"六步拳"②。在中国武术史上有确切记载的拳种，浙江就有内家拳、六步拳等拳种，这在中国武术史上是具有重要意义的，内家拳及六步拳至今仍然在浙江民间流传。

明代浙江武术除了拳种外，还有一些文献记载的器械也在中国武术发展史上具有重要地位，明代浙江著名的具有地域特色的武术器械有狼筅、青田棍、钯、双手刀，并记载了精通这些器械的民间武术家。

狼筅是浙江独具特色的器械。戚继光在浙江练兵时，将狼筅创造性地吸收到其"鸳鸯阵"中，从而成为了对付倭寇刀法的独特器械。戚继光在其《纪效新书》卷十一《藤牌总说篇》的《狼筅总说》中，记载了狼筅的技法，主要有中平势、骑龙势、钩开势、架上势、闸下势、拗步退势③。较戚继光更早一些的武术家唐顺之在其《武编前集》卷五中亦提到了浙江狼筅："处州人使狼筅，右脚右手在前，阴阳手使挡扒亦多如此，犹左右开弓也"④，明代处州即指今浙江丽水。何良臣在《阵纪》卷二

---

① 戚继光：《纪效新书》（十八卷本），曹文明、吕颖慧校释，中华书局2001年版，第227—228页。

② 凌懿文：《浙江传统武术简史》，学苑出版社2012年版，第102页。

③ 戚继光：《纪效新书》（十八卷本），曹文明、吕颖慧校释，中华书局2001年版，第178—181页。

④ 《中国兵书集成》编辑委员会编：《中国兵书集成》（第13—14册），解放军出版社、辽沈书社1989年版，第796页。

《技用篇》中也记载了狼筅，并记载了狼筅使用之人、技法、制作、练习等，指出狼筅仅能防御而不能进行杀敌，狼筅主要在于防护短兵，以架住敌人兵器不入为目的等①。可见，狼筅是明代极具浙江地域特色的武术器械，在抗击倭寇战争中发挥过积极的作用。

明代浙江除了有在抗倭战争中大显威力的狼筅外，还有与明代少林棍法齐名的青田棍法。戚继光在其《纪效新书》卷十四《拳经捷要篇》中同样有记载："……少林寺之棍与青田棍相兼，杨氏枪法与巴子拳棍，皆今之有名者"，可以看出，明代青田棍法已经是与少林棍、杨家枪法等明代著名武术器械齐名的棍法，青田即指今浙江丽水青田县一带。何良臣在《阵纪》中记载有："紫薇山棍为第一，张家棍为第二，青田棍次之。"②虽然明代文献只记载了青田棍的棍法名称，但可以肯定的是在明代青田棍法已与少林棍法、杨家枪法齐名。由于文献的缺失，在如今青田棍技法已经难以窥见，不过，在当今浙江民间武术中青田棍是否如内家拳一样还在民间继续传承，尚有待于文献研究和田野调查的进一步推进，亦有研究者称青田棍依然在民间流传③。

明代浙江民间还有精通大钯的高手，据《宁波府志》记载，明代宁波慈溪有位叫边澄（诚）的武术家，这位边澄即是明正德年间宁波有名的武术家，比明代内家拳家张松溪成名还早。边澄精通钯法，正德元年（1506），有十几个倭寇曾持枪和边澄较艺，结果边澄使用大钯轻易打败了他们④。作为明代浙江有名的器械大钯，在江浙抗倭的戚继光也把钯法记载在其《纪效新书》中，"试叉、钯：先令自使，看其身手足法合一，复单人以长枪、短刀对较，能格架长枪、刀、棍，翼狼筅出入杀人为熟"⑤。大钯也是明代有名的器械，郑若曾在《江南经略》卷八上的《杂著·兵器总论》中记载了当时明代使钯之家有五：雄牛出阵钯、山间七埋伏钯、番王倒角钯、直行虎钯、稍拦跟进钯。大钯（扒），是南方称谓，北方称之为"钢叉"。大钯原为南方水乡生产农具，用作南方水网交织之地捕鱼的鱼叉，在山区也为猎兽的利器，在明代还进入了军事及武术

① 何良臣：《阵纪》，军事科学出版社1984年版，第105页。
② 同上书，第100页。
③ 凌懿文：《浙江传统武术简史》，学苑出版社2012年版，第66页。
④ 曾昭胜等：《南拳·棍钯刀》，广东人民出版社1983年版，第60页。
⑤ 戚继光：《纪效新书》，马明达点校，人民体育出版社1988年版，第93页。

器械之列后，因而也被称为"权钯"。明代军事武艺及民间都将大钯作为一种重型武器，其威力不可小觑，历来受到军事家及民间武术家的重视，更是独具江南水域特色的器械。

明代浙江是抗倭的最前线，明嘉靖年间倭寇侵扰江浙一带尤甚，而倭寇擅长的倭刀法也因而得以流传在浙江一带。戚继光曾将其在明嘉靖四十四年（1565）浙江台州大捷中缴获的倭刀刀谱记载在其晚年修订的《纪效新书》十四卷中，并将倭刀习法也记录了下来①。明代倭刀法在流入浙江民间后，融合了中国武术刀法特点，从而形成了双手刀法。这种双手刀法在明代已经在浙江盛行，并有得到倭之真传的民间武术家，浙江武林教师刘云峰即是著名的一位。刘云峰是相关文献中屡屡提到的一位精通倭刀的武术家，可惜文献对他的生平及武艺记载不多，仅提及他为浙江人，经过几番文献搜寻，在明代武术家程子颐《武备要略》卷十的《单刀说》中发现了有关刘云峰的一条记载："盖单刀者，乃双手所用一刀，故名曰'单刀'，其技擅自倭奴，左右跳跃，奇诈诡秘，令人莫测。其刀光耀射目，使人寒心，故长技每每败于刀，余甚慕之，故遍访其刀法，遇有浙江武林教师刘云峰者，得倭之真传，不吝授余。"② 在这条文献中，我们知道刘云峰是浙江武林人，即浙江杭州人。知道刘云峰具体是哪里人，对我们深入认识明代倭刀法的流传以及对后世的流传具有重要的史料意义。当代倭刀法即民间所谓的"双手刀"，目前主要有河北天津一支及由马凤图从河北带往甘肃的一支，双手刀法是如何从东南浙江一带流传过去的，还有待于史料的进一步发掘。但中国武术史上有关双手刀最早的记载起源于戚继光在浙江台州得到的倭刀真谱，最早记载"得倭之真传"的民间武术家是刘云峰。据笔者推测，双刀法从南往北流传的途径或许就是经京杭大运河北上到达河北天津地域，因为在明代交通传播极为不便，而京杭大运河则是唯一一条贯通南北的便利途径。当然也不排除有在浙江抗倭精通倭刀法的将士在随戚继光北往京畿镇守时带过去的，或者有精通双手刀的浙江民间武术家流往北地。种种推测都离不开浙江是明代双手刀的重要发源地和传播中心这一事实。浙江刘云峰精通的双手刀，与当代在天津一带

---

①　戚继光：《纪效新书》（十四卷本），范中义校释，中华书局 2001 年版，第 82—83 页。

②　程子颐：《武备要略》（十四卷，四库禁毁书丛刊，子部第二十八册，明崇祯五年刻本，中国科学院图书馆藏），北京出版社 1997 年版，第 336 页。

流行的双手刀（又称"苗刀"）似乎有着一些历史的渊源，但是否仅凭目前所有的文献就能推测出明代浙江双手刀法是随着军旅往来和民间武艺交流并通过京杭大运河而向北传播到天津一带的呢？答案当然是否定的，笔者的推测还有待于更多文献史料的证明。但毫无疑问的是当今双手刀法源流地是浙江，因为最早有关倭刀及倭刀原谱出现地的记载均是浙江，最早精通倭刀法的民间武术家是浙江的刘云峰。还有一位与刘云峰同学倭刀的即是明代江苏常熟民间武术家石敬岩。

　　另外，在抗倭战争中还有一位前去浙江援浙抗倭、师从壮族武术家瓦氏夫人的双刀法传人，为双刀法在浙江传播作出过具大的贡献。他就是被称为"天都侠少"的项元池。项元池还将双刀法传给了明末清初枪法大家吴殳。在明代的浙江余杭，还有一位为中日武术交流作出深远影响的民间武术家陈元赟，曾将少林武术及大名捕人术传到日本，同时，他还是日本柔道鼻祖。有关陈元赟的史料将在后面相关章节详论。

　　综上所述，在明朝，浙江的武术是相当发达的，不仅有源流有序的内家拳、六步拳，还有青田棍、大钯、双手刀、双刀等技艺。有的武术家还对中外武术主流作出了重大贡献。浙江武术之所以发达主要是因为浙江是明代抗倭战争的主战地，同时，军旅武艺与民间武术之间频繁的交流也为浙江武术的发展提供了极大的便利。当然，浙江武术的发展也与浙江武术根基深厚、民间武术发展的成熟度高有关。

第四节　明代西南壮族武术——瓦氏夫人及"狼兵"壮族武艺考述

　　明代，岭南壮族的粤右（广西）"狼兵"因被朝廷征用，在抗倭战争中大显身手，令不可一世的倭寇闻风丧胆，从而使"狼兵"名震天下。"狼兵"使用的武艺是壮族武术的一部分。我们通过历史典籍中记载的"狼兵"，希望能认识明代西南少数民族壮族文化中壮族武术发展的历程；并通过研究壮族武术在抗倭战争中发挥的作用，探究壮族武术在维护国家统一，抵抗外族入侵，促进与中原文化交流方面作出的历史贡献。壮族武术文化通过"狼兵"的赤胆忠心，在中国战争史上留下了精彩的一笔，同时，也为壮族与中原之间武术、医药、军事等方面的交流作出了积极的贡献。

一 "狼兵"的起源

"狼兵"也称为"土兵""俍兵"。俍，指明代中叶至清代主要分布于广西一带的瑶族、侗族、壮族等少数民族，"狼兵"在明时专称广西东兰、那地、南丹、归顺诸土司的兵。

要理解"狼兵"的起源，首先要弄清什么是土司及土司制，因为"狼兵"属于土司管辖，也只有土司才可以指挥"狼兵"，在土司制下才可以发挥"狼兵"的作战威力。

土司是一种官职，黄现璠在《壮族通史》中的表述为："在桂西少数民族地区，在宋平定侬智高起义后，封当地的土酋为土官，并成立土州、县、洞，这些土州县洞的政治、经济、文化制度都与汉族官制辖的地区不同，故称为土司。"① 土即指当地人，司意为管理，土司即为当地人管理的地区。土司制度可以追溯到唐代的"羁縻"制度，所谓"羁縻"就是招抚偏远地区少数民族的酋长首领，"以夷治夷"，给予少数民族一定的自主权，使用当地人管理，不派遣朝廷的官到当地管理。由于当地的酋长既有威信，又熟悉当地人的风俗习惯，有利于当地的统治。唐代在岭南道（广东、广西）少数民族地区主要采取羁縻制度，大者为州，小的为县或崞，先后在岭南道设置了 93 个羁縻州，尤以广西左右江流域的壮族地区为多，《桂海虞衡志·志蛮》有"羁縻州崞，隶邕州左右江居多"②。《岭外代答》卷十《僚俗》中有："一村中推有事力者，曰郎火"③，所谓"郎火"也即壮族的首领，后来"郎"逐渐成为一种标志首领身份，如侬郎高、黄郎道等④。土司制就是以壮族早期原始部落村社为基础，原先村中有事力者的"郎火"成为土官，有的成为土官下的头目，称为"郎首""土目"。壮族地区长期处于原始部落时期，各部落村社之间的宗族冲突时有发生，为保护本部落村社的势力及安全，各部落村社中都有组织本宗族青壮年进行军事武艺训练的"有事力者"，后来这些有事力者成为"郎

---

① 黄现璠、黄增庆、张一民：《壮族通史》，广西民族出版社 1988 年版，第 313 页。

② 蒋炳钊、吴绵吉、辛土成：《中国东南民族关系史》，厦门大学出版社 2007 年版，第 289 页。

③ 周去非：《岭外代答》，杨武泉校译，中华书局 2006 年版，第 416 页。

④ 土司制就是以壮族早期原始部落村社为基础，原先村中有事力者的"郎火"成为土官，有的成为土官下的头目，称为"郎首""土目"。

火"，其训练的部落青壮年，精于武艺搏杀，成为"郎兵"。后来明统治者可能由于语音等原因，更多的是对少数民族的一种蔑称，把"郎"变为"狼"。这在历朝统治者对少数民族的称呼上并不稀见，如将僮族称作"獞族"，将僚人称作"獠人"，这些都是对少数民族的蔑称。

"狼兵"是由广西壮族羁縻州及土司制下的各种乡兵发展而来，如峒丁、土丁、田子甲等。

峒丁，亦称为溪洞壮丁，为乡兵的一种，"羁縻州之民，谓之峒丁，强武可用"①。田子甲为峒丁的一种，为溪洞酋领家奴中的强壮有力者，"（峒酋）既各服属其民，又以攻剽山僚及博买嫁娶所得生口，男女相配，给田使耕，教以武技，世世隶属，为之家奴，亦曰家丁，强壮可教勒者，谓之田子甲，亦曰马前牌。皆青布巾，跣足，总谓之洞丁"②。这些峒丁、土丁大多在农隙间练习武艺及各种"坐作进退号令旗鼓之法"，由于土官对他们有生杀大权，因此，军纪严明，作战英勇。明邝露在《赤雅》卷一"狼兵"中有："狼兵鸷悍，天下称最。"③

二　从文献看"狼兵"的武艺及其在作战时的威力

在历史文献中我们难以找到"狼兵"个人武艺的记载，而"狼兵"作为作战组织在战争中的表现却在文献中多有记载，因而我们可以从这些文献的描述中推断"狼兵"的个人武艺及其作战时的威力，来领略壮族武术的一鳞半爪④。

"狼兵"多来自溪峒之民，文献中对壮族先民武艺的描写，可以为我们了解"狼兵"的个人武技提供参考："邕州溪峒之民，无不习战，刀弩枪牌，用之颇精……，道间麋兴与前，能合而取之；鸢飞于天，能仰而落之。"⑤ 由此可知组成"狼兵"的溪峒之民可谓武艺超群，而刀弩及枪牌

---

① 周去非：《岭外代答》，杨武泉校译，中华书局 2006 年版，第 133 页。

② 同上书，第 135 页。

③ 邝露：《赤雅》（丛书集成初编），商务印书馆 1936 年版，第 2 页。

④ 瓦氏夫人及其率领的"狼兵"所习练的武术应为壮族武术，即壮拳。据《广西武术》（内部资料）记载：流传在广西田阳、靖西一带的壮拳，历史悠久，历代均有壮拳高手，如唐、宋农民起义领袖潘长安、黄少卿、侬智高，明代抗倭巾帼英雄瓦氏夫人等均为壮拳高手，"狼兵"均熟习壮拳，从明代瓦氏夫人及狼兵抗倭中的武艺表现，可以对壮族武术作一了解。

⑤ 周去非：《岭外代答》，杨武泉校译，中华书局 2006 年版，第 135 页。

为狼兵所长之技，尤其是枪牌。宋时溪洞首领侬智高起义时的"蛮兵"
即为"狼兵"，"狼兵"所擅长的藤牌标枪，锐不可当，曾令宋军无法抵
挡，后为名将狄青平定①。"狼兵"从小就接受武技训练，骑射练到"儿
能骑犬，引弓射雉兔，少长习甲骑，应募为狼兵"②。明代壮族的儿童一
出生，就预示着他将是未来的一名崆丁，明邝露在《赤雅》卷一"炼刀"
有"儿时选精铁如儿童，渍以药水，及长，咒时炼日，刺熊冲坚，服以
终老"③，意为儿童出生时，即挑选一块和儿童一样重的良铁，并用药浸
渍，等儿童长大时将铁打成刀，教习武艺，并试刀是否为良刀。试刀时，
需要以肩负刀于牛颈下，能一负将牛杀死的即为良刀，此刀便会被终身携
带④。郑若曾在《筹海图编》卷十一《客兵附录》的"狼兵"记载："广
西狼兵于今海内尤悍，……东兰、那地、丹州之狼兵，能以少击众，十出
九胜。"⑤

　　"狼兵"除从小受到严格的武技训练且具有个人技勇"鸷悍"外，更
是拥有"天下称最"的法宝——作战时铁的纪律及阵法。嘉靖年间广西
土官瓦氏率万人"狼兵"子弟援浙抗倭，《粤西丛载》卷二十四《土官瓦
氏》记载瓦氏约束"狼兵"甚有法度："约所部不犯民间一粒，军门下
橛，辄亲视居亭，民诉部署夺酒脯者，立捕杀之，食尚在咽下。"⑥ 郑若
曾在《筹海图编》卷十一《客兵附录·狼兵》对"狼兵"的纪律及其作
战时的阵法有较为详细的记载⑦：

　　　　凡一人赴敌，则左右人呼而夹之，而一伍皆争救之，否则一人战
　　没而左右不夹击者临阵即斩，其一伍之众必论罪，以差甚者截耳矣；
　　凡一伍赴敌，则左右伍呼而夹击，而一队皆争救之，否则一伍战没而
　　左右伍不夹击者临阵即斩，其一队之众必论罪，以差甚者截耳矣；不

　　① 马明达：《说剑丛稿》（修订本），中华书局 2007 年版，第 174 页。
　　② 《广西通志》卷九十二《诸蛮》，文渊阁四库全书电子版，上海人民出版社和迪志文化
出版社 1999 年版。
　　③ 邝露：《赤雅》（丛书集成初编），商务印书馆 1936 年版，第 6 页。
　　④ 韦晓康：《壮民族传统体育文化研究》，中央民族大学出版社 2004 年版，第 201 页。
　　⑤ 郑若曾：《筹海图编》，李致忠点校，中华书局 2007 年版，第 735 页。
　　⑥ 汪森：《粤西丛载》（《笔记小说大观》第 18 册），江苏广陵古籍刻印社出版社 1983 年
版，第 285 页。
　　⑦ 郑若曾：《筹海图编》，李致忠点校，中华书局 2007 年版，第 735—736 页。

如令者斩，退缩者斩，走者斩，言恐众者斩，敌人冲而乱者斩，敌既败走伴以金帛遗地或争取而追蹑者斩，一切科条与世之军政所载，无以异而其既也。

所谓论功行赏之法：战没受上赏；当临阵跃马前斗因而摧敌破阵，虽不获级而能夺敌之气者受上赏；斩级者论虏以差，斩级而能冠所同伍者，辄以其人领之，故其兵可死而不可败。

岑氏家法七人为伍，每伍自相为命，四人专主击刺，三人专主割首，所获首级七人共分之，割首之人虽有照获主击刺者之责，然不必武艺之精绝也。

　　从这段文字的记载中我们可以推断："狼兵"铁的纪律是保证其在战斗中奋勇杀敌的强心剂，另外就是"狼兵"的以伍、队的作战阵法，并非仅靠个人高超的技勇，其极强的战斗力是通过个人、伍、队之间相互接应从而充分发挥集团的作战威力而体现出来的。因而"狼兵"在战斗中之所以能以一敌十，是因为铁的纪律保证了他们的阵法得以发挥出惊人的威力。此外，由铁的纪律激发出来的"可死而不可败"的视死如归的气概，使"狼兵"威震倭寇，即使残忍的倭寇也为"狼兵"这种不怕死的英勇所震慑。

　　"狼兵"作战的勇悍，与"狼兵"的生存环境及壮族先民的社会习俗有着不可分割的联系。"狼兵"多为峒丁、土丁，从小就有习武之俗。"狼兵"长期生活在原始落后的部落中，这些部落之间长期存在着互斗，这使人们养成了习武的风俗。同时，由于生产力落后，狼兵及其他部民们除依靠农业外，还需要依靠捕猎维持生存，在林密谷深的山地中追捕凶猛的野兽、与野兽搏斗都需要有较高的搏杀技能，因此"郎兵"及其他部民们必须有强悍的武技才可以制服野兽，也正是这种情境使他们养成了一种勇悍、刚烈的民俗心理，还形成了一种好武的传统。另外，"狼兵"是土官酋长的家奴，是维护土官酋长势力的武装。为了个人利益，土官对"狼兵"的武技和纪律会有很高的要求，希望能训练出"狼兵"极强的作战能力。"狼兵"在这种艰苦的生存环境及社会政治条件下，培养出了一种勇往直前，视死如归的精神。在特定的历史背景下，这种精神往往被用来维护民族独立，抵御外族入侵，并因此催生出了震撼人心的民族精神。"狼兵"用他们的忠义之血谱写了光辉的历史篇章，这将永远被镌刻在民族精神的历史丰碑上。

三 抗倭"狼兵"所代表的时代背景及其武艺表现

（一）倭患，迸血溅泪的民族恨——"狼兵"征调抗倭的时代背景

明自正德以后，武备荒废，国势日益衰颓，北虏南倭的状况愈演愈烈。特别是东南沿海的倭患，使得广大沿海地区民不聊生。明朝的军队又无法抵抗倭寇疯狂的冲击，在历史关键时刻，朝廷不得不调用"狼兵"，诚如当时南京兵部尚书兼浙江总督张经言："寇强民弱，非藉狼兵不可。"①

正是在这种内忧外患的交迫下，历史赋予了"狼兵"神圣的使命，也正是"狼兵"这次的万里来援，促进了壮族文化与中原文化多方面的交流，尤其是在武术及军事文化方面。后来中原的抗倭名将戚继光、俞大猷以及其他一些名不见经传的将领们，他们从"狼兵"那里吸收了很多有价值的经验，并加以创新，在一定程度上成就了他们的作为千古民族英雄的光荣事迹。然而，历史记载却很少关注到"狼兵"的这次不远万里抗倭之行。

（二）"狼兵"万里抗倭及其在与倭战中的武艺表现

明朝派遣使者于嘉靖甲寅年（1554）十一月到达梧州，调用左江的田州、归顺州及右江的南丹州、那地州及东兰州的土官所辖的"狼兵"，选田州的瓦氏夫人统帅各州土官及其"狼兵"，其中田州开始以一万三千"狼兵"踊跃应调，因"兵备不许"，最后瓦氏夫人带领女从40多人，其孙岑大寿、岑大禄及其头目锺南、黄仁领兵四千一百多名，战马四百五十匹，田州出兵最多；归顺州头目黄仁虎等领兵八百六十二名；南丹州土官之弟莫昆、莫从舜领兵五百五十名；那地州土目罗堂等领兵五百九十多名；东兰州土目岑褐等领兵七百五十名；共六千八百七十三名，因有虚数，史籍记载相差并不大。因当时田州之兵与右江三州之兵素不相睦，聚则仇杀，因此，朝廷派遣游击将军白泫和邹继芳分别管辖这些"狼兵"，白泫主管左江的田州及归顺州"狼兵"，邹继芳主管右江的南丹州、那地州和东兰州"狼兵"，但两位游击将军只有管理权，对"狼兵"没有生杀

① 郑若曾：《江南经略》卷八下《调狼兵记》（永瑢，纪昀编撰，《文渊阁四库全书》，第728 册），上海古籍出版社 2003 年版，第 457 页。

大权，因"狼兵"只服从各自的土官头目，"诸土司兵曰'狼兵'，皆骁勇善战，而内家尤劲，非土官亲帅之则内家不出"①。这支"狼兵"于嘉靖三十三年（1554）十二月四日从梧州出发，水陆下广东，从三水转溯北江而上，越过五岭之大庾岭进入江西，从赣州由鄱阳湖水陆沿长江到达镇江，又由京杭大运河至丹阳，在丹阳由于"丹阳尹避而不出，居民复闭户不纳"，瓦氏夫人率部徒步到奔牛镇，后经常州府尹派民船将其送往嘉兴，拜见了在那里的总督张经，此时已为次年二月中旬左右，这支"狼兵"行程近万里，历时达三月之久，可谓"万里远来，藉以靖难"（张经语）②。瓦氏夫人此行前，曾出豪言壮志："此行也，誓不与贼俱生"，乃由衷之言！

"狼兵"被派往苏州驻防，在苏州"狼兵"进行了一场盛墩首战，"狼兵首殪其渠魁一人，贼气沮，捐资于狼兵求脱，狼兵弗听，东西皆阻水，官兵南北夹击之，斩首一百余级，转战至杨家桥，又斩首二百余级，远近称快，更盛墩之名为胜墩"③，"狼兵"在苏州这次小试"牛刀"，即初露锋芒，令兵威大振，同时"狼兵"的气节也得以展现，即不为倭寇的物质诱惑——"捐资求脱，狼兵弗听"，可见"狼兵"远来，绝非为求物质之利。

瓦氏夫人率所部在苏州约月余，约在三月上旬被张经委派至总兵俞大猷帐下听用，领"狼兵"驻守金山卫（今上海市金山区所在金山卫镇）。金山卫历史悠久，秦汉即成市，明时置卫，其东壤倭寇巢穴柘林（约今上海奉贤南），南临大海，北接松江，西扼浙东（今嘉兴），为当时兵家战略要地。由于瓦氏所率"狼兵"在苏州初显威力，使得"贼闻之，退保柘林，坚壁不敢出"。"三月二十一日，贼分一支约二三千，南来金山，白都司率兵迎击，白被困数重，瓦氏奋身独援，纵马冲击，破重围，白乃得脱"④，从"奋""独""破"等文字描写，可以想象出瓦氏的武艺及其胆识，能以单骑救出被倭寇围困的白都司，没有极高的胆略及高超的武艺

---

① 汪森：《粤西丛载》（《笔记小说大观》第18册），江苏广陵古籍刻印社出版1983年版，第285页。

② 郑若曾：《江南经略》卷八下《调狼兵记》（永瑢，纪昀编撰，《文渊阁四库全书》，第728册），上海古籍出版社2003年版，第458页。

③ 同上书，第171页。

④ 中国历史研究社：《倭变事略》，神州国光社1946年版，第92—93页。

不啻羊入虎口，而就是这位敢独援倭寇重围中明朝战将的"狼兵"首领，谁会想到是一位已年过花甲的女将呢！"四月初八日，诸帅扬兵出哨，遇贼杀九贼而覆兵三百，明日，瓦氏侄恃勇独哨，贼复掩击，瓦侄杀六贼而人马俱毙"①，瓦氏侄名叫岑匡，是一位十七八岁的少年，得知明军杀九个倭寇却损失了300多人，实在气愤不已，竟独自出哨，并以一人之力杀六名倭寇，其武艺及勇气足以骇敌，由此可见"狼兵"的武艺和不畏强敌的英勇气概，可谓英气逼人，既打击了倭寇的嚣张气焰，同时也暴露了当时明军的软弱无能。瓦氏侄之所以战死，是因为"诸将集聚军门，辄以固守为上策，多观望不进，至是其（瓦氏）侄战死之"②，可见，瓦氏侄是一人战群倭，而明军则是看着他一人战死于倭刀之下，实在令人齿寒！"（四月）十一日，松江流贼数百，自官塘行掠舟犯嘉善县（今浙江嘉善），毁民居，劫库藏，进犯嘉兴，燹发双溪桥。适狼兵至郡，郡侯令赏饷犒兵，狼兵即击贼。一兵甫弱冠，独奋身冲锋，连杀七贼，兵众乘胜追击，斩获数十，贼皆披靡，弃舟走"③。从这段文字描写，让我们再次领略"狼兵"作战的勇猛及其武艺精湛，一兵可"连杀七贼"，凭借的不仅仅是勇气，还需要有高超的武艺，面对凶狠的倭寇，"狼兵"的勇猛可以使倭寇溃不成队，落荒而逃，这与明军的观望怯战形成了鲜明的对比，从另一侧面反映出了"狼兵"的武艺及战斗力。

嘉靖三十四年（1555）四月，奉嘉靖皇帝之命到松江祭海的工部侍郎赵文华到达松江，赵乃当朝奸相严嵩的义子，此次还有监察江南军务使命。赵文华贪功心切，蓄意督促张经派狼兵进攻倭寇老巢柘林（今上海市奉贤南靠海地区，为当时倭寇的老巢），当瓦氏夫人率"狼兵"途径漕泾（今上海师范大学一带）时遭到倭寇伏击，瓦氏夫人所率狼兵与倭寇展开了一场恶战，史称"漕泾血战"。由于瓦氏"狼兵"与几倍于己的倭寇兵力悬殊，致使这次"狼兵"损失惨重，瓦氏损失了得力的"狼兵"头目锺富（定律三虎之一）、黄维（秣马五豹之一）等十四名干将④及五六百"狼兵"，史书记载"群倭围瓦氏数匝，杀其家丁数人及头目锺富，

---

①　中国历史研究社：《倭变事略》，神州国光社 1946 年版，第 92—93 页。
②　同上。
③　同上书，第 85 页。
④　黄佩华：《抗倭女杰瓦氏夫人》，接力出版社 1991 年版，第 62—64 页。

瓦氏披发舞刀，往来冲突阵中，所乘马尾鬃，为倭拔几尽。（瓦氏）浴血
夺关而出，马上大呼曰'好将官！好将官'尽愤。当日，（明军）诸将拥
甲不前救也！"① 这次是瓦氏及"狼兵"的一次惨败，瓦氏损失得力"狼
兵"头目及几百"狼兵"，瓦氏夫人如果不是武艺高强，恐也难免葬身于
倭寇刀下。瓦氏夫人以花甲之躯，在倭寇群中"披发舞刀，往来冲突"，
在凶残的倭寇群中可以如入无人之境，得以全身而退，足见瓦氏夫人的武
艺之高和胆略，简直再现了历史小说中"入千军万马中，可取上将人头"
的关张风采！然而，前来增援的明朝军官却因贪生怕死拥兵不前，面对浴
血冲出倭寇包围时瓦氏夫人对着明军那感天泣地、怒不可遏的愤怒呼喊
'好将官！好将官！'使得我们至今读来仍然热血沸腾，为之扼腕叹息。
为明军见死不救而愤怒，更凸现了瓦氏夫人及千百狼兵的民族形象及可贵
的抗倭民族气节，他们用正义之血将抗倭的民族精神永远地镌刻在历史的
丰碑之上！

　　四月下旬，张经利用倭寇在"漕泾血战"中败"狼兵"的得意轻敌
心理，精心组织了一场抗倭战争，并取得了一次大捷，即"王江泾之
战"。在这次大捷中，瓦氏夫人率领"狼兵"对倭寇的"诱敌""伏击"
"截击"起到了至关重要的作用。开始由瓦氏率小部分"狼兵""引诱"
倭寇出其巢穴柘林，进入由俞大猷、参将宗礼统兵三千及"狼兵"二千
钩刀手设计的伏击圈，在两处兵夹击追杀下，斩获倭寇两百多人，倭寇落
荒向嘉兴逃窜，俞大猷及瓦氏率"狼兵"尾追逼迫倭寇进入更大的伏击
圈，瓦氏率"狼兵"回防金山卫，并负责增援和切断倭寇后路。倭寇在
逃往王江泾的石𭎟湾又遭到浙抚胡宗宪与保靖宣慰司土司兵的夹击，最后
倭寇逃往张经设计的王江泾大伏击圈。王江泾位于盛墩东南，嘉兴以北三
十余里，西靠大运河，东边是一片湖泽，是一个理想的歼击倭寇之地。五
月一日，王江泾北有明军卢镗，东有俞大猷、汤克宽，南有胡宗宪②，三
处合围夹击龟缩在王江泾的倭寇，"斩贼一千九百有奇，焚溺者无算"，
"余贼不及数百，奔归柘林"③，倭寇路过金山卫，"（初五日）瓦氏剿残

①　白耀天：《瓦氏夫人述论》，《广西民族研究》1995 年第 4 期，第 39—40 页。
②　同上。
③　同上。

贼一百五十有奇，则知归巢者无几矣"①。"（五月）十日，柘林贼空穴而出，南围金山城，大索瓦氏。缘前战白都司围，知其骁勇，故欲劫其众也"②。此次倭寇是为报王江泾之仇而专门围剿瓦氏及"狼兵"，由此也可以看出瓦氏及"狼兵"在王江泾大捷中所起的作用，给倭寇造成的巨大打击，倭寇对瓦氏及"狼兵"的恨之切，从另一个侧面反映出瓦氏及"狼兵"给倭寇造成了巨大的心理阴影，倭寇已经谈"狼"色变了，瓦氏及"狼兵"成为了倭寇的克星。瓦氏及"狼兵"在王江泾大捷中的"诱敌""伏击""截击"使得倭寇产生了"杯弓蛇影"的心理恐惧感。因此，从此次倭寇全体出击金山卫，大索瓦氏的报复行动中可以看出，倭寇把瓦氏及"狼兵"视为他们的最大敌人及眼中钉，不拔不快，由此可见瓦氏及"狼兵"在抗倭中的历史作用及地位。

瓦氏及"狼兵"在江浙的时间虽然不长，但却给当时深受倭寇烧杀侵掠之害的江浙人民带来了福音，在江浙人民的脑海中留下了难以忘却的记忆。有关瓦氏及狼兵的故事、民谣在当地人们中广为传颂，"花家瓦，能杀倭，腊而啖之有如蛇"③，就是瓦氏及狼兵留给江浙人们心底难以抹去的心灵印记！瓦氏夫人以花甲之驱，怀着"誓不与贼俱生"的信念与执着，跋山涉水，不远万里，以其高超的武艺及惊人的胆略，率领千百"狼兵"子弟兵出生入死，给不可一世的倭寇以致命打击，成为了气焰嚣张的倭寇的克星。瓦氏及"狼兵"刀锋之所向，倭寇及为之披靡，不管环境多么恶劣，倭寇多么诡计多端，即使误中倭寇奸计，陷入倭寇围攻，瓦氏及"狼兵"依然可以临危不乱，舞刀冲突，于倭寇群攻恶击的困厄逆境中力拦狂澜，杀出一条血路，令倭寇望之生畏，恨之入骨。瓦氏及"狼兵"的这种"骁勇善战，可死而不可败"的民族精神为其他文化提供了丰厚的素材，如明徐渭杂剧《雌木兰》即以瓦氏夫人万里抗倭为原型创作的④。

王江泾大捷之后不久，五月十六日，张经在奸相及死党赵文华的诬陷下，明世宗以"畏葸失机，玩寇殃民"之罪将张经解往京师问罪，瓦氏

---

① 中国历史研究社：《倭变事略》，神州国光社 1946 年版，第 94 页。

② 同上书。

③ 汪森：《粤西丛载》（《笔记小说大观》第 18 册），江苏广陵古籍刻印社出版 1983 年版，第 285 页。

④ 白耀天：《瓦氏夫人述论》，《广西民族研究》1995 年第 4 期，第 48—51 页。

及其"狼兵"也在张经被冤捕一个多月后，"七月初三日，瓦氏及狼兵回田州"①。自嘉靖三十四年（1555）二月中上旬不远万里跋涉到江浙，到七月初三日含恨回师。瓦氏及"狼兵"在江浙抗击倭寇的几个月里，与侵我国土、戮我同胞、劫我财物、烧我室庐的凶残倭寇展开殊死搏斗，瓦氏夫人所率"狼兵"凭借高超的武艺和一片铁血丹心，令不可一世的倭寇望"狼"即溃，谈"狼"色变，给倭寇以沉重的打击，在中国抗倭历史上书写了精彩的篇章。同时，瓦氏及"狼兵"这次的万里抗倭，也促进了壮族文化与中原文化的交流，尤其是武术、医药、军事文化方面的交流，他们的历史贡献是巨大的。

　　（三）明代壮族武术的发展

　　"狼兵"具有极强的战斗力，与其从小就接受严格的壮族武术训练是分不开的。从明代"狼兵"在抗倭战斗中所展现的武艺可以窥见明代壮族武术已经形成了独具壮族特色的武术体系，包括拳种、器械、跌打伤药及阵法等。

　　中国武术素以历史悠久著称，而研究证明现存传统拳种多为清代的产物，甚至是清中晚期的产物，真能追根溯源到明代的并不多，明以前的就更是微乎其微了②。而少数民族拳种可以追溯到明代的就更为罕见。壮族武术的壮拳及其器械在明代已经形成，有关壮拳拳种最早的记载可以追溯到两千多年前的宁明花山壁画中壮族先民所展现的武术形象。据《宁明州志》记载："花山距城五十里，江上峭壁书有赤色人形，皆裸体，或大或小，或持干戈，或骑马。……而且沿江两岸崖壁上如此类者多有。"③其中崖壁画中"都老"的练武功架图形与流传于左右江流域的壮族壮拳功法"七步铁线桩功"可谓神似功同，壁画中的年青武士身高体壮，体现了古壮拳对军士身体素质的提高有很好的作用。另外壁画中还展现了壮族武术中独特的器械，如环首刀、短剑、长枪、手镖、山弩以及竹箭等④壮族"狼兵"惯用的武术器械。壮族地区在明代及以前就出现精通壮拳的武术高手，如宋代庆历年间南下汉人将士皆称当地壮民世代相传此拳种

① 中国历史研究社：《倭变事略》，神州国光社1946年版，第96页。
② 马明达：《武学探真》（下册），逸文出版社2003年版，第49页。
③ 张声震：《广西少数民族传统体育》，广西民族出版社1991年版，第124页。
④ 广西壮族自治区民族研究所编：《广西左江流域崖壁画考察与研究》，广西民族出版社1987年版，第162页。

为"南蛮拳";当时著名的壮族起义军首领侬智高精通壮拳拳械,并将它广泛传播;明嘉靖年间抗倭名将、巾帼英雄瓦氏夫人率狼兵到江浙一带抗倭时将壮拳传入江浙,并吸收了北方长拳功架,使得壮拳后来兼备了北方大架子风格①。壮拳动作剽悍粗犷,形象朴实,功架清晰准确,沉实稳健,拳刚势烈,多短打,善镖掌,少跳跃,行拳中常借助壮语发声,借声气发力。功法有"站桩""打沙袋""抓石抹手""七步铁线桩功"等。壮族"狼兵"自小就习练传统的壮拳,并在土官严格训练下操习壮族各种独具特色的器械刀牌、梭镖、弓弩等。"狼兵"在战斗时一般配备多种器械,既长于远击阵战又善于近身肉搏。据《岑氏兵法》中《器略》记载狼兵使用的器械主要有:戟(天狼长戟、雌雄短戟)、刀(双刀又称"鸳鸯刀"、柳叶弯刀)、枪(断魂枪、锁喉枪)、棍(囚龙棍、水火棍)、叉(三阳叉、二龙叉)、盾(铁甲盾、藤牌盾)、箭(穿心箭、连环箭)、镖(蝴蝶镖、金钱镖),均为实用兵器;另外还有《拳略》中记载有肉搏格斗的拳谱、腿法等。"狼兵"作战时除个人手持惯用的器械如长枪、刀牌、双刀及叉、棍外,身上均配有弓弩、短刀。经过长期训练的"狼兵"不仅在器械方面,个个善于在各自为伍的阵战中"以短降长",而且在近身肉搏中亦有专门的壮族拳法得以施展,配以贴身的弓弩、短刀,足令倭寇为之匮散②。从明代"狼兵"在抗倭战斗中所展现的武艺可以窥探明代壮族武术已经形成了独具壮族特色的武术体系,包括拳种、器械、跌打伤药及阵法等。

四　抗倭"狼兵"所代表的壮族文化与吴越文化的多元交流与融合

(一)"瓦氏双刀法"——壮族武术文化与吴越武术文化的交流

明代是中国武术体系的形成时期,明代是一个内忧外患十分严重的朝代,"南倭北虏"的困扰,促使明朝建立庞大的军事机构,军队中较重视士兵习练武术,并培养出了一批杰出的军事将领,如戚继光、俞大猷等均为对武术的发展有创造的人物③。瓦氏夫人及"狼

---

① 广西壮族自治区武术挖掘整理办公室:《广西拳械录》(内部资料),1985年,第1页。
② 岑沫:《壮族女英雄瓦氏夫人率广西狼兵抗倭之谜》,《文史春秋》2010年第7期,第43页。
③ 郭志禹:《中国武术史简编》,人民体育出版社2007年版,第104—105页。

兵"的这次万里抗倭，虽然时间不是很长，但也使得壮族武术和中原武术得以交流和融合，尤其是给明代民间武术增添了色彩，也使得在抗击倭寇中令倭寇胆战心惊的瓦氏夫人双刀法得以流入中原武术百花园，成为其中一枝奇葩！

我们能够知道瓦氏夫人的双刀法流传到吴越一带，要感谢明末清初江苏娄江县的武学大师吴殳《手臂录》中的一首《双刀歌》①：

双刀歌
吴殳

岛夷缘海作三窟，十万官军皆暴骨。

石柱瓦氏女将军，数千战士援吴越。

纪律可比戚重熙，勇气虚江同奋发。

女将亲战挥双刀，成团雪片初圆月。

麾下健儿二十四，雁翎五十齐翕忽。

岛夷杀尽江海清，南纪至今推战伐。

天都侠少项元池，刀法女将手授之。

乙亥春钞遇湖上，霜髯伟干殊恢奇。

谓余长矛疏远利，彼已填密须短器。

绕翠堂中说秘传，朔风六月生双臂。

侠士不久归天都，余手精熟如鼓枹。

犹意左右用如一，每当碰斗多龃龉。

眼前两臂相缭绕，殊觉神思非清虚。

后于渔阳得孤剑，只手独运捷于电。

唯过拍位已入门，颇恨不如双器侧。

乃知昔刀未全可，左右并用故琐琐。

今以剑法用右刀，得过拍位乃用左。

手眼清快身脚轻，出峡流泉风撼火。

始恨我不见古人，亦恨古人不见我。

瓦氏夫人在抗击倭寇中的大显身手，我们从文献中可以窥探一斑，瓦

---

① 吴殳：《手臂录》，山西科技出版社 2006 年版。

氏的双刀法是在战场上血与火的厮杀中经过实战检验的，瓦氏夫人以年逾六十的高龄，仍驰骋疆场，舞动双刀斩杀倭寇，她的双刀舞动起来不见刀影，翻动如电闪，令倭寇眼花缭乱，稍一怔就足以使人头落地，"女将亲战挥双刀，成团雪花初圆月"，就是对瓦氏双刀法的真实写照。我们不难想象，瓦氏夫人深怀报国之心，从小习武，其武艺经过四五十年的实战，已达到很高的水平，作为一名武术家，其在抗倭中显示的高超武艺，必会得到当地武术人的青睐，并投入瓦氏门下学习其精湛武艺，吴殳的《双刀歌》中为我们提供了这一答案。"天都侠少项元池，刀法女将手授之"，表明当时被称为"天都侠少"的项元池即师从瓦氏夫人学习双刀绝技，并得到了瓦氏夫人的亲授，这一时期大约为嘉靖三十四年（1555 年 2 月至 6 月），为瓦氏夫人率狼兵在江浙一带抗倭期间。也就是在此期间，"瓦氏双刀法"在江浙一带得以传播，并融入中华武术百花园中。1989 年6 月 18 的《中国体育报》即刊登了马明达先生的《瓦氏夫人》，其中有介绍"瓦氏双刀法"的流传情况。就在瓦氏离开江浙的八十年后，"乙亥春杪遇湖上，霜髯伟干殊恢奇"，也即崇祯乙亥年（崇祯八年，1635）春，时年二十五岁的吴殳（1611—1695）在湖州遇到了"霜髯伟干殊恢奇"的项元池，此时的项元池虽然已经须发如霜染，身材却仍然高大伟岸，气宇不凡。吴殳拜项元池为师，成为"瓦氏双刀法"的再传弟子。吴殳不仅从项元池处学习了瓦氏夫人流传下的双刀绝技，也从其师项元池那里了解到了瓦氏夫人的武艺及其英雄事迹，并为之感动而将这段历史写成了这首《双刀歌》，为我们留下了宝贵的史料。可以想象，如果没有吴殳的《双刀歌》，我们将无法知晓瓦氏的双刀法是否在江浙一带流传过，我们也无法更多地了解瓦氏夫人这位为抗倭作出了巨大历史贡献的巾帼英雄，我们要感谢武学大师吴殳为后人提供了这段宝贵的历史记忆，使得瓦氏夫人的武艺及其故事得以在历史长河中幸免于湮没。"绕翠堂中说秘传，朔风六月生双臂"，当时吴殳在湖州绕翠堂中学习瓦氏双刀绝技，正值六月的暑天，亲眼见证项元池演练双刀时，双臂运刀，令人有寒风凛冽之感，足见其功力之深[①]。通过项元池，吴殳再次领略到了瓦氏夫人双刀的精妙及功力的深厚。从明代的项元池到清初的吴殳，表明瓦氏夫人的双刀绝技至少清初时在江浙一带仍有传承人。吴殳是一位对枪法有着很深研

①　马明达：《说剑丛稿》（增订本），中华书局 2007 年版，第 81 页。

究的武学大师，也是一位善于创新的武术家，他将所学的瓦氏双刀技法融入其枪法研究中，在《手臂录》卷之一的《短降长说》，有"迫近彼枪，乃田州土司瓦氏女将双刀降枪之法，而余移之于枪者也"，在此吴殳专门论述瓦氏双刀的特点及其临战应用，并把此法称之为"瓦氏双刀降枪法"，在吸收瓦氏双刀绝技的同时，还在枪法改进上对瓦民双刀法进行了大胆借鉴。《双刀歌》中的"谓余长矛疏远利，彼已填密须短器"，即是其师项元池告知的瓦氏双刀法中的"短降长"之秘诀。

瓦氏夫人的双刀法不但为中华武术百花园增添了色彩，也充实了明代的武术体系，为中原武术文化提供了丰富的技术和理论来源，促进了壮族武术文化与中原武术文化的交流与融合。瓦氏夫人不但是一位能征善战的军事武将、民族英雄，同时也是一位武艺自成一派的真正的武术家。瓦氏夫人在江浙一带亲授武艺，传授壮族武术及兵法，为中华武术的传承作出了一定的贡献。

（二）"三七"金疮药传入中原：壮族与吴越之间的医药文化交流

瓦氏夫人率狼兵在江浙一带与倭寇进行多次激战，在冷兵器时代，短兵相交，外伤时有发生，作为世代领兵作战、精通武艺的瓦氏，不远万里抗倭，自然深深了解这一点，那么随身必然挟带有壮族独特的金疮药，以备用之，而且自古武医不分家。瓦氏夫人在江浙不吝将其"双刀绝技"传给当地的武术后辈，同时也将壮族独特的金疮药——三七，留给了江浙人民，为中国医药文化留下了又一宝贵的财富。明代壮族地区盛产一些对刀枪、断骨等治疗有奇效的草药，除"三七"外，还有"接骨草，苗似竹节，可续断骨；刀枪草，细叶黄花，止金枪血"[①]。

"三七"又有"人参三七""田七""金不换""盘龙七"等不同俗称，以云南文山州、广西靖西县产地的三七质量为上等。有关"三七"最早的文献记载，大概是明安徽休宁人叶权（1522—1578）游历岭表时，根据"耳所的闻，目所习见，素心师友所述"而撰的《贤博编》中的记载[②]：

---

① 汪森：《粤西丛载》（《笔记小说大观》第18册），江苏广陵古籍刻印社出版1983年版，第267页。

② 叶权：《贤博编》，中华书局2008年版，第34页。

广西东兰、那地、南丹三州蛮峒中山谷之间，出一种金疮药，名三七。状类土白术，味甘如人参而厚，草本生者。虽重伤，流血处量疮附之，一二宿即痂脱如故。又可治吐血等诸病。广西靖江王府中，传有服法。蛮尝被调发中国诛剿他寇，人持数两，多者数斤，防刀箭伤。归时以其余售，中国人重购得之。其赝者名水七，味薄恶不类人参。本草、方书俱不载，一神效药也。

这估计是记载有关"三七"疗效及传入中原的最早文献，在此叶权指出"三七"是由广西东兰、那地、南丹三州所征调的"蛮兵"（即狼兵）征剿倭寇时留下的，这才使得"三七"得以流入中原，并为世人所知。

比叶权稍晚的明代药物学家李时珍在其《本草纲目·草一·三七》（卷十二下）对三七有较为全面的描述①：

释名山漆，金不换。彼人言其叶左三右四，故名三七，盖恐不然。或云本名山漆，谓其能合金疮，如漆粘物也，此说近之。

生广西南丹诸州番峒深山中，采根曝干黄黑色，团结者状略似白，及长者如干地黄，有节味，微甘而苦，颇似人参之味。

根气味甘，微苦，温无毒，主治止血、散血、定痛、金刃箭伤、跌扑、杖疮。血出不止者，嚼烂涂或为末掺之，其血即止。亦主吐血、衄血、下血、血痢、崩中、经水不止、产后恶血、不下血、运血痛、赤目痛肿、虎咬蛇伤诸病。

此药近时始出南人军中，用为金疮要药，云有奇效。又云凡杖扑伤损，瘀血淋漓者，随嚼烂罨之即止，青肿者即消。散若受杖时，先服一二钱则血不冲心，杖后尤宜服之。

叶主治折伤跌扑出血，傅之即止，青肿经夜即散余，功同根。

从李时珍对"三七"的药效描述，可知"三七"为当时在军中秘密使用的特效药，至于由哪里传入，却说得隐晦。李时珍的《本草纲目》

────────────────

① 李时珍：《本草纲目》，文渊阁四库全书电子版，上海人民出版社、迪志文化出版社1999年版。

成书于明万历六年（1578），但《本草纲目》的撰写是从李时珍二十五岁时的嘉靖三十一年（1552）开始，一直到他六十一岁时的明万历六年（1578），前后共花费了他二十七年的时间。李时珍为写《本草纲目》，足迹遍及河南、河北、江苏、浙江、安徽、江西、湖北等广大地区，推测他当时并未到过远在南方边陲的广西田州（今靖西）及云南文山，对"三七"的外形不太清楚，但对"三七"的疗效却描述得非常详细，表明此时"三七"已流入中原，他亲自观察、实验过其神奇药效。李时珍所说的"此药近时始出南人军中"的"近时"是什么时候呢？那就是从他开始撰写《本草纲目》的嘉靖三十一年（1552）之后的一段时间里，而这段历史时间中广西南丹诸州番峒的"军人"（狼兵）得以来到江浙一带，史书记载的是嘉靖三十四年（1555）瓦氏夫人率狼兵万里来江浙抗倭，这一时间正与李时珍隐晦所说的"近时"相吻合，如果推测符合的话，可以断定，正是在这一时期瓦氏夫人率领的南丹、田州诸州的"狼兵"在江浙一带抗倭，并把当时在军中秘密使用的壮族人民的特效金疮药"三七"带入中原，使这种当时仅在广西番峒诸州军人中有着神奇疗效的金疮药能够为中原人士所认识。瓦氏夫人及狼兵的万里抗倭，显示了他们高贵的民族精神；此外，瓦氏夫人还在江浙一带不吝将其双刀绝技传授给有志后辈。瓦氏夫人及狼兵带给中原人民的还有另一个重要贡献，就是将历代仅在土司军中秘密使用的特效金疮药"三七"留给了江浙人民，为中原人民解除外伤及出血之痛作出了重要贡献。总之，瓦氏夫人及狼兵的民族精神和他们所作出的历史贡献值得人民铭记。

"三七"在壮族中何时开始使用及其具体分布，我们在文献中难以寻找到答案，大概是因为壮族地区明以前大多受土司、番峒的土族管辖，因而文献记载较少。查阅明时的《广西通志》也没有见到关于"三七"的记载，万历二十七年（1599）苏浚在《重修广西通志》卷四十二《物产》记载"三七，南丹、田州出，而田州尤妙"[1]。清代在广西为官，曾任桂林府通判的汪森在其《粤西丛载》卷二十一《物产》中对"三七"也有描述[2]：

---

① 白耀天：《瓦氏夫人述论》，《广西民族研究》1995 年第 4 期，第 54 页。

② 汪森：《粤西丛载》（《笔记小说大观》第 18 册），江苏广陵古籍刻印社出版 1983 年版，第 267 页。

三七，南丹虽产，盖少而味劣，不若田州产多而更佳。其味似人
参，每茎上七叶，下三根，故曰三七。

重拟两金，一名金不换，一名血见愁，专治血症。

由此可知，世人之所以称"三七"为"田七"，盖因在明清时南丹、田州均产三七，由于田州所产三七在数量、质量都远胜于其他诸州，故而称为"田七"。"三七"在明代传入中原以前，均在土司诸州土官中秘密使用，世代秘而不传，故而难以为外人知晓，为中原人士知晓后，对其疗效及药理也有了更多的了解。清乾隆时的赵学敏为拾遗补正《本草纲目》而完成的《本草纲目拾遗》中，其曾经对三七与人参做了对比研究："人参补气第一，三七补血第一，味同而功异等，故称人参三七，为药之最珍贵者"。由此足以见证，在明代那个医疗相对不发达，草药极其珍贵的时代，对外伤及出血症有着奇效的三七，是多么的珍贵，称其为"金不换""参三七"一点都不为过。而在军中，多有死伤发生，金疮药对军人的生命更为珍贵，那个时代，"三七"能得以流入中原，实为瓦氏及"狼兵"之功、中原百姓之福，因而也反映了瓦氏夫人及其率领的"狼兵"此行的重大历史意义。

"三七"能得以在中原为世人所知的原因，一是瓦氏夫人率领的狼兵来江浙抗倭时，"三七"作为"狼兵"随身挟带的金疮药随着"狼兵"在抗击倭寇中的使用，在军中得以传播。二是瓦氏夫人在传授其武艺时将"三七"也传给了当地有志的武林人士。瓦氏夫人能毫无保留地将自己身经百战的武术"双刀绝技"传人，自然也能将在壮族土族中秘而不传的金疮药"三七"传人。况且一般医武不分，在日常习武中，外伤时有发生，这种特效的金疮药自然也为跟随瓦氏夫人学艺的传人所知晓，并将之传扬开去。三是在嘉靖三十四年（1555）七月初，因张经被冤逮捕入京，瓦氏夫人及所率"狼兵"心灰意冷而中途返乡，因当时明朝不会给瓦氏及所率狼兵以充足的军饷补给，在返乡时，将军中所剩的部分珍贵金疮药出售，以换取返乡旅费，当时以瓦氏所率狼兵最多，有四千多，由于"三七"为军人所必备之药，故而瓦氏所率狼兵的"三七"也最多。在瓦氏所率狼兵抗倭时，狼兵所得的军饷比明军要少得多，汪森在《粤西丛载》卷二十四《土兵》有："汉兵行有安家、行粮，而土兵只有行粮，省

费一倍。每兵一日仅白金一分二厘耳。"① 以当时的物价仅能买二升米，而当时的平民百姓一天的食量为一升，那么"狼兵"行军打仗，都是年青力壮之人，两升米也只能勉强填饱肚皮之用，因此，我们可以想象瓦氏所率"狼兵"在返乡时只能靠将平时宝贵的"金不换"出售并换取钱粮用以路途遥远的川资之用，这也在无意之间给中原人民留下了宝贵的医药财富。"三七"金疮药得以为中原人们所知晓和使用，促进了壮族医药文化与中原医药文化的交流，可谓瓦氏及"狼兵"万里抗倭留给中原文化的又一宝贵财富。

（三）瓦氏"岑家兵法"与吴越的军事文化交流

1. 瓦氏"岑氏兵法"与倭寇之阵的较量

瓦氏及所率"狼兵"在江浙抗击倭寇虽仅半年多，却"十出而九胜"，给不可一世的倭寇以沉重打击，成为倭寇的"眼中钉"，为倭寇所惮。其胜利的秘诀不仅仅是瓦氏夫人及"狼兵"作战的勇敢，更为重要的是"狼兵"个人勇猛的武功与瓦氏独特的行兵布阵之法即"岑家兵法"相配合。瓦氏的"岑家兵法"有着独特的作战原则和严格的军纪，而这些瓦氏独特的"岑氏兵法"被后来的抗倭名将戚继光、胡宗宪、俞大猷等吸收并加之以创新，这为抗倭战争的最后胜利奠定了重要的基础。可以说瓦氏"岑家兵法"为中原抗倭提供了许多丰厚的军事理论及战阵兵法的文化源泉，极大地促进了壮族与中原的军事文化交流。

瓦氏及"狼兵"到江浙之前，明军由于武备荒废，军无阵法，将兵武艺荒废，面对有备而来的倭寇，可谓不堪一击。倭寇个个身怀武功，凶悍狡诈，还善运用各种阵法，如太阳阵：倭寇遇敌时呈圆形集中，好像太阳一般的圆状阵形，太阳的四周可以不时伸出一支支利爪——突击小队，袭击敌人，若敌人攻击小队，则太阳阵转动，进而将敌人围在太阳中心，将敌人吞噬掉。倭寇还善用"蝴蝶阵"：走则倭寇追之围拢，群起如蜂拥而攻；胜则四散奔走；当争相割首则又合拢围击；诱深入其穴，散财宝于地，趁取宝而偷袭。总之，倭寇的"蝴蝶阵"是分分合合，攻防兼备，穿插迂回，变幻莫测，防不胜防，充分发挥倭寇的小队作战能力，又形成倭寇群起围攻的集体攻击力。明军面对倭寇是束手无策，遇之则损兵折

---

① 汪森：《粤西丛载》（《笔记小说大观》第18册），江苏广陵古籍刻印社出版1983年版，第285页。

将，久之，望倭即溃。

　　瓦氏所率"狼兵"无论在个人武艺还是集体阵法，都足以克制倭寇，成为倭寇的"克星"。首先瓦氏及其"狼兵"均为从小接受严格的军事武艺训练，瓦氏出身世代土司家族，自小习练家传武艺，嫁与岑猛后，又随夫习练武艺及"岑家兵法"，来江浙时，年逾六十，已有四十多年的统兵经验，个人武艺即使身陷倭寇阵中，仍可全身而退，足以证明瓦氏个人武艺高强。"狼兵"个个从小习武，壮族有从小习武的传统，"儿能骑犬，引弓射雉兔"，"少长习军骑，应募为兵"，可见"狼兵"的个人武功足以对付倭寇，有个别武艺精湛的"狼兵"甚至可以"以一杀六贼"。其次，"狼兵"的集体作战能力极强，"岑家兵法"有一套历代形成的阵法和严格的军纪，以保证阵法的实行，使得狼兵能够奋勇向前，勇不可当。故而，"狼兵"无论在个人武功及集体作战方面都足以对付倭寇。

　　2. 瓦氏"岑氏兵法"对中原军事的影响

　　瓦氏及所率"狼兵"此次的万里抗倭，对中原影响最大的可谓是对军事文化的影响，尤其是后期抗倭民族英雄戚继光、俞大猷等名将，都从瓦氏及"狼兵"那里学习到了许多珍贵的军事思想，并加以创新，可以说戚继光的"鸳鸯阵"及其练兵的思想均有"岑氏兵法"及军事思想的影子，我们无法否认二者有着一脉相承的深刻的渊源。

　　师承"岑家兵法"的"鸳鸯阵"。魏源在《圣武记》中说道："戚继光不募金华义乌之兵，教以阵法，击刺战船火器，则不能入闽平倭。……若宋之韩、岳，则各有背嵬军，明之戚继光，则全恃鸳鸯阵矣"[①]，可见戚继光的"鸳鸯阵"在抗倭战争中的作用，"鸳鸯阵"远以火器、弓弩作为掩护，近则以长短兵器配合作战，实为克倭之良法。"岑家兵法"以七人为伍，四人专主击刺（长兵，如狼牙棒、标枪等），三人专主割首（短刀类短兵），其中含有长短兵配合的军事思想。戚继光的"鸳鸯阵"以十二人为一队，居前一人为队长，次二人持牌（圆长各一），次二人持狼筅，次四人持长枪，次二人持短兵，末一人为火兵。作战时"二牌平列，狼筅各跟一牌，以防拿牌人后身，长枪每二支，各分管一牌、一筅。短兵防长枪进的老了，即便杀上。……交锋筅以救牌，长枪救筅，短兵救长

---

① 李辉南，黄家源：《瓦氏夫人的武术、兵法、功绩》，《广西武术》（内部资料）。

枪。牌手阵亡，伍下兵通斩"①。其"牌手阵亡，伍下兵通斩"与"岑家兵法"中的"凡一人赴敌，则左右人呼而夹之，而一伍皆争救之，否则一人战没而左右不夹击者临阵即斩，其一伍之众必论罪，以差甚者截耳矣；凡一伍赴敌，则左右伍呼而夹击，而一队皆争救之，否则一伍战没而左右伍不夹击者临阵即斩，其一队之众必论罪"的军纪思想是同源的，只不过在表达上更为简洁。戚继光"鸳鸯阵"的阵形、长短兵器配合都与瓦氏"岑氏兵法"有着很深的渊源，当然我们并非抹杀戚继光在吸收之上的许多创新，只是在探究戚继光创新"鸳鸯阵"及其军事思想的重要源头，从而重新认识曾被历史抹杀或忽视的历史真相。历史不能忽略壮族文化曾经为中原文化作出的重大贡献。

我们发现戚继光（时年二十八岁）与瓦氏夫人所率"狼兵"是同在嘉靖三十四年（1555）来到江浙的，瓦氏及其"狼兵"是三月到达，而戚继光是七月从山东调任浙江都司金书，负责屯局事务②。而戚继光自嘉靖三十四年（1555）至四十年（1561）这六年期间并无突出的军事表现，其间在嘉靖三十八年（1559）还因岑港"无功"而被革职。这期间戚继光在军事练兵及思想方面必经历了一段时间的酝酿，到嘉靖四十年（1561）四五月的台州大捷，戚继光（时年三十四岁）的军事才能才逐渐得以凸现。我们不得不寻找为什么戚继光在山东不能训练出战无不胜的"鸳鸯阵"，而是在到达江浙后又经过好几年才训练出令倭寇畏惧的"戚家军"呢？

瓦氏及"狼兵"万里抗倭并在江浙一带取得的战绩，是有目共睹的，这在当时的一些文献中均有记载。胡宗宪当时任浙江巡抚，曾与瓦氏并肩抗倭，郑若曾为胡宗宪的幕僚，郑若曾在其《江南经略》卷八下《调狼兵记》中记载"岑氏家法"之后有这样的评论："狼兵此法可以为用兵者之要诀，不可谓管见而不之师也"，在此，他明确提出"岑家兵法"及"狼兵"完全可以作为训练将兵的重要方法和典范，决不能眼见而不向他们学习！作为胡宗宪幕僚的郑若曾不会不将这一观点告知当时身负御倭重任的浙江巡抚胡宗宪，而胡宗宪对瓦氏"岑氏兵法"及狼兵战术、军纪

---

① 戚继光：《纪效新书》（十八卷本），曹文明、吕颖慧校释，中华书局2001年版，第65页。

② 范中义：《戚继光传》，中华书局2003年版，第62页。

及训练也绝不会视而不见，而是大加赞誉，称其"能以少击众，十出而九胜"，并明确提出按照"岑氏兵法"及狼兵训练士兵的想法，在《筹海图编》卷十一《经略一·调客兵》中有"于本处应募民兵中，择其最骁勇者，各照狼兵、土兵之法，编为队伍，结为营阵，象其衣甲，演其技艺，习其劲捷，随其动止饮食。以一教十，以十教百，推而上之，日渐月染"①。而嘉靖三十五年（1556）二月，胡宗宪为浙直总督，主持东南剿倭，不容置疑，他定会令其下属按照此法训练将兵，而这时瓦氏及狼兵已经返回广西，抗倭大任不得不完全靠明军自己了，此时迫切需要明军自己训练一支像狼兵那样具有战斗力的军队，而当时在胡宗宪帐下的戚继光正是顺应历史趋势，在胡宗宪的督令下完成这一历史使命的。戚继光于嘉靖三十八年（1559）九月到义乌募兵，次年正月创"鸳鸯阵"，期间排除了各种阻挠，并在其上司胡宗宪的支持下，得以顺利进行，可以想象，没有胡宗宪的支持，完成这件事是不可能的，因为，戚继光当时为胡宗宪的下属，只有获得胡的支持和信任，他的计划才能得以进行。当然，募兵按照狼兵之法训练是胡宗宪早已就有的练兵思想，只有二者的思路一致才会促成这一历史任务的进行并将之完成。然而各类历史记载抹杀了胡宗宪的督令及其练兵方法，也抹杀了与"岑氏兵法"及仿照狼兵训练等一脉相承的师法渊源关系，这显然是不符合历史事实的。戚继光是不可能完全靠自己就在短期内创造出"鸳鸯阵"的，否则他在山东为什么没有训练成战无不胜的"戚家军"，到江浙后也是经过多年才得以创立以"鸳鸯阵"为主的军队，这与其上司胡宗宪仿照瓦氏"岑氏兵法"及狼兵的"择其最骁勇者，各照狼兵、土兵之法，编为队伍，结为营阵，象其衣甲，演其技艺，习其劲捷，随其动止饮食"的思想与督令有着密切关联，也说明戚继光这一时期创制"鸳鸯阵"、练兵及其军事思想与瓦氏"岑氏兵法"及狼兵是有着无可否认的师承关系及理论渊源的。戚家军的"号令严，赏罚信，士无敢不用命"的军纪，可谓与狼兵的"士可死而不可败"有着共同的表达；戚家军"牌手阵亡，伍下兵通斩"赏罚，也与"狼兵"的"凡一伍赴敌，则左右伍呼而夹击，而一队皆争救之，否则一伍战没而左右伍不夹击者临阵即斩，其一队之众必论罪"的家法有着何等相识之处。

---

① 郑若曾：《筹海图编》，李致忠点校，中华书局 2007 年版，第 729 页。

　　从以上分析我们可以看出戚继光无论是创立"鸳鸯阵"、练兵，还是其军事思想，都从瓦氏"岑氏兵法"及"狼兵"那里吸收了许多宝贵的经验，而这丝毫不会削弱戚继光作为民族英雄的形象，其最可贵之处是通过吸收而加以创新，参以己见，勇于创新，形成了更加有效的御倭军事阵法"鸳鸯阵"、练兵及一整套军事思想，并整理成《纪效新书》，为后世留下了珍贵的军事论著。《纪效新书》还为我们后人保留了明代珍贵的武术文化。从另一个侧面也表明瓦氏及其"狼兵"此次的万里抗倭为中原文化留下了许多珍贵的武术、医药和军事文化。试想，如果没有瓦氏及其"狼兵"此次的万里抗倭，也许明代抗倭历史将会改写，当时并没有显露锋芒的戚继光、俞大猷等，在明代抗倭后期或许也成不了倭寇的"克星"。

　　文献中大量出现的有关"狼兵"的记载主要在明代中后期，这一时期农民起义频繁及沿海倭寇为患，明朝统治阶级主要利用"狼兵"东征西调镇压闽、粤、赣、湘等各地农民起义，为封建统治阶级维护秩序，但狼兵此次浙江抗倭则是作为保卫国家疆土的正义之师而永留史册，足为后世铭记。另外文献对"狼兵"剽掠劫杀、军纪败坏记载颇多①，史载虽难免有所夸大，然亦非空穴来风。其中缘由需辩证看待："狼兵"亦有"真狼"与"土狼"之别，只有在岑氏统领下的壮族土司之兵才是"真狼"，而其他姓氏土司或流官所管辖的地方兵（包括壮、汉族土兵）称为"土狼"或"假狼"②。这就使得"真狼"与"土（假）狼"的军纪有很大差别，而由其他姓氏土司亲率的"真狼"相对较少，"土（假）狼"败坏军纪之事时有发生，而一般明代文献记载对此很难辨别。瓦氏所率"狼兵"军纪严明，所到之处秋毫不犯，深得当地人民拥戴，这在当时地方史志、野史及文人文集的记载中都能找到证据。曾经与瓦氏夫人并肩作战的浙江巡抚胡宗宪及幕僚郑若曾在其《筹海图编》和《江南经略》中均有记载，瓦氏所率"狼兵"当是"真狼"。

---

　　① 明武宗正德五年即有"狼土兵所过剽掠为害"而"令勿轻用狼兵"，大臣亦对狼兵之劫掠时有言及："所过剽掠劫杀，鸡犬不遗，谋之不藏，莫甚于此，然事已无及，愿自今勿轻调用"，以及"且狼兵所过，不减于盗"等记载。转引自卢仲维：《浅论广西"狼兵"》，《广西师范学院学报》（哲学社会科学版）1981年第2期，第34页。

　　② 岑沫：《壮族女英雄瓦氏夫人率广西狼兵抗倭之谜》，《文史春秋》2010年第7期，第35页。

　　我们感叹瓦氏夫人及其"狼兵"无法兑现其"誓不与贼俱生"的豪言壮志的遭遇。官场的黑暗阻挡了瓦氏及"狼兵"为中国抗倭战争作出更多贡献从而加速倭寇灭亡的历史进程。但瓦氏及"狼兵"此次的万里抗倭，也为壮族文化与中原文化在武术、医药及军事等方面的交流作出了巨大贡献，他们的民族精神及其壮举理应被世人铭记。

第 七 章
明代武术体系的基本形成

在明代，中国武术开始走向成熟，从明代丰富的武术古籍文献中我们可以看出：这一时期的武术以所谓的"十八般武艺"、趋于成熟的武术套路、种类繁多的武术拳种以及较为完备的武术功法为主要特征，标志着中国武术体系在明代基本形成。

第一节　所谓"十八般武艺"

一　中国武术"十八般武艺"名称演进

"十八般武艺"泛指多种兵器，在不同的时期有不同的名称。"十八般武艺"的说法最早曾在南宋华岳《翠微北征录》中被提及。《翠微北征录》为华岳向朝廷所进的奏表，他在《器用小节》中有："臣闻军器三十有六，而弓为称首；武艺一十有八，而弓为第一。"[①] 华岳是嘉定年间（1208—1224）武科状元，精通武艺。华岳曾这样描述自己的治学历程：从少年时代起一直到今天，每天都熟读兵家书籍，每日都学习兵家知识，经常探求兵家秘密技巧，时刻打听兵家先贤子孙、名将后嗣家传世袭的理论学问。凡是与用兵打仗有关的事情，没有不全面考察的；凡是与用兵打仗有关的地方，没有不到处勘探的。器用服食、行阵衣甲的制度有助于军事的，没有不广泛采集，了解其底细的；山林隐逸、英雄豪杰有精通军事的，没有不拜师求教，以增长见识的[②]。可见，华岳对当时军旅及民间的武艺相当熟悉，并亲自考察过，加之其出身武学，精通武艺，他的记述表明，此时期的"十八般武艺"，应是从军旅武艺"军器三十六"中挑选出来并在民间长期传习的武艺，此时期弓排在"十八般武艺"第一位。随

---

① 华岳：《翠微北征录浅说》，兰书臣、吴子勇注释，解放军出版社1992年版，第233页。
② 华岳：《翠微南征录北征录合集》，马君骅点校，黄山书社1993年版，第184页。

后在元代杂剧中出现了大量有关"十八般武艺"的唱词，如张国宾在《薛仁贵荣归故里杂剧》楔子有："每日则是刺枪弄棍，习演弓箭，十八般武艺无有不拈，无有不晓。……您孩儿学成十八般武艺。"① 纪君祥在《赵氏孤儿大报仇杂剧》第四折有："教的他十八般武艺，无有不拈，无有不会，这孩儿弓马到强似我。"② 在元杂剧中还出现了部分"十八般武艺"的具体名称，《逞风流王焕百花亭杂剧》第三折中有："若论着十八般武艺，弓弩枪牌，戈矛剑戟，鞭链挝槌，将龙韬虎略温习。"③ 将"十八般武艺"具体到了其中十二种。

二 明代武术"十八般武艺"

明代开始出现了"十八般武艺"的具体名称。元末明初人施耐庵在《水浒传》第二回"王教头私走延安府，九纹龙大闹史家村"中有："史进每日求王教头点拨十八般武艺，一一从头指教。那十八般武艺：矛、锤、弓、弩、铳、鞭、简、剑、链、挝、斧、钺并戈、戟、牌、棒与枪、杈。"④ 明谢肇淛在《五杂俎》卷五《人物一》中提到一位精通十八般武艺的人，此人名李通，为当时招募天下勇士时列为首选，无人可与其为敌，试其武艺时，十八般武艺皆能，并具体指明了十八般武艺：一弓，二弩，三枪，四刀，五剑，六矛，七盾，八斧，九钺，十戟，十一鞭，十二简，十三挝，十四殳，十五叉，十六钯头，十七绵绳套索，十八白打⑤。朱国祯在《涌幢小品》卷十二《兵器》提到的"十八般武艺"："武艺十八事，一弓，二弩，三枪，四刀，五剑，六矛，七盾，八斧，九钺，十戟，十一鞭，十二简，十三挝，十四殳，十五叉，十六钯头，十七绵绳套索，十八白打。"⑥ 明代文献记载的"十八般武艺"中开始出现了"白打"，《涌幢小品》在记述"武艺十八事"的同时对"白打"解释为："白打即手搏之戏。唐庄宗用之赌郡，张敬儿仗以立功。俗谓之打拳，苏州人曰打手。能拉人骨至死，死之速全在手法，可以日月计"。白打是指

---

① 藏晋叔：《元曲选》（第二版），中华书局1989年版，第315页。
② 同上书，第1490页。
③ 同上书，第1435页。
④ 施耐庵、罗贯中：《水浒传》，李贽评，上海古籍出版社2009年版，第25页。
⑤ 谢肇淛：《五杂俎》，上海古籍出版社2009年版，第98页。
⑥ 朱国祯：《涌幢小品》（上），文化艺术出版社1998年版，第262—263页。

徒手对抗的拳术，徒手拳术开始成为"十八般武艺"之一，显示出了明代武术的一个发展特点，即徒手对抗的拳术亦进入中国武术体系之中。

"十八般武艺"的具体名称虽有所不同，但大体覆盖明代武术器械的短、长、软、杂器械，而每种器械亦因形制不同，形成同型异制的兵器。何良臣在《阵纪》卷二《技用篇》也记载了一些同种器械的不同型制，如刀有凤嘴刀、三尖两刃刀、斩马刀、镰刀、苗刀、糜刀、狼刀、掉刀、屈刀、戟刀、眉峰刀、雁翎刀、将军刀、长刀、提刀，各有妙用；权有马权、燕尾权、虎尾权、三股权；其他还有五龙钯、钯尾鞭、丈八鞭、双钩枪、连珠铁鞭、鹰爪飞挝、开山斧、锉子斧、钩镰戟、铁锐、钩竿、天蓬铲、捣马枪、蒺藜椎、鸦项枪、鱼肚枪、狼牙棒、豹尾鞭、芦叶枪、流星椎、铁简、棨镬、掷远铁梧、环子枪、抓子棒、紫金标、八尺棍，不可悉数，各有专门；弩有不下数十种，其制其用各异[①]。茅元仪在《武备志》卷一百四《军资乘战器械》记载了一些少数民族及罕见的器械（图7—1），如棒棍有诃藜棒、钩棒、杆棒、杵棒、抓子棒、狼牙棒、大棒、少林棍式；牌有步兵旁牌、骑兵旁牌、手牌、燕尾牌、挨牌、藤牌；另外还有标枪、梭枪、连珠双铁鞭、铁简、蒺藜骨朵、蒜头骨朵、铁链夹棒、双飞挝、飞钩、飞锤、锐钯等[②]。

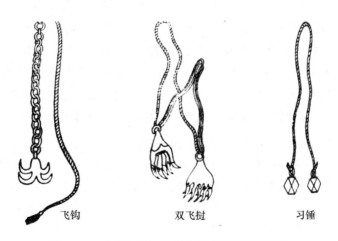

飞钩　　　　　双飞挝　　　　　习锤

图7—1　《武备志》卷104所录明代罕见兵器

---

① 何良臣：《阵纪注释》，陈秉才点注，军事科学出版社1984年版，第109—111页。

② 茅元仪辑：《武备志》，华世出版社1984年版，第4117—4158页。

"十八般武艺"这个词从泛指多种兵器到演变为指代具体名称，表明了武术在民间向庞杂方向发展的趋势与进程，并与军旅武艺出现了明显的不同发展趋向。武术器械形制的各异，必然带来技术的变化，形成不同的技击方法，并且使得武术器械的使用方法各异。同种器械发展成为不同形制，也会形成不同的使用方法，由此就会出现各种风格及不同流派的器械。

第二节　明代武术套路趋于成熟及其特征

一　明代武术套路趋于成熟

"套子"在宋代即已出现，也即后来发展而成的"套路"。关于宋代"套子"的记载，没有说明"套子"具体的活动形式，不过从吴自牧《梦粱录》中记载的"先以女飐数对打套子"，可知宋代的"套子"应是一种双人对练形式。明代出现了拳术、器械套路的图、谱、口诀，以及套路的运行路线。对套路的结构、运动形式有了明确的规定，有单练与对练两种演练形式，由此可见明代的套路形式较之宋代更加趋于成熟。明代程宗猷因"以前刀法，着着皆是临敌实用，苟不以成路刀势，演习精熟，则持刀运用，进退跳跃环转之法不尽。…故列成路刀法一图"[①]，为了使练习者便于记忆，他跟随得倭刀真传的浙江武林教师刘云峰学习刀法，并依据有势有法原则，依势取像拟名，创编了三十六刀势、谱，并绘制了刀的运动线路图。这是武术文献中最早记载的刀法路线，其运动方向为从右向左，来往运行，中间以弧线、斜线或8字型串连，其运行的套路路线已与当代套路路线相近（图7—2）。戚继光"择其拳之善者"，创编成了三十二势，并绘以拳势，配上拳诀。程宗猷的刀法图谱及戚继光的拳术图谱是最早记载的图、谱并茂的器械及拳术套路。

套路武艺在军旅武艺中被斥为"花法"，戚继光在《纪效新书》卷六《比较武艺赏罚》篇中指出："凡比较武艺，务要俱照示学习实敌本事真可对搏打者，不许仍学习花枪等法，徒支虚架，以图人前美观。"[②]何良臣也指出："外如花刀花枪，套棍滚权之类，诚无济于实用，虽为美看，

---

①　程宗猷：《少林刀法阐宗·续总刀图说》，山西科学技术出版社2006年版。

②　戚继光：《纪效新书》（十八卷本），曹文明、吕颖慧校释，中华书局2001年版，第91页。

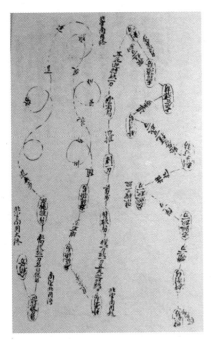

图7—2 程宗猷《单刀法选》中套路运动路线图

抑何益于技哉？是以为军中之切忌者，在套子武艺，又所恨者，在强不知而为之。"① 由此可见，讲究实用的军旅武艺是不允许练习套路武艺的，这从另一方面也表明军旅武艺已经受到民间套路武艺的影响，并且在军中存在。

明代武术发展成熟的标志之一，就是武术套路形式较宋代更趋成熟。

二 明代武术套路的运动特征

从明代有关武术套路文献的记载来看，明代拳法、器械均有趋于成熟的套路，拳法有势有图，但国内明代武术文献拳法运行路线图已流失，而流传到邻国朝鲜的明代武术文献《武艺图谱通志》中还保留有拳法运行路线图；明代器械已经有势、图及运行路线，如程宗猷的《少林棍法阐宗》《单刀法选》《长枪法选》。此外，程子颐《武备要略》中有关鞭、狼牙棒、大刀等器械的图谱，朝鲜存留的明代武术文献《武艺图谱通志》

---

① 何良臣：《阵纪注释》，陈秉才点注，军事科学出版社1984年版，第111页。

中还有对练、双刀图谱及运行路线。通过对明代文献中记载拳法、器械套路运动路线的研究，大体可以看出明代武术套路运动特征：

> 套路运行分段，奇数段多数从右向左运行，偶数短从左向右运行，套路运行为清晰的来往趟（段），最后基本还是回到原来位置，以两个来回为主，少则一个来回，不排除个别长兵器也有从左向右运行，如《武备要略》中的画戟、狼牙棒；套路运行路线由直线、曲线、弧线连接而成，并有进步、退步、转身在路线上说明，使得套路运行的起、承、转、合路线很清晰；套路运行路线图中可以清晰展现拳法、器械各个动作的相对位置方位，便于动作之间的位置及方位的确认。

从明代武术文献对套路的记载来看，明代武术套路基本已经形成，也与后世武术套路运动特征基本一致，由于明代武术的主体功能价值取向依然是攻防技击、民间私斗，这使得明代武术套路以刀、棍、枪、鞭、大刀、狼牙棒、峨眉铲等兵器为多，徒手搏击的拳法记载相对较少，当然这也许与拳法多流传于民间，武术家文化修养不高，难于记载成文献有关系。千百年来，中国武术是长期流传于民间广大群体中的，靠的是口耳相传，能有文献记载得以流传的多是文化修养较高的武术家所拥有的武术套路，这也是民间武术发展的特点。

第三节　武术拳种、器械及其流派的形成

明代以前多以刀、枪、剑、棍等器械武种为主，各家拳法亦鲜有记载。明代中叶以后，中国武术开始形成不同风格的拳种、器械门派体系，各家流派均以不同风格的拳法、器械或称雄一时、或各擅一技而名震一方。

一　并立争雄、竞相发展的明代拳法

在有关武术的文献资料中，明代以前的文献难觅有关拳种的记载，明代开始出现了一些与拳种相关的记载，且文献中记载的拳种种类繁多。如戚继光在《纪效新书》卷十四《拳经捷要篇》中列举的当时的拳种有：

宋太祖三十二势长拳、六步拳、猴拳、囮拳、温家七十二行拳、三十六合锁、二十四弃探马、八闪番、十二短、巴子拳；当时各擅其技的拳种代表人物有：吕红之八下、绵张的短打、山东李半天之腿、鹰爪王之拿、千跌张之跌、张伯敬之打①。唐顺之在《武编》前集卷五还提到温家长打七十二行着、二十四寻腿、三十六合锁，赵太祖长拳多用腿，山西刘短打用头、肘，长短打六套，用手、用低腿②。何良臣在《阵纪》卷二《技用篇》还记载了曹聋子之腿、唐养活之拿以及当时的拳术名家童炎甫、刘邦协、李良钦、林琰，并称他们"各有神授，世称无敌，然皆失其传，而不能竟所奥矣"③。明代郑若曾称"中国武艺不可胜纪，古始以来，各有专门秘法散之四方。……教师相传，各臻妙际"，并列举了当时流行的拳法十一家：赵家拳（赵太祖神拳三十六势、芜湖下西川拳二十四势、秣陵关打韩童掌拳六路）、南拳（似风、似蔽、似进、似退，凡四路）、北拳（供看拳凡四路）、西家拳（六路）、温家钩挂拳（十二路）、孙家披挂拳（四路）、张飞神拳（四路）、霸王拳（七路）、猴拳（三十六路）、童子拜观音神拳（五十三路）、九滚十八跌打拿，又有眠（绵）张短打破法九、内（吕）红八下等、破法三十六、拿法三十六、解法七十二、解法一百三十④。另外还有当时少林寺的少林拳，明末还出现了一种有别于"少林"的内家拳，代表人物有张松溪、单思南、王征南。内家拳的主要套路有六路与十段锦。内家拳在明代至清初有着清晰的传承谱系，为明末著名拳种流派。

明代文献记载的众多拳种的出现，表明明代民间武术开始形成了各成体系的拳种，并各有所长，已经形成"并立争雄，竞相发展的新阶段"⑤。而且这一时期，拳已经逐渐成为武艺之源，正如戚继光所言："大抵拳、棍、刀、枪、叉、钯、戟、弓矢、钩镰、挨牌之类，莫不先由拳法活动身

---

① 戚继光：《纪效新书》（十八卷本），曹文明、吕颖慧校释，中华书局 2001 年版，第227—229 页。

② 《中国兵书集成》编辑委员会编：《中国兵书集成》（第 13—14 册），解放军出版社、辽沈书社联合出版 1989 年版，第 784 页。

③ 何良臣：《阵纪注释》，陈秉才点注，军事科学出版社 1984 年版，第 100 页。

④ 郑若曾：《江南经略》（永瑢，纪昀编撰，《文渊阁四库全书》，第 728 册），上海古籍出版社 2003 年版，第 427—428 页。

⑤ 林伯原：《明代拳法门类的大量出现及其发展》，《体育文史》1991 年第 6 期，第 38 页。

手。其拳也，为武艺之源。"①

二 蔚为大观、卓有成就的明代刀法

林伯原先生指出："刀术是明代有较大发展的武术器械技能之一，自宋以来，朴刀、长刀、双刀等刀法在民间习武活动中已占有相当的地位，宋元话本、杂剧对此多有描写，但是有关诸家刀法的描述则少见，这一现象到明代开始发展变化。"② 曾长期生活在江南的郑若曾在其《江南经略》中记载了当时流行的十五家刀法：偃月刀（三十六刀法）、双刀、钩刀（阴手、阳手）、手刀、锯刀、掉刀、太平刀、定戎刀、朝天刀、开天刀、开阵刀、划阵刀、偏刀、车刀、匕首。③ 当然这仅是记载了郑若曾所了解到的当时有名的刀法，其他文献记载了其他刀法。如何良臣在其《阵纪》卷二《技用》篇中记载的刀法有："凤嘴刀、三尖两刃刀、斩马刀、镰刀、苗刀、糜西刀、狼刀、掉刀、屈刀、戟刀、眉锋刀、雁翎刀、将军刀、长刀、提刀之类"等十五种，并指出"各有妙用，只是要去走跳虚文，花套手法，始得用刀之实。故曰：不在多能，务求精熟。设或不精，反为所累。所以秘技有神授，如无真授，未可强为。授之不精，未可称技。精而不能变，犹为法之所泥"④。各样各式的刀由于其制作型制的各异，自然刀的使用方法也会根据其型制而不同，表明明代民间刀法的繁多，可谓蔚为大观、卓有成就。

明代嘉靖年间倭患剧烈，而倭寇擅长倭刀法，倭刀的制作及其刀法均得到当时军事家及武术家的青睐，如戚继光将在战争中得到的倭刀及倭刀刀谱记载在其晚年修订的《纪效新书》（十四卷本）中，民间武术家也将倭刀法和中国武术刀法进行了融合创新，出现了多位精通刀法的武术家，如安徽休宁的程宗猷、浙江武林教师得倭刀之真传的刘云峰、江苏常熟的石敬岩、安徽亳州的郭五等，正如有学者指出的，"倭刀术输入我国之时，正是我国民间刀法门类纷起之时，明人又重实战，因此促使了刀法的

---

① 戚继光：《纪效新书》（十八卷本），曹文明、吕颖慧校释，中华书局 2001 年版，第229—230 页。

② 林伯原：《明代刀法的丰富与发展》，《体育文史》1992 年第 1 期，第 47 页。

③ 郑若曾：《江南经略》（永瑢，纪昀编撰，《文渊阁四库全书》，第 728 册），上海古籍出版社 2003 年版，第 427 页。

④ 何良臣：《阵纪注释》，陈秉才点注，军事科学出版社 1984 年版，第 109 页。

研究"①。如明代程宗猷的《单刀法选》、明末遗民王余佑的《十三刀法》等，均为代表明代刀法技术的理论著作。但明代军旅武艺中刀法多数为"进退回旋，止可饰观"②之花法，故而戚继光在其《纪效新书》中吸收了当时民间长短兵各家各派的武艺精华，刀法却不在其列，这是因为他对当时刀法有着很清晰的认识："刀法甚多，传其妙者绝寡，尚侯豪杰续之。"③就在《纪效新书》（十八卷本）成书后的第二年，即嘉靖四十年（1561），戚继光在台州大捷中缴获了倭刀及习法"倭夷原本"。在其晚年万历十五年调任广东总兵时，重新将《纪效新书》十八卷本修订为十四卷本时，并在其中增添了倭刀谱及其习法④。

　　明代除了单刀技法发展较快外，双刀技法也有很大的发展。从明代武术文献史料来看，明代双刀不仅在技术上更加成熟，而且在理论上也有总结，民间善用双刀者不乏其人。双刀在元代及明代文献中都有记载，如元代的王英善用双刀，号称"刀王"，元末的赵普胜号"双刀"，还有明初的王弼因善用双刀，被称为"双刀王"。明代民间武术家善用双刀者更多，如明末江苏常熟的民间武术家石敬岩曾跟随本县县令耿橘学习双刀，后来出塞临阵时就用双刀；嘉靖年间从广西来浙江援浙抗倭的壮族巾帼英雄瓦氏夫人也是使用双刀的。瓦氏双刀法令倭寇闻风丧胆，而且瓦氏夫人还把双刀法留在浙江，传授给号称"天都侠少"的项元池，项元池又在明崇祯年间（1635）于浙江湖州绕翠堂将双刀法传授给江苏娄江人吴殳，吴殳将其跟随项元池学习双刀的事迹以《双刀歌》形式记载在其《手臂录》中，使得我们对明代双刀技法有了更深入的了解。民间善用双刀这一"时尚"武艺在《水浒传》里也有所体现，梁山英雄中有不少使用双刀的，如扈三娘、朱武、马麟、假扮头陀后的武松都用双刀⑤。在明代的双刀技法理论上，明代武术家唐顺之在《武编》前集卷五《刀》中主要对双刀技法理论进行了总结，指出双刀技法主要是"一手监住，一手抹刀"，深刻地指明了双刀技术的风格特点。但是在

---

①　林伯原：《明代刀法的丰富与发展》，体育文史，1992年第1期，第49页。

②　崔统华：《草庐经略注译》，解放军出版社1992年版，第10页。

③　戚继光：《纪效新书》（十八卷本），曹文明、吕颖慧校释，中华书局2001年版，第94—95页。

④　戚继光：《纪效新书》（十四卷本），范中义校释，中华书局2001年版，第83页。

⑤　马明达：《说剑丛稿》（修订本），中华书局2007年版，第82—83页。

明代，有关双刀的刀谱还很罕见，明代有流传到朝鲜的双手刀谱及马上双刀谱（图7—3）。

图7—3 朝鲜《武艺图谱通志》
中的"双手刀谱"

三 民间隐匿、域外存留的明代剑法

我国研究古代兵器的专家周纬先生在其《中国兵器史稿》中指出："剑之为物，在中国社会之意识形态中，自古迄今，具有一种不可解说之潜势力，此中虽由古时传统迷信所推演，而古剑艺术之成就，固有其优点：如冶铸淬炼之精，合金技术之巧，外镀之精良，剑上天然花纹之铸造，均为艺术上之超越成就，其为中华民族所崇尚，自有其物质上之原因也"①。古代的剑带有神秘感，其剑法亦得到了不断发展，但却逐渐隐匿失传，"古之言兵者必言剑，今不用于阵，以失其传也"②。我国古代的剑及剑法从春秋战国时期至秦汉的数百年间，无论在剑的制作上还是剑法技法理论上，都是我国兵器史和武艺史上的鼎盛时期，汉代以后剑逐渐退出了军旅之列而流入民间，宋代随着城市经济繁荣，市民阶层娱乐的发展，底层民间剑舞表演逐渐发达，此外"元时蒙古军短兵中剑斧之尖，故使剑道一度复兴。元亡之后，剑在军中鲜用，仍寄身民间发展"③。

明初由于朱元璋主张文武兼备之举，很多文人喜书乐剑，如"郑定，字孟宣。好击剑，为友定记室。……洪武末，累官至国子助教"④。"刘绘，字子素，一字少质，光州人。……绘长身修髯，磊落负奇气。好击剑，力挽六石弓。举乡试第一，登嘉靖十四年进士，授行人，改户科给事

---

① 周纬：《中国兵器史稿》，百花文艺出版社2006年版，第67页。

② 茅元仪辑：《武备志》，华世出版社1984年版，第4136页。

③ 林伯原：《明代的击剑活动与古佚剑诀剑法的搜寻》，体育文史，1993年第5期，第31页。

④ 张廷玉等撰：《明史》卷一百二十四《陈友定传》，中华书局2010年版，第3717页。

中"①。"张家玉，字元子，东莞人。崇祯十六年进士。……家玉好击剑，任侠，多与草泽豪士游，故所至归附"②。"徐汸，字方舟，桐庐人。幼轻侠，好击剑、走马、蹴鞠"③。"刘宇亮，绵竹人。万历四十七年进士。……宇亮短小精悍，善击剑"④。这些文献记载表明剑法在民间还是相当盛行的，尤其是在文人中，但民间武术家精于剑法者并不多见，而且军旅中剑法也已经不再是其主要使用的兵器。故而明代何良臣有"军中诸技，惟刀剑法少传，若能滚入，使长兵不及遮拦，便为熟矣"⑤。随后对当时的剑法进行了记载："剑用则有术也，法有剑经，术有剑侠。故不可测，识者数十氏焉。惟卜庄之纷绞法，王聚之起落法，刘先主之顾应法，马明王之闪电法，马超之出手法，其五家之剑，庸或有传，此在学者悉心求之，自得其秘也。"郑若曾在《江南经略》卷八《杂著·兵器总论》中提到"使剑之家有六"，除何良臣上面提到的五家外，还提到"边掣厚脊短身"一家。但虽有文献记载这些剑法之家，但在史料中没有发现有关剑法记载，仅有剑法名称存世，可能已经在民间流传不多，隐匿罕见。

明代有关剑法剑谱的史料文献有唐顺之《武编前集》卷五《剑》中的十五句古佚剑诀，明晚期毕坤的《浑元剑经》，更为珍贵的古剑谱是茅元仪《武备志》中的一篇剑谱。这份剑谱是茅元仪从"有好事者得之朝鲜，其势法具备"⑥，其中有谱、有势、有图。该剑谱是了解明代古剑法十分难得的参考史料。

四　蔚为大观、各臻妙际的明代诸家棍法

明代有关民间棍法记载的文献是比较多见的，尤其是少林棍法，闻名天下，并有棍法著作《少林棍法阐宗》问世。茅元仪在《武备志》中称

①　张廷玉等撰：《明史》卷二百零八《刘绘传》，中华书局 2010 年版，第 5507 页。
②　张廷玉等撰：《明史》卷二百七十八《张家玉传》，中华书局 2010 年版，第 7132—7133 页。
③　张廷玉等撰：《明史》卷二百九十八《徐汸传》，中华书局 2010 年版，第 7625 页。
④　张廷玉等撰：《明史》卷二百五十三《刘宇亮传》，中华书局 2010 年版，第 6536 页。
⑤　何良臣：《阵纪注释》，陈秉才点注，军事科学出版社 1984 年版，第 108 页。
⑥　茅元仪辑：《武备志》，华世出版社 1984 年版，第 3205 页。

赞"诸艺宗于棍，棍宗于少林，少林之说莫详于近世新都程宗猷之阐宗"①。从明代有关文献来看，明代的棍法无论是流派数量，还是棍的种类在中国武术发展史上都达到了很高的水平，可谓蔚为大观、各臻其妙。

戚继光在《纪效新书》中记载有少林棍、青田棍、巴子拳棍。郑若曾在《江南经略》卷八《杂著·兵器总论》中更是记载了棍法三十一家，主要为左少林、右少林、大巡海夜叉、小巡海夜叉（少林夜叉有前、中、后三堂：前堂为单手夜叉，中堂为阴手夜叉，后堂为夹枪带棒）、大火（少）林、小火（少）林、通虚孙张家棍、观音大闹南海神棍、梢子棍、连环棍、双头棍、阴手短棍（十二路）、雪棒、搜山棍、大八棍风磨、小八棍风磨、二郎棍、五郎棍、十八下狼牙棒、赵太祖腾蛇棒、安猴孙家棒、大六棒紧缠身、十八面埋伏紫薇山条子、左手条子、右手条子、边拦条子、雪搓柳条子、跨虎条子、滚手条子、贺屠钩杆、西山牛家硬单头。何良臣在《阵纪》中还提到杌杈棍（长一丈二尺，精者能入枪破刀）、俞人猷之棍、紫薇山棍、张家棍、赵太祖腾蛇棒、牛家棍、孙家棒。郑若曾在《筹海图编》还提到河南棍、安猴孙家棒（卞城、淮庆人多用之）②。

明代种类繁多的棍法，对棍的称呼也不同，有的称为"棒"，有的称为"条子"。茅元仪在其《武备志》中对棍的不同称谓进行过如下解释："一名曰棍，南方语也；一名曰白棒，北方语也"③。"条子"是西北俗语，今天在甘肃一带仍然流行这种对棍的俗称。

棍法在明代流派众多，形成了蔚为大观、各臻妙际的诸家棍法，主要认为棍对学习其他器械有着重要作用，正如俞大猷在其棍法著作《剑经》中指出的："用棍如读《四书》，钩、刀、枪、钯，如各习一经，《四书》既明，《六经》之理亦明矣。若能棍，则各利器之法从此得矣"④。正是明代对棍法的重视使得明代棍法不但流派众多，理论水平也达到了很高的造诣，如俞大猷《剑经》中有关棍法的"拍位"等理论在中国武术理论史上具有深远的影响，也正因如此，棍法便被戚继光赞誉为"短兵长用之法，千古奇秘"。

① 茅元仪辑：《武备志》，华世出版社1984年版，第3317页。
② 郑若曾：《筹海图编》，李致忠点校，中华书局2007年版，第956页。
③ 茅元仪辑：《武备志》，华世出版社1984年版，第3464页。
④ 戚继光：《纪效新书》（十八卷本），曹文明、吕颖慧校释，中华书局2001年版，第184页。

五　并世共存、竞相争雄的明代枪法

枪是军旅武艺及民间武术最重要的兵器。茅元仪在其《武备志》卷一百三《器械》中对枪的记载有"阵所实用者，莫枪若也"[1]，历代军旅武将善用枪者代不乏人，后梁名将王彦章为史载最早且最为有名的善枪者，被称为"王铁枪"。宋代的岳飞、金末纵横山东的"红袄军"首领李全等都是善用枪者。"明代开国皇帝朱元璋也曾使用过铁枪，他当了大明皇帝后，非常重视军官的武艺素质，尤其注重枪法的训练水平，可见枪是当时军中最重要的兵器。洪武四年三月，他曾经下令给中书省，要求凡百户无军功而积功升职者，一律要通过比试武艺来确定是否升职，比试之法，每二人为偶，持枪角胜负，胜者始得升擢"[2]，而且主持这次百户比试的是都督王铭，也是一位善用枪者，这些参加百户比试者，竟没有一人可以战胜王铭，史载"百户善用枪者，率莫能与铭抗"[3]，足见王铭是一位军旅枪法高手。

明代民间更加重视枪法，"世人尊枪为艺中之王，盖亦以长技无逾于此"[4]。明代民间并世共存、竞相称雄的枪法在文献记载中名目甚多，足见明代民间习枪之风之盛。郑若曾在《江南经略》中列举了"枪法十七家"为：杨家三十六路花枪（又分出大闪干、小闪干、大六合、小六合、穿心六合、推红六合、埋伏六合、边拦六合、大封臂、小封臂）、马家枪、金家枪、张飞神枪、五显神枪（花枪七十二式）、拐突枪、拐刃枪、锥枪、梭枪、槌枪、大宁笔枪、拒马枪、捣马突枪、峨眉枪、沙家十八下倒手杆子、紫金镖、地舌枪。何良臣在《阵纪》卷二《技用》中还记载有"六合枪法、马家长枪、沙家杆子、李家短枪"[5]，并对杨氏梨花枪极为推崇，称其"长短能兼用，虚实尽其宜，锐进不可挡，速退不能及，而天下称无敌者，惟杨氏梨花枪也"。杨氏梨花枪是明代著名的枪法，无论在军旅还是在民间均有着极为广泛的流传。另外还有"山东、河南各

① 茅元仪辑：《武备志》，华世出版社1984年版，第4103页。

② 马明达：《说剑丛稿》（修订本），中华书局2007年版，第184页。

③ 张廷玉等撰：《明史》卷一百三十四《王铭传》，中华书局2010年版，第3904页。

④ 程宗猷：《少林枪法阐宗》，山西科技出版社2006年版。

⑤ 何良臣：《阵纪注释》，陈秉才点校，军事科学出版社1984年版，第102—103页。

处教师相传的杨家枪法”[1]，河南少林寺的少林枪法等。明末精于枪法的江苏娄江人吴殳在其《手臂录》中详细记述了石家枪（石敬岩传）、杨家枪、沙家枪、马家枪、少林枪、汉口枪（程冲斗）、峨眉枪，并对这些枪法之奥妙进行了详细论述，是为明代枪法之大成。

明代军事家，精通武艺的唐顺之在其《荆川集》卷三记载了一位精通枪法的关东客老杨，对这位老杨的枪法颇为称赞。唐顺之以一位武术练家的眼光对老杨的枪法进行了记述：[2]

杨教师枪歌

老杨自是关东客，短衣长躯枣红面。
千里随身丈八矛，到处寻人斗轻健。
谓余儒生颇好武，一揖滚滚发雄辨。
坐惊平地起波涛，蠕蠕龙蛇手中现。
拨开双龙分海嬉，攒簇两蛇合穴战。
争先尽教使机开，缩退谁知卖破绽。
目上中眉犹自哂，绵中裹铁那能见。
满身护着不通风，百步撺来激流电。
飞上落下九点丸，放去收回一条线。
问君何为技至此，使我凭轩神瞤眩。
答言少小传授时，五步七步画地践。
迩来操弄三十年，浑身化作枯树竿。
心却忘手手忘枪，眼前只见天花旋。
乃知熟处是通神，解牛斫轮安足羡。
因君亦解草书诀，君枪岂让公孙剑。

老杨是一位关东客，从其相貌及穿戴打扮“短衣长躯枣红面”来看，是一位风尘仆仆的民间武术人士，“千里随身丈八矛，到处寻人斗轻健”，说明老杨，这位民间枪师，四处与人较艺。这一现象表明了明代的民间武

① 茅元仪辑：《武备志》，华世出版社1984年版，第3258页。

② 唐顺之：《荆川集》（文渊阁四库全书，第1276册），上海古籍出版社2005年版，第225页。

术家已经开始将四处与人较技作为提高自身武艺的交流手段，也从一个侧面反映出明代民间武术交流的景象。"满身护着不通风，百步撺来激流电。飞上落下九点丸，放去收回一条线"，展现出老杨枪法的精湛，其枪法演练起来使人头晕目眩，周身风雨不透，而民间枪师这样的技艺来自从小的习练以及三十年如一日的坚持不懈，最终才使枪法达到"心却忘手手忘枪，眼前只见天花旋"之境界。唐顺之对关东客老杨的枪法倍加赞誉，称其不逊于公孙大娘的剑舞技艺。

明代民间枪法的盛行，也促进了民间枪法的交流，有关枪法的著述也得以留存后世，如戚继光《纪效新书》中的《长兵短用篇》、程真如的《峨眉枪法》、程宗猷的《长枪法选》等，都对明代著名枪法技术及理论进行详细记载，其中戚继光《纪效新书》中有关六合枪谱的记载基本上完整地保留了明代六合枪谱，弥足珍贵。明代民间枪法武术家也善于进行交流，如曾为少林僧的刘德长，被称为"枪之近祖"，出寺云游并与天下交流，方使得枪技特绝。江苏常熟武术家石敬岩曾与少林推第一的洪记一道，前去与刘德长交流较技，结果败在其手下，而后跟随刘德长学习。曾跟随江苏常熟武术家石敬岩学习枪法的吴殳，也是留心击刺三十年之久，并经常与四方枪师交流，屡折四方枪师。程宗猷则是慕名前往河南跟随李克复学习枪法的。

因此，明代枪法之所以能够名目甚多，与民间枪法交流不无联系。明代并世共存、竞相称雄的诸家枪法虽各有特点、自成一家，但明代枪法称雄局面的形成正是得益于民间这种双向、良性的枪法交流风气，而绝非各成畛域、互不交流的枪法交流境况所能促成的。

六　琳琅满目、构造奇特的明代杂器械

明代除了刀、枪、剑、棍等常见、常规器械外，还有琳琅满目、构造奇特的杂器械。这些杂器械在军旅及民间的广泛使用，显示了明代杂器械发展的繁荣。杂器械也从另一个侧面表明明代民间武术在器械方面向庞杂、多样的方向发展，这也与民间武术发展的特点相吻合。杂器械适应民间武术个性化及多样性的特点。杂器械的制作特点主要体现在其构造奇特上，技法使用亦是专门且超出常规的，这都是与武术游场较技、个体私斗等民间特殊的武艺交流形式相匹配的。

郑若曾在《江南经略》卷八上《杂著·兵器总论》①中列举了杂器械十家：铁鞭、夹棒、单手燥铁链子、蒺藜算（蒜）头、金刚圈、馒掌铁尺、吕公拐子、刚（钢）叉、狼筅、镋。钯也可以列入杂器械的队列中，该著记载钯法五家：雄牛出阵钯、山间七埋伏钯、番王倒角钯、直行虎钯、稍拦跟进钯。另外马上器械也可归入杂器械之列，有十六家：鞭、链、矿、槌、流星、锁虎口、马叉上带使流星鞭、双舞剑、双刀、马叉、天平铲、天方基、枪、关刀、斩马刀、月枪。茅元仪在《武备志》中还记载了一些杂器械，如铁鞭、连珠双铁鞭、铁简、蒺藜骨朵、蒜头骨朵、铁链夹棒、双飞挝、飞钩、飞锤、镋钯、扬杷、扒、镋、大斧、铲、马叉等。杂器械的发展，预示着武术器械技法的多元化，也展示了明代武术器械技术发展的多样化与精细化。

明代之前，由于中原武术是在与少数民族的战争中进行交流的，这使一些少数民族的器械被中原武术所吸收，并被加以创制。另外，随着明代民间武术的兴盛，民间的一些工具也发展成为武术器械，如连枷棍、马叉等，因此明代杂器械的种类较之前代丰富许多。在明代某些文献中也记载了一些善用杂器械者，"沈迅，亦莱阳人也。……迅家居，与弟迓设寨自卫，迓短小精悍，马上舞百斤铁锥"②，"黄得功，号虎山，开原卫人。……伏起出不意，上马举铁鞭，飞矢雨集"③。当时军中及民间都有使用杂兵器者，而民间尤多。明代杂兵器的发展对后世杂器械进一步向庞杂的方向发展有着极大的影响④，清代民间武术中杂器械盛况空前的繁荣正是得益于明代杂器械发展的兴盛。

明代拳种、器械及其流派的大量出现是明代武术体系形成的重要标志。明代的武术门派表现为专擅于一技的各家拳法或器械，或长于腿法、拿法、跌法、打法，或精于刀、剑、枪、棍、杂器械等器械。另外器械的形制不同使得用法必然各异，亦形成了同种器械的不同流派。正是中国武

① 郑若曾：《江南经略》（永瑢，纪昀编撰，《文渊阁四库全书》，第728册），上海古籍出版社2003年版，第427页。
② 张廷玉等撰：《明史》卷二百六十七《沈迅传》，中华书局2010年版，第6880—6881页。
③ 张廷玉等撰：《明史》卷二百六十八《黄得功传》，中华书局2010年版，第6901—6902页。
④ 林伯源：《中国武术史》，北京体育大学出版社1994年版，第307页。

术在早期的这种专擅一技，使得本门拳法或器械向着精深化的方向发展。同时，这一时期各家的武术拳种、流派较少进行对外交流，正如戚继光指出："虽各有所长，各传有上而无下，有下而无上，就可取胜于人，此不过偏于一隅。"① 并提出要各家拳法兼而习之，于是他便总结了当时拳法的"善之善者"并将之归并为三十二势。明代末期出现的民间武术家，就多注意兼习各家，如程宗猷、吴殳等。明代武术拳种、流派的发展历程，也证实了对外交流和兼而习之更有利于拳种、流派的发展壮大及技法创新。

第四节　明代武术功法的发展

中国武术是一个整体系统，其运动形式除了套路、器械以外，还有功法。明代武术体系形成的一个标志就是在除套路日趋成熟、拳种、器械及其流派形成外，作为武术整体一部分的功法在明代武术中也有所发展。明代武术功法主要体现在武术辅助功法和武术硬功方面。

一　明代武术中训练拳法及器械的辅助功法

明代武术文献中已经有关于武术练习中拳术的辅助功法的记载。唐顺之在其《武编前集》卷五《拳》中就有关于腿法的辅助功法的记载："凡学腿，先虚学，踢开腿后依法练习。钻腿，虚学；蹲（踹）腿，悬米袋或蒲团；学镋腿，虚学，或用柱挂；蹶腿，虚学，或用（柱）挂；柱腿，用柱；学跟腿，虚踢，后用柱式；弹腿，用三尺长凳竖立，或用石墩在平地上学。……习弹腿便捷，用凳，以脚凳竖地上，弹腿踢去，取平行不倒为度。习弹腿力，用礤石，以踢远礤石为度。习蹲腿，虚腿，用糠悬梁上，蹲腿高踢去复还，以俱腰力为主度。习蹲腿，实腿，用柱，以蹲腿踢柱上，尽力为度。"② 这是明代文献中较早出现的对武术功法进行的记载。唐顺之精通武艺，他对拳、枪、剑、双刀、简、锤均有深入的研

① 戚继光：《纪效新书》（十八卷本），曹文明、吕颖慧校释，中华书局 2001 年版，第 229 页。

② 唐顺之：《武编前集》卷五，引自《中国兵书集成》编辑委员会编：《中国兵书集成》（第 13—14 册），解放军出版社、辽沈书社联合出版 1989 年版，第 786—787 页。

究，尤其是对拳的研究。唐顺之在《武编》中对腿法练习中的弹腿进行了辅助功法的详细记载，包括运用米袋、蒲团、长凳、磉石、柱挂等辅助器材及手段，进行弹腿力量、速度、柔韧等练习，展示了明代武术辅助功法的多样化、针对性及实效性，表明明代民间武术辅助功法已经趋于成熟。

明代军旅武艺中为了提高军士的作战体能、速度、力量及使用器械的准确性，形成了一套有助于增强军士身体素质、力量和兵器训练的成熟的辅助功法。如戚继光在《纪效新书》（十八卷本）卷六《比较武艺赏罚篇》①中就有关于军士练手之力（凡兵平时使用器械，轻重分量当重交锋所用之器。重者既熟，则临阵用轻者，自然手捷，不为器所欺矣）、练足之力（凡平时，各兵须学趋跑，一气跑得一里不气喘才好。如古人足裹以沙，渐渐加之，临敌去沙，自然轻便）、练身之力（凡平时习战，人必重甲，荷以重物，勉强加之，庶临敌身轻，进退自速）诸法。戚继光还指出了士兵练习手足之力对掌握器械之重要性："手足便捷，系于器械轻利。古法云：'器械不利，以卒予敌。'手无搏杀之方，徒驱之以刑，是鱼肉士卒也"②。戚继光在《纪效新书》中亦记载了关于训练枪法准确性的辅助功法："复以二十步内立木把一面，高五尺，阔八寸，上分目、喉、心、腰、足五孔，各安一寸木毬在内。每人持枪二十步外，听擂鼓，擎枪作势，飞身向前，戳去孔内圆木，悬于枪尖上。如此遍五孔，止。"③训练圆牌时，"习时，二人一排，务要遮得身过为妙。先于界河插棍四枝，粗五分，高可二尺以上者，约与二人阔狭相等，听各人使牌上前，专砍树枝，砍空者以下等行罚，此即马腿也"；训练腰刀时，"预备长短棍二根：一根长七尺，一根长三尺五寸。短棍在前，长根在后，相去二尺。马军各驰马，步军各趋跑向棍来。马军用分鬃箭射长棍三矢，驰上先砍棍一刀，如马头；次砍长棍顶头一刀，如虏人。步军长刀俱听令。如原习倭刀，进法：向前低头，下砍短棍跟一刀，如马腿；转身上砍长棍一刀，如

---

① 戚继光：《纪效新书》（十八卷本），曹文明、吕颖慧校释，中华书局2001年版，第93页。

② 戚继光：《纪效新书》（十四卷本）卷三《手足篇》，范中义校释，中华书局2001年版，第47页。

③ 戚继光：《纪效新书》（十八卷本），曹文明、吕颖慧校释，中华书局2001年版，第94页。

马头。中式者赏，违式者登薄"；训练刀棍时，"……亦照前备二项木棍，听擂鼓，骑马飞驰，向短棍戳一下，即戳马眼、马腹也；次将长棍戳一下，即戳贼喉面也。先将锋炭染黑，或以灰刷白，中者为上"①。这种在军旅武艺中用于训练军士枪法、刀、棍、牌等技法的辅助功法，在流入民间武术后也成为了民间武术辅助功法的一部分。

二 裂石开碑、卷铁舒钩的明代武术硬功

"练习武术，于拳脚器械之外，更须注重软硬功夫。盖拳械为应用之动作，而功夫为拳械之根本，故技击家精拳械外，而善功夫，如说部中某人善铁砂掌，某人精金钟罩者是也。"② 中国武术中的硬功作为一种功法，在明代武术文献中已经有所记载。

作为武术功法的硬功，最引人注目的是以手上的硬功展示出的猛烈击打强度。手上硬功功法外显时，可以裂石开碑。明代内家拳宗师张松溪晚年隐居宁波时，曾在城外遭遇少年围堵，张松溪即刻将三块大石叠放在一起，并举左掌一切而断，向围堵他的少年以及世人展示了内家拳精湛的手上硬功。

武术硬功功法的内涵极为丰富，以手的力量折弯金属器物，就是一种常见的硬功能力，这被古代术语称为"卷铁舒钩"。明朝时，著名游侠髯参军，也是以这种手上硬功称雄于武林的。徐瑶《髯参军传》曾记载他与对手角艺，"弄其铁扁拐，屈之成环"③，对方拱手认输。髯参军还曾"竖二指，中开一寸，以绳绕一匝，数健儿进力曳两头，倔强如铁，不能动半分"④。李渔《秦淮健儿传》记载明嘉靖年间，有秦淮健儿曾为一方霸主，然而遇到一后生对手，取其刀，"以两手一折，刀曲如钩，复以两手伸之，刀直如故"⑤。到明朝时，防身硬功出现了"铁布衫"，又名"金钟罩"，当然，这仅仅是硬功中的一门流派。据《蚓庵琐语》记载："明刘大将军绶门客名铁布衫者，有异术，与人角戏，其身挺立不动，加

---

① 戚继光：《练兵实纪》卷四《练手足》，邱心田校释，中华书局2001年版，第96—98页。

② 无谷、姚远编：《少林寺资料集续编》，书目文献出版社1984年版，第482页。

③ 张潮：《虞初新志》，文学古籍刊行社1954年版，第232页。

④ 同上书，第233页。

⑤ 同上书，第71页。

之矢石拳棍，略无所伤。予友传一法，亦名铁布衫，又名金钟罩，试，果如龙如所述同。时里人徐姓者亦受是术，偕数人饮娼馆，潜与友约佯醉角力，友持斧砍徐，略无所伤。娼惊骇成疾。徐后自恃术作逆，剽劫闾里，为士兵所杀，术竟不灵。……盖铁布衫者，乃法名，非人名也。"防身硬功具有较强的抗击打能力，但决非刀枪不入之术；尤其是以兵刃加于体肤时，一般要事先运气，意念所到，可以喉顶枪尖，腹按刀刃。如果内气与外力配合不一，必然有所损伤，就是"铁布衫"的妙功，并不能达到完全无失的境界①。

————————————

　　① 王赛时：《裂石开碑，卷铁舒钩——中国古代硬功趣谈》，《中华武术》1992年第7期，第31页。

第八章
明代社会与民间武术的发展

明代是军旅武艺及民间武术获得空前发展的时代，有学者曾指出，明清是中国武术的"轴心"时代，明代是一个很重要的时期，而明代之所以称为中国武术发展的"轴心"时期之一，是因为明代民间武术得到了飞速发展。明代军旅武艺与民间武术的双向交流、分野日趋明显，民间武术开始形成自己独特的技术、理论体系，出现了以独善一技的拳种、器械等名家流派，像山东李半天之腿、鹰爪王之拿、千跌张之跌等，以及青天棍、少林棍等器械。明代还出现了民间武术家著书立说的现象，这些出自民间武术家之手的武术文献著作成为研究明代武术的珍贵文献，如《耕余剩技》等。明代民间武术获得空前发展，首先与明代社会，尤其是明代后期资本主义萌芽及明代社会发展的整体状况是分不开的。因此要认识民间武术的发展内因，首先要对明代整个社会发展有深入的了解，任何事物的发展总是和一定的社会大环境联系在一起的，要站在社会发展的历史长河中窥探其中某一个事物的发展规律。

第一节　明代社会风气对民间武术发展的影响

明代社会风气在朝代的前后期中有着明显的变化，这种变化对民间武术的发展有着一定的影响。民间武术本是一种扎根于广大民间群体中的俗文化，明代社会风俗及风气的变化，在一定程度上促进了民间武术的发展兴盛。就明代社会风俗而言，明嘉靖以前和嘉靖以后是两个显著不同的时代。历史研究者指出正德、嘉靖以后社会风俗的变化主要有："在嘉靖以前，妇女的服装很朴素；嘉靖以后变了，很华丽，讲究漂亮了……山东《郓城县志》记载在嘉靖以前老百姓很朴素、很老实，嘉靖以后变了，讲排场了，普通老百姓穿衣服向官僚看齐，向知识分子看齐……总之，从吃饭、娱乐到家庭用具都不像过去了……《博平县志》讲嘉靖以后过去好的风气没有了，过去乡村里没有酒店，也没有游民，嘉靖中期以后变了，到处都有酒店，二流子很多。当时有一种风气，一个人有名、有字，还要起别号"①。明代社会风气的变化是明代经济变化引起的，尤其是明代后期资本主义萌芽给明代自给自足的乡村小农经济带来的影响是深刻的，也引起了社会各阶层的变化。明代民间社会风气的这些变化，给本来属于俗文化的明代民间武术发展提供了社会历史背景和生存的土壤。

明代社会经济的不断发展，致使社会流动日趋频繁，从而导致了社会底层群体流动开始加大，处于社会最底层的"游民"数量不断增多。而社会底层这些"游民"的成分及其来源十分复杂，包括"征乱留屯的卫所之军、士人、商人、工匠技艺者、游方僧道"② 等。当然这其中也有一些身怀武技的军籍者、僧道、没落武艺家族人士进入社会底层的"游民"阶层。如明代民间武术家程宗猷就曾游历十几年到处学艺；此时期的少林武僧也出门云游遍访名师、高人切磋武艺，如程宗猷就跟随少林高僧广按出寺同游；少林僧宗擎、普从还跟随俞大猷随军学习其棍法，明末民间武术家王征南、石敬岩等都曾游历社会民间下层，将武术传于民间下层人士。

明代中后期，随着商品经济的发展，社会底层群体——游民阶层的扩大，使得武术得以在民间以各种形式流行。武术本来就是一种技艺，既可以防身自卫，又可以作为谋生的手段。随着民间商品经济的发展及明代中后期的内忧外患和社会的动荡不安，武术作为一种谋生的手段开始在民间兴起，这无疑为武术在民间的传播提供了广阔的空间。明代的武术在脱离军旅武艺后又同时在民间深入发展，这才促成了真正中国武术的出现和发展。因为中国武术体系中精妙的枪法、拳法、功法，以及各种奇特兵器、五花八门的暗器、诡秘的药法正是明代武术在脱离军旅武艺后，适应民间私斗而不断演进发展的。进入了民间社会中的武术为了适应宗族械斗仇杀、防身自卫、看家护院、行侠走镖、传艺授徒、谋生等种种需要才发展起来的。从中国武术发展的历史演进中我们可以发现，只有武术脱离军旅武艺进入民间后，并经历从一种技术开始向技艺发展时，其技术、理论体系才能得到不断的完善，武术体系才能逐渐形成。而在这一演进过程

---

① 吴晗：《明史简述》，中华书局 2005 年版，第 158—159 页。

② 陈宝良：《明代社会生活史》，中国社会科学出版社 2006 年版，第 6—9 页。

中，武术进入民间发展的时期是最主要的时期，而明代中后期社会、政治、经济的发展则是武术体系形成的主要基础。

第二节　明代民间武术发展的若干特征

一　明代民间武术发展的技术特征

从明代有关武术的文献中可以看出，明代民间武术的发展已呈现出一些明显的特征。这些基本特征有的被认为是中国武术体系基本形成的标志。明代民间武术的某些显著特征显示了明代武术在中国武术发展历史中具有的重要意义与价值。

（一）军旅武艺向民间武术的过渡：器械为主的武术流派逐渐显现

纵观中国武术在不同时期的发展演进，我们可以获知：中国武术向来以器械为主尤其是在中国军旅武艺向民间武术转变的历史过渡时期，器械为主的表现尤其明显。因为"在古代，在冷兵器在战争中据于主要位置的历史条件下，武艺的社会价值首先取决于它在战争中和各类社会冲突中的防身杀敌之效，故而军旅武艺的内容就不能不以临阵实用的兵器技术为主体；它的发展变化也必然同兵器形式的发展变化相辅相成，密切联系。由此推之，任何武艺形式的传播与交流，也必然以兵器的传播交流为先导、为载体"[1]。这是依据对中国武术发展进程中的内在规律的判断，器械在中国武术发展历史中具有重要的地位，在中国武术由军旅武艺向民间武术过渡阶段，武术器械的变化亦表现出了具有划时代的特征。在军旅武艺时期，器械在武艺中具有举足轻重的位置，这在军旅武艺向民间武术过渡时也得以表现，即此时期民间武术也以器械为主。这就促使了擅长各种器械型制和种类的名家及其流派成为明代武术的一个重要特征。

在明代，中国武术有着各善其技的名家器械流派。在明代军旅武艺向民间武术的过渡初期，器械武术占着头等重要的位置，而此时的民间武术流派也是以各善其技的器械为主。首先在军旅武艺中作为重要器械的刀、枪、剑、棍在此时也是民间武术重要的器械。此外，民间武术还出现了多家精通刀、枪、剑、棍的流派，如何良臣在《阵纪》卷二《技用》[2] 记

---

① 马明达：《说剑丛稿》（增订本），中华书局 2007 年版，第 193 页。

② 何良臣：《阵纪注释》，陈秉才点校，军事科学出版社 1984 年版，第 100—111 页。

载的棍法流派有扒杈①棍（长一丈二尺，精者能入枪破刀）、东海边城与闽中俞大猷之棍、少林棍之夜叉棍［有前中后三堂之称：前堂棍名单手夜叉、中堂棍名阴手夜叉（类刀法）、后堂棍名夹枪带棒，牛山②僧擅长］、紫薇山③棍、张家棍、青田棍、赵太祖腾蛇棒、贺屠钩杆、西山牛家棍、孙家棒；枪法流派有杨氏梨花六合枪法、马家长枪、沙家杆子、李家短枪；剑法有数十家，尤以卞庄之纷绞法、王聚之起落法、刘先主之顾应法、马明王之闪电法、马超之出手法为著名；刀法有凤嘴刀法、三尖两刃刀法、斩马刀法、镰刀法、苗刀法、糜西刀法、狼刀法、掉刀法、屈刀法、戟刀法、眉锋刀法、雁翎刀法、将军刀法、长刀法、提刀法等，各有妙用；另外还有马杈、绰钯、燕尾杈、虎尾杈、五龙钯、三股杈、钯尾鞭、丈八鞭、双钩枪、连珠铁鞭、鹰爪飞挝、开山斧、挫子斧、钩镰戟枪、铁镋、钩杆、天蓬铲、捣马枪、蒺藜锥、鸦项枪、拐突枪、鱼肚枪、狼牙棒、豹尾鞭、芦叶枪、流星锥、杈尾锥、杈杆、抓枪、棻镠、掷远、铁梧、环子枪、抓子棒、紫金标、八尺棍等，不可悉数，各有专门。郑若曾在《江南经略》卷八上《杂著·兵器总论》称"中国武艺不可胜纪，古始以来各有专门秘法散之四方，若召募得人以一教十，以十教百，即刀法一艺，倭不足以当我，况其他乎，试举其略言之"，并列举了使枪之家十七：杨家三十六路花枪（其分出者有大闪干、小闪干、大六合、小六合、穿心六合、推红六合、埋伏六合、边拦六合、大封臂、小封臂）、马家枪（上十八盘、中十八盘、下十八盘）、金家枪、张飞神枪、五显神枪（花枪七十二势）、拐突枪、拐刃枪、椎枪、梭枪、槌枪、大宁笔枪、拒马枪、捣马突枪、峨眉枪、沙家十八下倒手杆子、紫金镖、地舌枪；使刀之家十五：偃月刀（三十六刀法）、双刀、钩刀（阴手、阳手）、手刀、锯刀、掉刀、太平刀、定戎刀、朝天刀、开天刀、开阵刀、划阵刀、偏刀、车刀、匕首；使剑之家有六：马明王、刘先主、卞庄、王聚、马超、边掣厚脊短身；使弓弩之家十四：边箭、两广药箭、火箭、神机箭、杨家箭（上搭、中搭、下搭）、马家箭（分中磨旗、穿心推红、马上末秋）、

---

① 扒为短齿耙，横木用铁皮包裹；杈为木叉，农具。扒杈指一种用铁皮包裹横头、叉形的棍。

② 牛山即牛首山，又名牛头山，在今南京西南，明代山上有普觉寺，僧人有牛山僧之称。

③ 紫薇山指浙江金华县西北三十里的紫薇岩。

袖箭、袖弹、手弩、诸葛弩（机动而弦自张，一发四矢）、连环弩、双弓床弩、三弓床弩、打牲弩；使棍之家三十：左少林、右少林、大巡海夜叉、小巡海夜叉（少林夜叉有前、中、后三堂之殊：前堂单手夜叉；中堂阴手夜叉，类刀法；后堂夹枪带棒）、大火林、小火林、通虚孙张家棍、观音大闹南海神棍、梢子棍、连环棍、双头棍、阴手短棍（十二路）、雪棒搜山棍、大八棒风磨、小八棍风磨、二郎棒、五郎棒、十八下狼牙棒、赵太祖腾蛇棒、安猴孙家棒、大六棒紧缠身、十八面埋伏紫薇山条子、左手条子、右手条子、边拦条子、雪搽条子、跨虎条子、滚手条子、贺屠钩杆、西山等家硬单头；使杂器械之家有十：铁鞭、夹棒、单手燥铁链子、蒺藜蒜头、金刚圈、馒掌铁尺、吕公拐子、刚叉、狼筅、锐；使钯之家有五：雄牛出阵钯、山门七埋伏钯、番王倒角钯、直行虎钯、稍拦跟进钯；马上器械之家有十六：鞭、**炼**、矿、槌、流星、锁虎口、马叉上带使流星鞭、双舞剑、双刀、马叉、天平铲、天方基、枪、关刀、斩马刀、月枪①。唐顺之在《武编前集》卷五亦记载了器械有牌、枪、刀、剑、槌、简、挡、扒等。郑若曾在《筹海图编》也记载了一些器械如偃月刀、梨花枪、棍等。程子颐在《武备要略》卷八至卷十二记载的器械有鞭、大刀、画戟、峨眉铲、狼牙棒、长柄斧、天蓬叉、狼筅、单刀（双手刀）、长枪、少林棍等。程宗猷的《耕余剩技》记载了少林棍法、枪法、单刀以及弩法。

　　在明代武术有关文献中可以看出，武术器械的记载占绝大多数，这些器械的型制已经与纯粹的军旅武器有了细微的差别，并带有了民间武术器械自身的特点，这是明代民间武术的一个重要特征，也显示了军旅武艺向民间武术的转变，这一转变首先在武术器械上得以体现。明代民间武术在军旅武艺向民间武术过渡时期，在武术流派内容和形式上器械在数量上占据绝对优势，武术流派也首先是精于一门器械，以器械区别于其他流派，并形成"某家"器械为自身武术技术特征，如杨家枪、张家棒、孙家棍、少林棍等。在明代民间武术器械的种类上也显现出既有军旅武艺常用的器械，如刀、枪、棍、弓以及马上器械等，同时民间武术器械自身特色的器械开始逐渐增多，已经明显地脱离了军旅武艺实用的器械开始大量出现在

---

　　① 郑若曾：《江南经略》（永瑢，纪昀编撰，《文渊阁四库全书》，第728册），上海古籍出版社2003年版，第426—427页。

民间武术中，如扒杈、钯、条子等这类由民间农具演化而成的武术器械。但这一类武术器械在军旅武艺中是不太实用的。另外在民间武术器械中杂器械的大量出现正是为了适应民间武术个体之间比试的需要，如夹棒、单手爆铁链子、蒺藜蒜头、金刚圈、馒掌铁尺、吕公拐子等。这些杂器械的大量出现表明了民间武术器械已经开始为适应民间武术发展而进行了改进与创造。

　　民间武术器械完成了在型制上的改进与创造时，那么民间武术器械必然在它的实用方法上也需完成相应的改进和创新。于是民间武术器械开始了其在武术器械使用方法上与军旅武艺器械因功能与价值差异而形成的发展道路。军旅武艺器械讲究简单、实用，在演练上重视实战搏杀，在技术训练上注重单个简单技术的重复训练，直来直去，没有左右周旋，其功能与价值取向是杀敌。而开始脱离军旅武艺的民间武术器械在民间个体相互比试与对决时，在空间上有了可以左右周旋的施展场地，从而使其技术功能与价值取向发生了巨大转变。因此，民间武术器械的使用已经不再是以杀死对手为目的了，而是把以技服人、交流提高个体技艺等作为自身的功能与价值取向。另外武术器械的演练也成为武术器械的一个重要功能，套路形式开始出现并成为了民间武术的一个重要特征，如杨家枪有三十六路花枪、偃月刀有三十六刀法、阴手短棍有十二路、少林夜叉棍有前、中、后三堂之殊等。套路形式的兴起与发展是民间武术体系形成的一个重要特征，也是中国武术体系在明代形成的一个标志。

　　（二）拳种的兴起以及作为民间武术诸艺之冠地位的逐渐确立

　　明代前期军旅武艺中以刀、枪、弩等冷兵器占据绝大多数，拳术仅作为惯勤肢体、习练各种兵器的附属练习，是可有可无的。故而明代军旅武艺典籍中几乎找寻不到有关拳术的记载，文献记载的几乎都是有关刀、枪、弩、藤牌等战阵武艺，表明在冷兵器时代的军旅武艺中拳术是不在其范畴之内的。军旅武艺的功能及其价值取向决定了此时期拳术是不可能存在于军旅武艺之中的。只有戚继光的《纪效新书》是个例外，因为他在《纪效新书》卷十四收录了一篇《拳经捷要篇》，正是这篇仅有五百一十七字的短文为后世保留下了明代有关拳法及其明代拳种大略概貌的珍贵文献史料。但仅凭此篇拳经并不能说明拳术在军旅武艺中具有多么重要的地位，而且就连戚继光本人也认为"拳法似无预于大战之技"，其作用不过是"活动手足，惯勤肢体，此为初学入艺之门也"。由此可见，拳术在明代充其量不过是练习各种军旅武艺之前的准备活动而已，它在军旅武艺中的地位是无足轻重的。此外，戚继光在《纪效新书》中进一步指出："此艺不甚预于兵，能有余力，则亦武门所当习，但众之不能强者，亦听其所便耳"①。此时期戚继光正值壮年，刚从山东调到浙江不久，对一位雄心不已、壮志未酬的将军来说，拳法似乎也在其习练武艺之内，因此在其为提高军士武艺而编著的《纪效新书》（十八卷本）中还特意收录了这么一篇拳法，这在明代是很可贵、难得的。但是拳法在军旅武艺中的功能及价值决定了其无足轻重的地位。经历半生戎马生涯的戚继光晚年谪居广东时，将《纪效新书》重新修订成十四卷本，并毫不犹豫地将《拳经捷要篇》删除，这表明了他在经历过无数次军旅实践后对拳法有了进一步的理解。可见在戚继光看来，拳法在军士的军旅武艺中已经没有必要存在。

　　虽然在军旅武艺中拳法似乎没有什么地位，在明代武术文献中有关拳法的记载也很少，但我们还是能寻到一些有关拳法的记载的，尤其是在明代后期的文集、类书、军事著述中。在明代晚期，个别文献甚至还记载了有关拳法的专门论述，并记载了诸多民间拳法名家。虽然从这些个别的文献中，我们并不能全面、详细地了解到明代这些拳法名家的生平、其掌握的拳法技艺状况，但我们还是能够清楚地看到明代后期民间武术开始出现了精通某种拳法、某项绝技的武术家，他们或以腿法、拿法、跌法而闻名一方。如唐顺之在《武编前集》卷五中记载了明代的一些拳种及其特点，如赵太祖长拳擅长用腿，山东、江南多习练；山西刘短打用头、肘六套，长短打六套用手、用低腿；吕短打六套。另外文中还记载了温家拳则钺所专习，并且家有拳谱，如一势四平势、井阑四平势、高探马、指裆势、一条鞭势、七星势、骑虎势、地龙势、一撒步势、拗步势等。在明代，温家拳不仅传习多代，而且已经有拳谱流传②。戚继光在《纪效新书》中就记载了宋太祖三十二式长拳、六步拳、猴拳、囮拳、温家七十二行拳、三十六合锁、二十四弃探马、八闪番、十二短、吕红的八下、绵张的短打、山东李半天之腿、鹰爪王之拿、千跌张之跌、张伯敬之打等拳法③。何良臣

　　①　戚继光：《纪效新书》，马明达点校，人民体育出版社 1988 年版，第 307—308 页。

　　②　《中国兵书集成》编辑委员会编：《武编》（中国兵书集成第 13—14 册），解放军出版社、辽沈书社联合出版 1989 年版，第 784 页。

　　③　戚继光：《纪效新书》，马明达点校，人民体育出版社 1988 年版，第 308 页。

在《阵纪》卷二《技用》还记载了曹聋子之腿、唐养活之拿，另外还有童炎甫、刘邦协、李良钦、林琰等明代拳术名家。文中还称这些民家武术家各有神授，世称无敌，然皆失其传[①]。郑若曾在《江南经略》卷八上《杂著·兵器总论》中记载使拳格兵器之家有十一：赵家拳（赵太祖神拳三十六势、芜湖下西川拳、二十四势秣陵关打、韩童掌拳六路）、南拳（似风似蔽、似进似退凡四路）、北拳（供看拳凡四路）、西家拳（六路）、温家钩挂拳（十二路）、孙家披挂拳（四路）、张飞神拳（四路）、霸王拳（七路）、猴拳（三十六路）、童子拜观音神拳（五十三参）、九滚十八跌打过拿，又有眠（绵）张短打破法九、内（吕）红八下等，破法三十六，拿法三十六，解法七十二，跌法七十二，解法一百三十。教师相传，各臻妙际[②]。

　　明代拳术的发展还处于初级阶段，明代武术的拳法表现为专善一技，或长于腿法，或善于跌法、肘击，或长于拿法，这些民间武术家由于文献的缺失无法知其生平，甚至名字。文献仅记载了其擅长的拳技，如李半天、曹聋子之腿，鹰爪王之拿、千跌张之跌、张伯敬之打等，这与中国武术发展历程中拳法专精一技以及某种拳法或技艺向精深化方向发展的趋势是相吻合的。此时期武术拳种往往在各自拳法上精益求精，但与其他拳种交流极少，仅限于在某地域、某流派内流传，故而武术家在各自拳法技艺上达到了很高的水平。戚继光就对此时期拳法专善一技、各有所长的现状指出了其中的局限性："虽各有所长，然专有上而无下，有下而无上，就可取胜于人，此不过偏于一隅"，并提出拳家需要"以各家拳法兼而习之，正如常山蛇阵法，击首则尾应，击尾则首应，击其身而首尾相应，此谓上下周全，无有不胜"[③]。郭希汾先生在其《中国体育史》中也指出："盖彼等虽以一技享盛名，而其他拳法，无不精娴。所传得意之技，特其独到者耳，否则全身皆劣，而独特一手一足，正如小儿持石击人，石虽坚，不能中第也。"[④]

　　明代拳种的发展处于初步阶段，此时期的拳法虽然有缺乏"兼而习

　　① 何良臣：《阵纪注释》，陈秉才点校，军事科学出版社 1984 年版，第 100 页。
　　② 郑若曾：《江南经略》（永瑢，纪昀编撰，《文渊阁四库全书》，第 728 册），上海古籍出版社 2003 年版，第 427—428 页。
　　③ 戚继光：《纪效新书》，马明达点校，人民体育出版社 1988 年版，第 308 页。
　　④ 郭希汾：《中国体育史》（影印本），上海文艺出版社 1993 年版，第 40—41 页。

之"的局限，专善一技却使得明代拳法名闻一方。造成上述现象的原因主要是受制于地域限制，拳种的交流十分困难。但这是中国武术拳种发展演进中必经的一个阶段，此时期某拳种仅代表一个流派中的拳术，还没有泛化成为一个流派的代称。但从中国武术拳种发展的历程看，明代拳种的发展趋向至清代开始明朗。清代时期拳术逐渐成为"十八般武艺"的诸艺之冠，这一现象表明作为"十八般武艺"之一的拳种的地位变化在明代，至少在明代末期就已经悄然进行了。随着冷兵器时代的结束，军旅武艺渐渐流入民间，兵器典籍被逐渐冷落下来，拳谱却受到武术人士的青睐，各流派的拳谱不断涌现，民间抄本也随处可觅，由此拳的地位得到根本性改变，跃居武术诸艺之冠。由此，拳种成为各个流派包括器械和拳术的代名词，拳种成为流派的统称，并不断有新的拳种出现，且多以拳为流派名称①。明代民间武术在脱离军旅武艺之后，沿着自身功能与价值取向的轨迹，形成了自身发展体系，以往的军旅武艺以器械为主流，民间武术逐渐以拳种为主体，拳种的内涵和外延不断扩大、泛化，逐渐成为某一流派的统称，这一过程在清初得以全面呈现。清代拳种不断涌现绝不是一下子出现的，它必然经历了一个长期孕育的过程，明代末期民间拳种的发展已经出现端倪。

二 明代民间武术发展的基本理论特征

(一) 明代武术中拳法器械图谱的势、谱、诀完备

明代民间武术文献中记载的拳法、器械图谱已经形成了势、谱、诀三要素完备的体系。这些图谱中不仅绘有图势、运作路径，还配有拳诀。由此可见，明代的武术图谱谱系已经形成且相当完备了，后世的拳法图谱与明代的图谱是一脉相承的。这在明代有关武术著述如《纪效新书·拳经捷要篇》、程宗猷的《少林棍法阐宗》《单刀法选》《长枪法选》及程子颐的《武备要略》中有所体现。明代武术图谱分为势、谱、诀的模式为后世武术图谱奠定了完备的体系参考基础。清代民间武术家世代流传的抄本多是按明代武术图谱样式编写的，这种武术图谱也是中国武术独特的传承样式，传播到海外的明代武术图谱也依照这种样式得

---

① 李吉远、郭志禹：《太极拳传播现象的文化解读》，《西安体育学院学报》2010 年第 2 期，第 188 页。

以流传，如古代朝鲜辑录的明代武术图谱收录在《武艺图谱通志》中，而明代武术图谱拳法、双手刀、古剑法均沿用了明代这种成熟的武术文献图谱记载的方式。

（二）明代拳棍为诸艺之首的确立

明代中后期拳棍逐渐成为诸艺之首，如明代军事家戚继光在《纪效新书》（十八卷本）卷十四《拳经捷要篇》开篇对拳法有"拳法似无预于大战之技，然活动手足，惯勤肢体，此为初学入艺之门"的记载，他认为拳法虽然在军旅武艺上用处不大，但却是惯勤手足、学习其他器械必要的练习手段，这是出于对军旅武艺的了解所作出的论断，军旅武艺讲究"真可搏杀"，徒手之技的拳法当然不在军旅武艺考量之内。然而，在《拳经捷要篇》文末戚继光又认为"大抵拳、棍、刀、枪、叉、钯、戟、弓矢、钩镰、挨牌之类，莫不先由拳法活动身手。其拳也，为武艺之源"①。明代民间武术家安徽新都程子颐对拳法也有相近的认识："尝谓拳法虽无预于大战之技，然各艺身法皆出于拳，知拳则能活脱手足，运动肢体。若习他艺自然便利，过于他人矣"②。明代军旅武艺还是民间武术都将拳法的习练作为其他各种武术学习的基础，明代尤其是中后期，随着民间武术的发展，拳法似乎逐渐成为诸艺之冠。明代军事家、武术家俞大猷精通武艺，尤其精通棍法，他对棍有"用棍如读《四书》，钩、刀、枪、钯，如各习一经，《四书》既明，《六经》之理亦明矣。若能棍，则各利器之法从此得矣"，他将棍法作为一切长短器械的基础，认为学习器械首先要学棍，然后其他器械的技法就可以容易学习了。明代何良臣在其《阵纪》卷二《技用篇》中也有："学艺先学拳，次学棍。拳棍法明，则刀枪诸技，特易耳，所以拳棍为诸艺之本源也。"③ 明代拳棍逐渐成为诸艺之首是明代武术尤其是民间武术发展的一大特点，其中既有明代棍法流派、技术、理论成熟的原因，也有脱离了军旅武艺的发展轨迹，逐渐形成民间武术特有的发展文化价值趋向使然，徒手的拳法开始成为武术流派

---

① 戚继光：《纪效新书》（十八卷本），曹文明、吕颖慧校释，中华书局 2001 年版，第 229—230 页。

② 程子颐：《武备要略》（十四卷，四库禁毁书丛刊，子部第 28 册，明崇祯五年刻本，中国科学院图书馆藏），北京出版社 1997 年版，第 298 页。

③ 何良臣：《阵纪注释》附录《阵纪后序》，陈秉才点注，军事科学出版社 1984 年版，第 99 页。

的代名词，内涵与外延不断扩散，其后清代拳种门派林立，一个拳种已经不仅仅单指一种拳法，而是涵盖了该拳种或流派的徒手、器械、功法等整个流派的内容。

（三）明代武术开始出现了分类标准，即长拳与短打

明代已经对武术进行了长拳与短打的分类，这种分类是中国武术发展到明代时一种理论总结，如唐顺之在《武编前集》卷五中有"赵太祖长拳多用腿；山西刘短打，用头、肘六套；长短打六套，用手、用低腿；吕短打六套"等记载，戚继光在其《纪效新书》（十八卷本）卷十四《拳经捷要篇》中也提到"宋太祖有三十二势长拳……十二短……绵张短打"等，另外郑若曾在《江南经略》中也提到"赵家拳（即赵太祖神拳三十六势），南拳……绵张短打"等，明代武术文献记载的拳种大致按长拳、短打进行了分类，从中国武术拳种的发展来看，明代这种分类基本符合事实，如北方多长拳，江南南方多短打，但也有例外，如北方也有短打类拳种，如巴子拳（八极拳）、番子拳（翻子拳）、螳螂拳等，但明代武术文献中对武术的长拳与短打的分类，彰显了明代武术理论已经发展到了一定的高度，至今这种武术分类还在当代武术技术分类中有着生命力，如当代竞技武术比赛就分类为"长拳、太极拳、南拳"，太极拳属于长拳类，只不过由于其特殊性单独列为一类。唐顺之在《武编前集》卷五对长拳、短打论述得十分精到："长拳变势，短打不变势，逼近用短打，若远开则用长拳"。由此可见，明代武术从实践到理论上都确立了"长拳与短打"的分类，这种分类既显示了明代武术理论体系的成熟，也表明中国武术技术分类在明代已经完善，并奠定了对后世武术分类理论的基础。虽然明代武术分类上有"长拳"与"短打"之分，但明代武术家亦主张"长拳"与"短打"相结合，如明代安徽新都武术家程子颐就有"长拳兼短打，如锦上添花"① 之论。

（四）明代武术四大技法"踢、打、跌、拿"体系的形成，各自畛域

明代武术文献中对明代拳种流派的记载，显示了明代武术技法"踢、打、跌、拿"的形成，这四种技法的拳种、流派或武术家可以各善一技，自称畛域。如戚继光在《纪效新书·拳经捷要篇》中就有"山东李半天

---

① 程子颐：《武备要略》（十四卷，四库禁毁书丛刊，子部第28册，明崇祯五年刻本，中国科学院图书馆藏），北京出版社1997年版，第298页。

之腿、鹰爪王之拿、千跌张之跌、张伯敬之打"，显然戚继光提到的这几
位武术家分别擅长踢、拿、跌、拿之技，这即是明代武术的四大技法；明
代何良臣在其《阵纪·技用篇》也提到"李半天、曹聋子之腿、王鹰爪、
唐养活之拿，张伯敬之肘，千跌张之跌"。明代武术四大技法"踢、打、
跌、拿"与当今武术四大技法"踢、打、摔、打"是一脉相传的，只不
过明代技法"跌"与当今"摔"既有联系又有区别，马明达先生曾专门
对此撰文进行详细地论证。从技术发展及难易程度上看，"踢、打"相对
于"跌、拿"技法来说相对更容易些，但技击效果更好，正如明代武术
家程子颐在其《武备要略》卷八之《长拳说》中说："千拿不如一跌，千
跌不如一打，何也？拿要拿住他之手及手胫，或托肘，方能拿得；且跌亦
要摘住他之手或垫肘，或警阴或圈外勾脚，或自虚身跌，方能跌得。总不
如一拳一脚之快疾，所谓'不招不架，只是一下，犯了招架就有几下'
者是也。①"无论从技术发展进程来看，武术技法"踢、打"要先于
"跌、拿"，"跌、拿"技法是武术技法发展到一定水平时，尤其是民间武
术两两相当的私人较艺时才出现并进而发展成熟的技法，其复杂程度显然
较"踢、打"高，在武术技法实践运用上也更难。在明代文献中就有专
门的关于"跌、拿"流派的记载，如郑若曾在《江南经略》卷八上《兵
器总论》中就有"曰九滚十八跌打拿，又有眠（绵）张短打破法九，内
（吕）红八下等，破法三十六，拿法三十六，解法七十二，跌法七十二，
解法一百三十。教师相传，各臻其妙……"②。明代武术"踢、打、跌、
拿"四大技法的完备及成熟，表明中国武术技法在明代已经形成。

（五）明代导引、拍打之术与武术开始出现结合，即武术内功的形成

中国的导引术历史悠久，文献多有记载，明代《易筋经》的出现被
认为是导引术与中国武术相结合形成内功的标志与里程碑。③《易筋经》
目前经学家考证的最早抄本为著名学者郑振铎先生所收藏的抄本，现藏于
国家图书馆古籍部④。《易筋经》中有"修炼气至，筋膜齐坚"的《膜

---

① 程子颐：《武备要略》（十四卷，四库禁毁书丛刊，子部第 28 册，明崇祯五年刻本，中
国科学院图书馆藏），北京出版社 1997 年版，第 298 页。

② 郑若曾：《江南经略》（永瑢，纪昀编撰，《文渊阁四库全书》，第 728 册），上海古籍出
版社 2003 年版，第 427—428 页。

③ 周伟良：《中华民族传统体育概论高级教程》，高等教育出版社 2003 年版，第 166 页。

④ 周伟良：《〈易筋经〉四珍本校释》，人民体育出版社 2011 年版，第 13 页。

论》、"内壮言道，外壮言勇"的《内壮论》、"外资于揉，内资于药"《揉法》及《服药法》《内壮丸药方》《烫洗药水方》，按月份运气辅助以掌、木杵（槌）、石袋等拍打，最终以达到"久久加之，其臂腕迥异寻常，以意努之，硬如铁石。并其指，可贯牛腹；侧其掌，可断牛领；努其拳，可碎虎脑"①的功效。明代以《易筋经》为代表的导引之术显然已经与前代那些以延年益寿为主要目的的导引术有了明显的区别，其方法借鉴了古老导引的练气之法，并运用揉、木槌、石袋等外物辅以拍打，从而以达到"内壮外勇"之功效，这种导引、拍打的功效能令手臂、掌、指的硬度强到足以克敌制胜。其"小用之技"足以穿牛腹、断牛颈、碎虎脑，这一现状的产生说明了传统导引术在从"延寿"到"伤敌"的转变过程中，它的修炼手段和理论都有了重大的突破，这恰恰也开启了明代通过导引与武术相结合的方式来修炼内功的先河。清代民间社会下层群体中大量出现的以"刀枪不入"为特征的"铁布衫"神功盖出于此，可见明代导引、拍打与武术相结合的内功修炼方法对后世产生了深远的影响，这在中国导引术及武术发展史上都具有划时代的意义。

另外，明代气功已经开始与武术器械，如剑法，结合在一起，毕坤的《浑元剑经》中就有关于气功与剑法相结合的记载，这也是明代气功与武术相结合的一个重要特征。正所谓"练剑莫先于练气，练气要首在于存神"②，这正是气功与武术器械相结合的最真实的写照。

三　明代家族习武及传承方式

随着民间武术的发展壮大，家族群体习武的风尚开始出现并流行起来，家族式传承方式也逐渐成为民间武术传承的一种主要方式。明代家族群体习武以安徽休宁程宗猷程氏家族为代表，而少林寺少林僧徒的家族式传代制度则十分独特。

（一）家族习武之风

"中国的传统社会，是一个以血缘关系为基础的家长制宗法社会。在人类发展史上，血缘关系是人类社会最初的一种社会关系，然而在中国漫长的封建社会中，这种关系不断被强固，并不断被社会化，或社会关系血

---

① 周伟良：《〈易筋经〉四珍本校释》，人民体育出版社 2011 年版，第 79—103 页。
② 马力：《中国古籍武学秘籍录》（上卷），人民体育出版社 2006 年版，第 175 页。

缘化。社会关系的血缘化，在中国历史的进程中退化得非常缓慢，而且非常不彻底，它显示出了中国传统文化的某些基本特征。血缘关系的家族传代，……出于一种文化认同而自愿凝聚的模拟血缘关系，它既有血缘式的情感牵萦，又有在认同基础上世代相延的传承自觉。传统武术那令人羡慕的生命力，就是这种文化传承的结果"①。作为农耕文明时代一种民间传统文化的武术传承方式也必然交付给这种以血缘关系的家族传承，明代武术的家族群体习武似乎已经流行，这其中以安徽休宁程宗猷程氏家族习武为代表。

程宗猷程氏家族为明代晚期安徽休宁②的一大望族，这在万历四十一年赐进士第、原任福建宁府推官通家制侍生陈世俊写的《少林棍法禅宗集序》中有详细记载："新都程氏甲于邑里，其族数千人多业儒，取甲第，朱轮华毂相望，即沾而善贾，亦挟儒以行。有冲斗君者，族之奇士也。③"程氏家族有数千人，可谓当地一大望族，且在程宗猷（冲斗）之前家族是以"取甲第"的儒业为多，后在程宗猷习武的带动下，程氏家族的习武之风渐盛。在安徽休宁县令侯安国为《少林棍法禅宗》所写的序中记载，当程宗猷的侄子程子颐拿着《少林棍法禅宗》拜见侯时，曾问程子颐家族有多少人精通武艺，程子颐回答是"父子兄弟辈俱能之"，而且在五日后，程子颐及其家族的"程氏子弟十余人各手持其器至，刀戟犀利，鞭简皆悉数十斤。始命之独舞，再对舞，继之群舞，飘若飞雪，回若旋风。……"可见当时程氏家族中已经习武成风，程氏子弟们所习武术器械种类之多、功力之深厚，表明程氏家族的习武风气非短期内所形成。后来侯安国受天津巡抚李公之托，邀请程宗猷前往相助。程宗猷携带程氏子弟兵八十余人前往天津帮助训练士兵，更表明程氏家族中习武之盛。李公初见程氏子弟兵时，"李公见其人之威猛，器之精利，技之熟巧，欢然有当也。遂授宗猷以金书，子颐为守备，诸子弟皆把总等职"。

程宗猷当时挟资游少林寺学习棍法前后十几年，跟随其一起在少林寺

---

① 周伟良：《行健放歌——传统武术训练理论的文化诠释》，甘肃文化出版社 2005 年版，第 49—50 页。

② 休宁曾名为新都、新安，故在文献中对程宗猷籍贯有新都、新安不同记载，程宗猷著《少林棍法禅宗》自称"新都程宗猷"，程子颐的《武备要略》中自称"新安程子颐涵初著"。

③ 程宗猷：《少林棍法禅宗》，明天启刻本，南京图书馆善本部藏。

学习的还有其他程氏族人，《少林棍法禅宗纪略》中记载："余叔族武学生云水、侄君信、太学生涵初，昔同学少林棍法"。其中"太学生涵初"即为明代武术家程子颐，为程宗猷之令侄，并著有《武备要略》十四卷，其中卷八、卷十、卷十一、卷十二分别记载有关明代的武术器械及拳，卷八有鞭、大刀、画戟、峨眉铲、狼牙棒、长柄斧、天蓬叉、狼筅、滚牌、长拳；卷十有单刀法图说；卷十一有长枪法图说；卷十二少林棍法图说[①]。

从程氏家族的习武来看，至少在明天启年间，民间的家族习武已经盛行，程氏家族由于出现了程宗猷、程子颐等武术家，并有著述流传后世，故而才使我们对程氏家族的习武有所了解。由于明代武术文献史料的缺乏，我们可以了解到的其他习武家族不多，但从程氏家族的习武之风之盛来看，在明代鼓励民间习武的社会背景下，结合明代民间武术的发展，程氏家族的习武绝不会是个别现象，家族习武应该在明代相当流行。

（二）明代少林寺少林僧徒独特的家族式传代制度

少林寺作为明代武术的集大成之所，其法脉传承具有佛教僧徒的传代制度，但其武术传承更是具有非常明显的家族传承方式。

少林寺自北魏创建到金末，僧人虽有代数之分，但尚不具备家族形式。唐代以前寺院的主持及其他管理僧人都是从寺院高僧中挑选出来担任的，故而前后主持不一定有着师承上的关系[②]。元代福裕主持少林寺后，为了使其子孙代代相沿，世世相传，在广泛吸纳中国传统宗法思想的基础上，参照曹洞宗师曹山本寂在江西豫章传法时所创立的五十字派的基础上，他模拟世俗宗族的血缘传承方式，使少林寺开始确立一种师徒传承体系，为此他为少林寺制定了一份七十字辈的辈分传承谱系[③]：

福慧智子觉，了本圆可悟。

周洪普广宗，道庆同玄祖。

清净真如海，湛寂淳贞素。

① 程子颐：《武备要略》（十四卷，四库禁毁书丛刊，子部第 28 册，明崇祯五年刻本，中国科学院图书馆藏），北京出版社 1997 年版。

② 吕宏军：《嵩山少林寺》，河南人民出版社 2002 年版，第 441 页。

③ 释永信：《少林功夫》，华龄出版社 2007 年版，第 139 页。

德行永延恒，妙体常坚固。
心朗照幽深，性明鉴崇祚。
衷正善喜祥，谨悫原济度。
雪庭为导师，引汝归铉路。

　　少林寺七十字辈传承谱系的制定，使得少林寺俨然成为明代最大的中国宗法家族式寺庙。无论来自哪里，只要进入了少林寺后就会按照少林寺的这个传承谱系进入各辈分的僧人门下，这样少林寺武僧也不例外，也是按照这个谱系传承的。如少林寺有史料记载的武僧周友、洪转、洪纪、普明、广按、宗相、宗岱、宗擎等，当然史料记载的这些少林寺武僧有的名、号等不同，有的并不是按少林寺谱系的，主要是由于文献史料的阙如，记载的少林寺武僧名号不同而已，考证这些是极为复杂的。唐豪先生曾经试图按照少林寺这个谱系考证明代抗倭武僧，但考证结论实在有诸多偏颇。但随着少林武术体系在明代发展的成熟，少林寺这种家族式传承谱系是非常独特的，在中国武术传承历史演进中具有深刻的文化意义。

四　寺庙——明代民间武术交流的特殊空间

　　明代少林寺俨然成为天下武术的集大成显现地，成为武术习练者心中的圣地，并非偶然，纵观明代有关文献资料，可以发现寺庙在明代已经成为民间武术交流的特殊空间。明代诸多军事武术、民间武术正是通过寺庙这个空间进行着交流与传播，少林寺是明代寺庙中民间武术交流最具有代表性的特殊空间。

　　明代少林寺以棍法著称，但实际上已经是"传久而讹，真诀皆失"。明代文献记载俞大猷曾亲自到少林寺，并目睹了当时的少林寺棍法。俞大猷在其《正气堂集·新建十方禅院牌》中有记载：

　　　　予昔闻河南少林寺有神传长剑技。嘉靖辛巳岁，自北云中奉命南征，取道至寺。僧负其技之精者，皆出见呈之。予告其主持小山上人曰："此寺以剑技名天下，乃传久而讹，真诀皆失矣。"复着芒鞋，扶竹杖，游本山大小庵场，历达摩面壁石洞，遍览金乘珠藏、龙步虎音之区。见寺前有一山地，其形势更奇，又告小山上人曰："此地可建一小院，以增此寺之胜。"小山慨然曰："建院之责，愚僧任之，即平治其基已经始也。剑诀失传，示以真传，是有望于名公。"予谓："是非旦夕可授而使悟也。"即择其僧之年少有勇者二人，一名宗擎，一名普从，随往南征。三年之间，谆谆示之，皆得其真诀。虽未造于得手应心之神，其十步杀一人，千里不留行，亦庶几矣。乃辞归。

越十有四五载。今万历丁丑岁四月间，予适在京师神机营提调车兵，报有一僧求见，与之进，乃宗擎也。谓普从已成异物，惟宗擎归，以真诀广传寺僧，得其法者亦多也。因欲戒坛听戒，锡飞至此。予喜，复授之《剑经》，勉以益求其精之意云。

嗣又有本寺僧名普明者至，谓寺前山地，向命只盖一院。小山有志，未就而化。近主持幻休大师欲踵其事，命普明主之。普明乃本寺无空大师之嫡孙，恐力不逮，即抵京师无空俗徒御马监太监张公暹、卢公鼎、高公才，各输俸资以助之。近以落成，名曰十方禅院。乞名公赐文勒碑，以垂不朽。予以院为普明上人之主建，二三内相助成，其各存心，欲旦夕焚香祝颂：一则愿圣天子寿考之万年；一则愿四海民物之康阜；一则四方游僧过客，往来有所栖止；一则宗擎剑法，又得广传此院后进之行者。以待忠义之士，有时取卫社稷之用。其为利薄而功用大，概如此，非特增旧寺之胜而已也。故乐为之记①。

俞大猷所习的棍法学习自民间武术家李良钦的"荆楚长剑"，这是一种南方的棍术，俞大猷本人在棍法上有相当的造诣，在明代棍法名家中占有一席之地，其"俞公棍"享誉武林。那么少林寺选派的两名宗擎、普从跟随俞大猷南征三载，得到俞大猷谆谆教导的棍法即为来自民间的棍法，经宗擎、普从再传回少林寺后，就成为了"少林寺棍法"了，并且"以真诀广传寺僧，得其法者亦多"，后来宗擎再次拜见俞大猷时还获得了俞大猷的棍法《剑经》。在俞大猷为少林寺赐《十方禅院碑》的祝愿中，也表达出寺庙作为武术交流周转的功能：一是满足"四方游僧过客"来往栖息，这其中不乏外面来少林寺学习交流的民间武术家；二是希望宗擎将棍法传授给更多的后进者，一旦有些忠义之士学习了少林棍法，以备保卫社稷之需。

---

① 俞大猷：《正气堂集》，清道光刻本，复旦大学图书馆藏。

　　明代民间武术家程宗猷曾"挟资游少林寺"达十几年，并在少林寺得到多位少林寺棍法高僧的指教，先后跟随洪纪、洪转、宗相、宗岱、广按学习，并随师外出云游多年，为了学习少林棍法，将广按"千里秣马，迎请至六安"朝夕得以指教，终成为明代著名的少林棍法名家，其少林棍法专著《少林棍法禅宗》为现存最早的少林武术资料。程宗猷正是通过少林寺，使得少林棍法传播到广大民间。

　　陈元赟曾于明万历四十一年（1613）至少林寺学习少林一年有余，并在万历四十七年（1619）东渡日本，于明天启六年（1626）寄寓在江户城南虎岳山西久保国昌寺，并向逗留该寺的长州道浪人三浦屿次左卫门、矶贝次郎左卫门、福野七郎右卫门传授拳术[①]，而这三人后来成为日本柔道创始人，陈元赟亦被称为"柔道鼻祖"。

　　除了少林寺在明代成为民间武术家交流之地外，文献记载的其他寺庙亦是民间武术家云游辗转武术交流之地。明代另外一位武术家程真如，海阳人（今广东潮安），为学习天下最好的枪法，也曾云游到峨眉山一座寺庙中并得到普恩法师的指教，后来程真如将跟随普恩所学的枪法著成《峨眉枪法》流传后世，明末遗民兼民间武术家吴殳在其枪法名著《手臂录》中收录了该著。吴殳在其《手臂录》卷四《峨眉枪法·石敬岩枪法》中记载："崇祯癸酉，敬岩至娄，寓报本寺，余约同里夏君宣、玉如、陆桴亭拜学焉"，由此可知，明末民间武术家石敬岩也是在寺庙里传授吴殳等人枪法的。明代内家拳传人黄百家在自述其跟随王征南学习时，亦是裹粮前往宝幢的铁佛寺朝夕跟随王征南学习内家拳技，明代内家拳大师王征南也曾在宁波天童寺与该寺僧人切磋过武艺。

　　民间武术家出门云游，遍访天下名师进行交流，其落脚地一般会选择寺庙，这不仅因为寺庙可以为云游的武术家无偿提供住所，同时在寺庙这个空间里可以结识到有着共同目的的武术家，以便进行武术交流。在明代，出外云游提高技艺，似乎已经成为大多数民间武术家的共识，而在云游过程中，寺庙为这些武术家提供了可以进行武术交流的特殊空间。

---

　　①　陈元赟：《陈元赟集》，衷尔钜辑注，辽宁人民出版社 1994 年版，第 423—426 页。

第 九 章
明代武术的对外交往

中国与日本为一衣带水之邻邦，中日武术交流在明代达到了一个高峰。这一时期日本刀及其刀法传入中国，并为中国武术家所借鉴、改良；中国拳法传入日本并对日本的柔道等日本武技产生了重要影响。而朝鲜在中、日武术交流中起着重要的桥梁作用，朝鲜文献《武艺图谱通志》也为我国明代武术保存下了一些珍贵的古典武艺文献。明代中国武术也与琉球等其他国家均有交流。

第一节　明代中国与日本、朝鲜的武术交流

一　日本刀与日本刀法

明代嘉靖倭乱时，日本刀及其刀法流入我国，文献对日本刀及其刀法多有记载。戚继光认为："长刀，此自倭犯中国始有之。彼以此跳舞，光闪而前，我兵已夺气矣。倭善跃，一进足则丈余，刀长五尺，则丈五尺矣。我兵短器难接，长器不捷，遭之者身多两断，缘器利而双手使，用力重故也。"① 戚继光在嘉靖四十年（1561）台州大捷中缴获日本刀法原本习法及倭刀见图9—1、图9—2。除戚继光外，明代其他抗倭名将、军事家及武术家均对日本刀及刀法给予相当的关注。程宗猷对日本刀及其刀法有过深入研究，《单刀法选》记载的日本刀为双手握，"炼锻精坚，制度轻利，靶鞘等物，各各如法，非他方之刀可并，

刀长五尺，後用铜护刃一尺，柄长一尺五寸，共六尺五寸，重二斤八两

图9—1　戚继光仿制的倭刀

---

① 戚继光：《纪效新书》（十四卷本），范中义校释，中华书局2001年版，第82页。

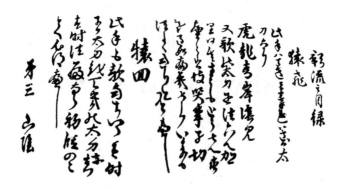

图 9—2　戚继光辛酉年得之阵上倭刀原谱

且善磨整光耀，令人见之射目寒心"①。何良臣称"日本刀，不过三两下，往往人不能御，则用刀之巧可知"②。郑若曾对倭寇使用的倭刀有较为详细的记载，他在《筹海图编》卷二下专门记载："倭刀有高下之分，技有工拙之别；一般每人配备大、小、长三种刀：长刀称为佩刀；长刀上插一小刀以便杂用；另外有刺刀，长尺的谓解首刀，长尺余的谓急拔；上等刀为上库刀，为日本各岛名匠制作，并封锁库中，世代相传；次等为备用刀。"③屈大均在《广东新语》卷十六《器语》对日本刀的记述，是明清时期关于日本刀的所有记述中最详细、最具体的。④正如兵器史家周纬所言："以刀而论，明代长刀、腰刀，均仿日本刀式，与宋元之刀大异，即其短刀，亦完全日本刀式也。"⑤对日本刀的仿制与使用，是明代武术器械的一个重要特点，同时也是明代中日武术交流史的一个重要特征。

　　明代日本刀制作精良，还继承了我国汉刀及环手刀的优点，它是在刀的制作材料、尺寸、分量等方面进行改进的基础上形成的。明代日本刀更加强调实战与攻击格杀的有效性，在被引入我国后，曾被改造成为新式刀制，并成为了明代军旅器械装备的一种，如长刀、腰刀，"均为先代所

①　程宗猷：《少林刀法阐宗·单刀说》，山西科学技术出版社 2006 年版。

②　何良臣：《阵纪注释》，陈秉才点注，军事科学出版社 1984 年版，第 108 页。

③　郑若曾：《筹海图编》，李致忠点校，中华书局 2007 年版，第 203 页。

④　屈大均：《广东新语》，中华书局 1985 年版，第 439—441 页。

⑤　周纬：《中国兵器史稿》，百花文艺出版社 2006 年版，第 168 页。

无，系仿日本大刀式，长其刃而短其杆，用两手握柄以砍劈敌人身体或其兵器者，与旧式长杆短刃之长刀大刀制恰恰相反。此种刀之效能较大，可用猛力砍劈，折断敌人长兵之柄，或削短砍损敌兵之刃，进而砍断敌人之身，非单手所执之刀剑，尤其是钢质不佳及体质较轻之刀剑之所能抵御也"[1]，除了这种经过日本刀改制的刀外，明代还有直接从日本经过多种途径输入的完全由日本制作的长刀，这些刀均被明代御林军所配备。

明代日本刀无论是制作之精良、外观之精美，还是实用上穿坚断韧之效能，都在当时享有盛誉，故而日本刀剑曾作为贡献方物、使臣自进物及国王附搭品等各贸易形式，经过多重途径输入到我国。有关研究表明，明代日本刀剑主要通过以下几种正常或私下途径输入[2]：

一是日本王室和商家对明朝廷的贡品或进献。从明初的海禁政策到日本不断来明奉物通好，日本向明朝进献的刀的品种及数量逐年增加。永乐元年（1403）刀的数量为一百把，宣德九年（1434）增加到二百零二把，刀的品种增加为撒金鞘太刀二把、黑漆鞘太刀一百把、长刀一百柄[3]，据估计日本足利王室各朝进献给明朝英宗以前各帝王的刀，有一千二百余把。日本使臣自进物[4]中刀剑的数量也很多，而自进物的主要物品是刀剑，如第八次遣明使的自进物是刀剑九百八十把；第十次的自进物有一号船大刀二百九十把，二号船大刀一百六十把，三号船大刀二百六十把。另外国王附搭品中刀剑数量也很可观，如第三次船上有大刀九千五百把、长刀四百一十七把；足利义教时永享六年（1433）第二次幕府船上的国王附搭品中大刀八百五十把，足利义政宽正五年（1464）第四次幕府船上的国王附搭品中大刀五百把，第十次三艘船上的国王附搭品中大刀一号船有一万二千九百五十四把、二号船有五千八百七十五把、三号船有五千三百二十三把[5]。

二是勘合贸易。由于日本刀剑自宋代就为国人所珍视，其锻造之精妙又无法模仿，如日本刀有一种软倭刀，《东西洋考》记载"倭刀其利，中国人多鬻之，其精者能卷之使圆，盖百炼绕指也"，另外明徐渤的《笔

① 周纬：《中国兵器史稿》，百花文艺出版社 2006 年版，第 166 页。
② 马明达：《说剑丛稿》（增订本），中华书局 2007 年版，第 198—199 页。
③ 木宫泰彦：《日中文化交流史》，胡锡年译。商务印书馆 1980 年版，第 566 页。
④ 所谓"自进物"是指自正使、副使以至从僧、通事等进献明朝的物品。
⑤ 木宫泰彦：《日中文化交流史》，胡锡年译。商务印书馆 1980 年版，第 573—574 页。

精》中也记载"嘉靖中胡总制宗宪，有软倭刀，长七尺，出鞘地上卷之，诘曲如盘蛇，舒之则劲自若"①。所以在日本每次派遣到明朝的勘合船上都带有大量刀剑，据日本学者研究②：第一、第二次勘合船所输入的刀剑还不到三千把，第三次已达九千九百六十八把，第四次达三万余把，第五次七千余把，第六次竟达到三万七千余把之多，第七、八次各达七千把，到第十次时就达到二万四千一百五十二把。这仅是所谓国王附搭品中的刀剑数量，如加上贡献方物、使臣自进物中的刀剑，数量还要大，前后十一次勘合船所输入的刀剑总额，恐怕不下二十万把。

三是私下输入，即走私。按照大明的规定，刀剑一律不准私自交易，统由明朝政府收买。明朝收买日本输入的刀的价格为③：第一、二次时，每把给一万文；第三次每把给五千文；第四、五、六次每把给三千文；第七次原定每把给一千八百文，但因使团一行在济宁闹出杀死明朝人的事件，在国王附搭品的七千把大刀中，只有五千把每把给价一千八百文，其余二千把每把只给三百文；第八次时，明朝对国王附搭品中的大刀七千把只接受三千把，其余四千把及使臣自进大刀九百八十把拒不接受，而且每把给价不过三百文，后经日本使者几次交涉，每把给价一千八百文。随着日本输入明朝刀剑数量的增多，其刀剑的质量在下降，每把的价格也再下滑，但刀剑输入所得利润是很高的，如一把刀在日本八百至一千文，明朝收买价分别是一万、五千文，后来三千文、一千八百文不等，由此可见刀剑利润是很高的，随着明朝收买刀剑数量的有限，日本刀剑开始走私输入。由于明代一直是实行海禁，禁止与日本人进行私下贸易，因此沿海的私下走私是一直存在的。明代日本刀剑制作精良，不但深受习武者喜爱备至，而且因其外观刀剑花纹精美，也是民间收藏者喜好的收藏品，虽然明代禁止民间私藏兵器，但从明代文献中的有关日本刀剑诗文，可以窥见民间收藏日本刀剑不乏其人。如明代唐顺之就在其《荆川集》中记载有一篇《日本刀歌》④：

① 木宫泰彦：《日中文化交流史》，胡锡年译。商务印书馆 1980 年版，第 574—575 页。
② 同上书，第 575 页。
③ 同上书，第 575—576 页。
④ 唐顺之：《荆川集》（文渊阁四库全书，第 1276 册），上海古籍出版社 2005 年版，第 225 页。

有客赠我日本刀，鱼须作靶青绿缥，

重重碧海浮渡来，身上龙文杂藻行。

怅然提刀起四顾，白日高高天炯炯！

毛发凛冽生鸡皮，坐失炎蒸日方永。

闻到倭夷初铸成，几岁埋藏掷深井，

日陶月炼火气尽，一片凝冰斗清冷。

持此月中斫桂树，顾兔应知避光景，

倭夷涂刀用人血，至今斑点谁能整。

精灵常与刀相随，清宵恍见夷鬼影，

迩来边围颇骄黠，昨夜三关又闻警。

谁能将此奠龙沙，边氓万户忻安枕，

古来神物用有时，且向囊中试韬颖。

有学者①认为，明清文献中对日本刀记述最为详细、最为具体者当推屈大均，他在《广东新语》卷十六《器语》中有关于"日本刀"的记载②：

粤多番刀，有曰日本刀者。闻其国无论酋王鬼子，始生，即以镔铁百淬之溪中，岁凡十数炼，比及丁年，仅成三刀。其修短以人为度，长者五六尺，为上库刀；中者腰刀；短小者解腕刀。初始时，杀牛马以享刀师，刀师卜日乃冶，以毒药入之，刀成埋诸地中，月以人马血浇祭，于是刀往往有神。其气色阴晴不定。每值风雨，跃跃欲出，有声，匣中铿然。其刀唯刻上库者不出境。刻汉字或八幡大菩萨、单槽双槽者，澳门多有之。以梅花钢、马牙钢为贵。刀盘有用紫铜者，镂镌金银者，烧黑金者，皆作梵书花草。有匕在刀室中，谓之刀奴。其水土既良，锤炼复久，以故光芒炫目，犀利逼人，切玉如泥，吹芒断毛发。久若发硎，不折不缺。其人率横行疾斗，飘忽如风，常以单刀陷阵，五兵莫御。其用刀也，长以度形，短以趋越，蹲以为步，臂以承腕，挑以藏撒，豕突蟹奔，万人辟易，真岛中之绝技

---

① 马明达：《说剑丛稿》（增订本），中华书局 2007 年版，第 204 页。

② 屈大均：《广东新语》卷十六《器语》（早稻田馆藏本），第 8 册，第 6—8 页。

也。其尤者以金银杂纯钢炼之，卷之屈曲如游龙，首尾相连，舒之劲直自若，可以穿铁甲，洞坚石。上有龙虎细纹，或旋螺花，或芝麻雪花。鐾之以金丝鐾则见，所谓绕指郁刀也，古有鱼肠剑，屈曲如环，此亦其类。刀头凡作二层，一置金罗经，一置千里镜，澳夷往往佩之。又有两刃如剑，隐出层纹，可沾积毒药，然皆不可多得。

屈大均这段记载"日本刀"的文字的确对"日本刀"进行了详细的记述，包括刀的制作过程、外形、制作材料、用法、功效等。屈大均为明末遗民，具有强烈的反清复明思想，他对当时器械的记载是为了寄托他的个人志向与意志，因而对刀的记载十分详尽。

从唐顺之及屈大均等人对日本刀的记载，表明明代日本刀在民间私人中有所收藏，至少在明末，仍然通过澳门等地向中国输入日本刀剑，这时期输入中国的刀剑品相有好有坏，私人收藏的日本刀大多具有很好的品相。明代日本刀用钢及外观设计都很精致，深受习武及文人的喜爱，有的甚至成为了文人墨客寄托情怀之物。

日本刀法也引起了中国军事家及武术家的高度关注。他们不仅对日本刀法进行深入的学习和改良，还将日本刀法积极融入中国武术体系之中。茅元仪在《武备志》卷八十六有："长刀则倭奴所习，世宗时进犯东南，故始得之。戚少保辛酉阵上得其习法，从而演之（见图9—3）。"① 在这之后，戚继光收录了日本刀原谱。明代文献记载的对日本刀法有精深研究的武术家有：程宗猷、刘云峰、石敬岩、吴殳等。程宗猷曾师从于得"倭刀真传"的浙江武林教师刘云峰，当时刘云峰所教刀法有势有法而无名，程宗猷为了使习练者易于记忆，便给势配图，给每个动作命名；程宗猷在学习了日本刀法后，又专程拜访了当时以刀法闻名南北的亳州郭五，发现郭五的刀法较之刘云峰刀法稍逊色；石敬岩为吴殳的武术启蒙老师，据曾与吴殳同学于石敬岩的清初理学家陆桴亭记述，石敬岩曾与浙江刘云峰一起同学倭刀，亦得"倭刀真传"。吴殳在其枪法名著《手臂录》卷三中有《单刀图说》，其中言及日本刀法："今倭国单刀，中华间有得其法者，而终不及倭人之精。"② 可见吴殳对倭刀法评价很高。毫无疑问，中国

---

① 茅元仪辑：《武备志》，华世出版社1984年版，第3233页。
② 吴殳：《手臂录》卷三《单刀图说自序》，山西科学技术出版社2006年版。

武术家在学习、吸收的基础上将改良、本土化后的日本刀法加入到了中国传统技法当中，因而日本刀法精华就融入到了中国武术体系之中。这一现象，我们从程宗猷的《单刀法选》及吴殳的《单刀图说》中就可以看出。

图9—3　戚继光根据倭刀谱改变演练的刀法

二　陈元赟与柔道渊源

图9—4　陈元赟画像

　　陈元赟①（1587—1671），原名珦，字义都，号芝山，别署羲都甫、士升、既白山人、升庵，因居住在名古屋九十四町，又署谐音菊秀轩，今浙江余杭人。陈元赟（图9—4）参加科举考试落第后，于明万历四十七年（1619）随商人到日本的长崎，因"患痾日久，腰钞皆尽，卒不得还"②，当时陈元赟三十三岁，自此辗转活动于日本各地一直未回，流寓日本五十二年，先后寄居长崎、江户、名古屋等地，陈元赟、朱舜水与日本著名学者藤原惺窝、伊藤仁斋、荻生徂徕、林罗山等并列为日本的"先哲"③。陈元赟为中日文化交流作出卓越贡献，他在日本积极传播中国传统文化，主要涵盖文学、艺术与武术领域，在散文、书法、茶道、制陶、武术等方面均有很深的造诣。

　　据说陈元赟于万历四十一年（1613），曾出外游学，到河南登封嵩山少林寺，在少林寺学习少林拳法一年多。陈元赟寄居日本后，辗转于日本各地。明天启五年（1625）四月，陈元赟到了江户（今东京），寄寓江户僧饭仓圭佐的草庵。次年，寄居江户西久保虎狱山国昌寺，传授拳法于僧圭佐、久圆以及流寓该寺的浪人福野七郎右卫门、矶贝次郎左卫门、三浦屿次右卫门。陈元赟传授给他们的拳法为"大明捕人之术"，后来福野七郎右卫门、矶贝次郎左卫门、三浦屿次右卫门三人各自精研陈元赟所授拳法，苦心研究，遂通蕴奥，遍传各地，并结合日本原有武技，逐渐改进，形成后世的柔道，该三人一直是公认的柔道祖师，而陈元赟则应是柔道的鼻祖。柔道取柔以克刚之意，以锻炼身体、修养精神为目的，以虚静调息为术，能不战而仆敌，其思想根源出自道家。柔道中的所谓"当身""杀活"之术，确为陈元赟所传入，其技法主要以拳肘或足尖锐击敌人要害，如"天倒（前顶）""乌兔（眉间）""人中（鼻下）""秘中（喉）""水月（鸠尾）"……等十余处，能使人一时气绝，略近于点穴。陈元赟即使到晚年（八十四岁）所著文字书法，也全无衰老之迹象，这也从一个侧面印证武术训练使其有过人的健康④。

────────────

　　①　对于陈元赟的研究，近年有学者亦指出诸多存疑，如查阅有关陈元赟出生地浙江杭州余杭境内，并无既白山，有关陈元赟在日本的活动，尤其是武术活动，多为日本文献，且为二手文献，故而对于陈元赟尚待深入研究。

　　②　陈元赟：《陈元赟集》，衷尔钜辑注，辽宁人民出版社1993年版，第2—4页。

　　③　衷尔钜：《陈元赟的事迹及其著作在日本的流传》，《文献》1988年第1期，第255页。

　　④　梁容若：《中日文化交流史论》，商务印书馆1985年版，第242—243页。

关于陈元赟与柔道渊源的相关资料，主要来源于日本的文献记载。如信夫恕轩《依田学海》有："我邦昔时未有拳法，归化人陈元赟善此伎，传之邦人，故此技以元赟为鼻祖"；日本《国史大辞典·陈元赟》："明归化人陈元赟于正保年间来江户授徒，有福野七郎右卫门、三浦屿次右卫门、矶贝次郎左卫门从其学，尽穷其技"；丸山三造《日本柔道史》："日本之有拳法，是近世陈元赟来我国定居后传三人（福野、三浦、矶贝）"；陈元赟传授给福野七郎右卫门、矶贝次郎左卫门、三浦屿次右卫门三人拳法的地点江户西久保虎岳山国昌寺因遭遇火灾，使得一些文稿手迹被焚，但所幸的是现存的一幅国昌寺文书旧记录，记载了陈元赟传授拳法的事实（图9—5）。原文大意为：大明国僧陈元赟于宽永二年（乙丑）四月上旬来居国昌寺，同月十六日为逗留于此的长州道浪人三浦屿次右卫门、矶贝次郎左卫门、福野七郎右卫门三人传授柔术。[①]

在陈元赟到日本前，日本已有本国拳法，陈元赟传授给福野等三人的拳法大概是一种改良过的拳法。陈元赟将"大明捕人术"结合自己所学的中国武术加以改进后，传授给福野等三人，而福野三人又通过不断糅合本国拳技对所学的拳技加以完善，并传播至日本全国。可以看出，柔道的创立是中日武术交流的结晶，而陈元赟对柔道的创立，功不可没，他应无愧于"柔道鼻祖"之称。但也正如有学者指出："有关陈元赟的习武传武之纵深研究，亟待今后中日两国新史料的发现"[②]。

图9—5　日本国昌寺文书旧记录

① 陈元赟：《陈元赟集》附录二《有关陈元赟资料辑录》，衷尔钜辑注，辽宁人民出版社1993年版，第444页。

② 周伟良：《古代武术的历史分期及其基本特征研究》，《中华武术研究》2012年第7期，第32页。

明代是中日武术文化交流活动达到高峰的一个时代，随着明代中日两国使者的频繁往来，日本刀及日本刀法传入中国，并为中国军事家及民间武术家所青睐。中国的传统武艺积极吸收日本刀法的精华，从而形成了中国明代的双手刀法。尤其是针对明代嘉靖年间的倭寇之患，明代军旅武艺进行了有效对抗倭寇日本刀法的武艺变革与创新，这在某种程度上促进了明代武术器械及技术的革新。如戚继光为了对抗倭寇刀法，创制了中国兵器长短兵配合的"鸳鸯阵"，创制了一些专门针对倭寇刀法的器械，如狼筅、藤牌标枪等；俞大猷在其棍法中也进行了针对倭寇刀法的技术改进；民间武术家程宗猷在跟随"得倭刀真传"的浙江武林教师刘云峰学习日本刀法后，"依势取像，拟其名"而编成《单刀法选》。经过程宗猷学习、演练的日本刀法，虽然言之"得倭之真传"，但其中已经融入了中国古代传统的刀法内容。"实际上《单刀法选》已不是日本刀法的原样，如五花刀，就是我国传统的练法。明代刀法既吸收了日本刀法的精华，又遵照中国刀法的传统，以套路形式创编刀书，这就使得日本刀法与中国刀法有机地结合起来，对后来武术刀法有一定的影响"①。

三　明代中、朝之间的武术交流

"由于地理、历史、交通关系，中、朝的剑术交流是直接的，中、日的剑术交流有时是间接的，有时是直接的。中、日剑术的直接交流，以中、朝的直接交流为其前提"②。已故著名武术史学者唐豪先生研究指出：朝鲜在中、日、朝的武艺交流中，尤其是以刀剑武艺为代表的武术交流中起着重要的桥梁作用。我国明代文献《武备志》曾辑录了一套"朝鲜势法"的古代双手剑谱，可以作为明代中朝武术交流的见证。这套剑谱在中国已经失传，是茅元仪经"好事者"从朝鲜所得辑录的，"古之剑可施于战斗，故唐太宗有剑士千人，今其法不传。断简残编中有诀歌，不详其说。有好事者得之朝鲜，其势法具备"③。该谱共有图势二十四势，包括击、洗、刺、格四种剑法，其中击法五种（豹头击、跨左击、跨右击、

---

① 蔡宝忠：《明代中日武术文化渗透带来的武道变革》，《沈阳体育学院学报》2004 年第 4 期，第 499 页。

② 中华人民共和国体育运动委员会运动技术委员会编：《中国体育史参考资料》（第六辑），人民体育出版社 1958 年版，第 61 页。

③ 茅元仪辑：《武备志》，华世出版社 1984 年版，第 3205 页。

翼左击、翼右击）、刺法五种（逆鳞刺、坦腹刺、双明刺、左夹刺、右夹刺）、格法三种（举鼎格、旋风格、御车格）、洗法三种（凤头洗、虎穴洗、腾蛟洗）。唐豪先生通过对该谱的研究，认为这部势法俱备的剑术书，图像是中国的古装，说明是中国汉文，无疑是从中国传去的。而其中五个剑"势"和日本五个剑"构"。基本相同，所谓"构"也就是中国所称的"势"。从相同的"势"和"构"考察，推定日本的"击剑"是以朝鲜为桥梁由我国传去的①。

除了我国明代文献《武备志》保存了这份中朝武术交流的珍贵见证外，朝鲜也有文献记载明代中朝武术交流尤其是刀剑的交流。成书于乾隆年间的朝鲜《武艺图谱通志》（图9—6）收集了明代戚继光《纪效新书》中枪、剑、狼筅等抗倭武艺，并增加朝鲜竹长枪等十二技，从而形成所谓"朝鲜十八技"，并撰写成书②。《武艺图谱通志》所载武技主要是收录了中国明代晚期兵家文献记载的武艺，有些明代武技文献在我国已难以寻

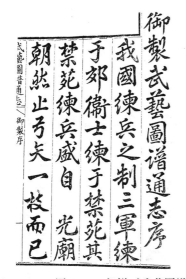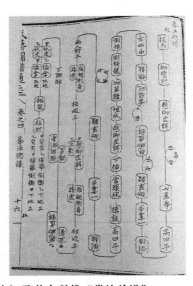

图9—6　朝鲜《武艺图谱通志》及其中所载"拳法总谱"

---

① 中华人民共和国体育运动委员会运动技术委员会编：《中国体育史参考资料》（第六辑），人民体育出版社1958，第56页。

② 李德懋、朴齐家撰：《御定武艺图谱通志·序》，韩国：东文选，1998年版。该书历经朝鲜"宣庙""孝庙"两庙时期完成，现藏于韩国国家图书馆。参考本为上海体育学院同门2009级博士生韩国朴一哲先生所赠。

觅，我们应该庆幸朝鲜为我们保存下了明代这些珍贵的武术文献。该著中主要收录了长短兵武艺，长兵如：长枪、竹长枪、旗枪、镋钯、骑枪、狼筅、棍棒；短兵如：双手刀、锐刀、倭剑、提督剑、双剑、月刀；马上双剑、月刀、鞭棍；以及杂器械的藤牌标枪、拳法等，多数为中国明代武艺，其中所收录的双手刀、双手剑谱尤为珍贵，在我国明代文献已难以寻觅。据马明达先生对该著研究指出，谱中所绘的人物服饰就是明代小说绣像中常见的人物服饰，绘画风格与明代徽刻小说绣像插图相近①。该著不但有图、谱，还绘有器械的运行路线图。《武艺图谱通志》使得中国明代一些珍贵武术文献得以保存下来，亦见证了明代中朝武术的交流历史。

明代时中朝两国在武术上的交流，尤其是古代军旅武艺的交流，源于古代朝鲜对明代制度的引进，包括明代武举制度的仿制。在古代朝鲜仿效明代建立军制的过程中，一些军事武艺的训练方法也随之引入，这其中就伴随着明代一些古典武艺流入古代朝鲜。如古代朝鲜高丽末期实行的武科举考试，就是直接取自明代，李朝沿用，武科考试的内容包括箭术、骑术、枪术等军旅武艺，"武科举考试同样分三段进行，有二十八人通过三年一次的考试，叫做'先达'，武科考试成为朝鲜科举制度的一部分，不仅开辟了定期招募武官的途径，也为贱民提供了升迁的门路"②。

明代时期中、朝两国在古代军旅武艺文献的交流中促进了两国的武术交流。古代朝鲜从明代引进了一些诸如《纪效新书》等明代军事文献，其中一些军旅武艺被朝鲜吸收到本国武艺中，《武艺图谱通志》中记载的"二十四般武艺"就是朝鲜吸收了明代《纪效新书》中的一些明代古典军旅武艺，并结合朝鲜本国的武技而形成的。尤其是明代时期赴朝助战的一些明代武将在帮助朝鲜训练军士，提高朝鲜士兵作战能力时，将明代军旅一些经典武艺传入朝鲜。如据《武艺图谱通志》中记载，"提督剑"就是明代武将李如松传留给朝鲜的剑法，"神宗朝提督以东事来者，有如松、刘铤、麻贵、董一元、李承勋、陈璘诸人，而刘以大刀名天下，……骆尚志（余姚人，以左参将出来，能举千斤，号骆千斤）访余卧次，因言朝鲜微弱而贼犹在境，乘天兵未回，习练兵法可以守国。余即驰启使禁军韩士立招募七十余人，往骆公请教，骆公拨帐下张六三等十人为教师，练习

---

① 马明达：《说剑丛稿》（增订本），中华书局 2007 年版，第 212 页。
② 王开文：《朝鲜半岛的武技史话》，《成都体育学院学报》1999 年第 2 期，第 9 页。

枪剑狼筅等技，云骆是李提督票下，提督剑之出于此钦"①。

由此可见，明代时赴朝援战时期使得明代一些军旅武艺枪、剑、刀、棍、狼筅等流传到朝鲜，促进了朝鲜武艺的发展，提高了朝鲜军士的作战能力。同时朝鲜在吸收明代军旅古典武艺的同时，也在不断发展本国的刀、剑技艺，如《武艺图谱通志》就记载有朝鲜"本国剑"（图9—7），俗称"新剑"，相传为新罗人黄倡郎所传，"则是朝鲜自创本国之谱也，……其剑其传，今距茅氏之世为百数十季"。

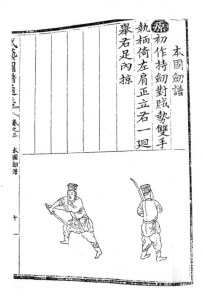

图9—7 朝鲜《武艺图谱通志》中"本国剑谱"

总之，明代时期中、朝两国刀、剑等武艺交流频繁，并为我国保存下了诸多今之国内不存的古典武术文献，由于史料阙如，我们对明代中朝武艺的交流还知之不多，有待于两国学者通力协作，共同参研，以期取得突破。

第二节　明代中国与琉球王国的武术交流

一　明代琉球王国的尚武及其武艺发展

"琉球②居东南大海中，自古不同中国"③，琉球的位置大致在日本与中国台湾之间，1368年经历元末动乱后建立大明王朝，明太祖朱元璋于明洪武五年（1372）派遣使者杨载往琉球诏告其即位建元，中山王察度遣其弟泰期随杨载入明来贡，从此开始了两国间的友好往来④。永乐二年

---

① 李德懋、朴齐家：《御定武艺图谱通志》，东文选1998年版。

② 琉球，在日本及中国古代文献中称为流虬、流鬼、瑠球、留求、流求、琉球等。琉球拥有自己的历史与传统，明洪武年间，中球两国正式形成册封关系，成为对中国皇帝纳贡称臣的属国。1879年，日本强行"废除"琉球王国，改为日本的冲绳县。

③ 张廷玉等撰：《明史》卷三百二十三《朝鲜列传》，中华书局2010年版，第8361页。

④ 陈小法：《明代中日文化交流史研究》，商务印书馆2011年版，第430页。

（1404），明朝和琉球两国正式建立了册封关系。明代册封使陈侃在去琉球册封时对琉球的位置记载："琉球国，在泉州之东，自福州视之，则在东北。是以，去必孟夏，来必季秋，乘风便也。国无典籍，其沿革不能详然。隋兵劫之而不服，元使招之而不从。我太祖之有天下也，不加兵而遣使，首效归附，其忠顺之心，无以异于越裳氏矣。"① 琉球王国受册封后也不断派遣使者来明朝进贡，在进贡给明朝的贡物中有刀等武器，如明崇祯二年（1629），琉球为祝贺明帝登基特遣使并进贡物品，其中即有"金光金鞘金起鲨鱼纹靶腰刀两把、银光银鞘银起鲨鱼纹靶腰刀两把"②。在伴随着明朝与琉球王国的人员来往中，也必然会伴随着古代武器及其技法武术的交往。

琉球也是一个崇尚武艺的民族，其人民好勇习斗，《隋书·琉球传》中有对琉球王国民俗的记载，如其"国人好相争斗"，"两阵相当"，必有"勇者三五人出前跳躁，交言相骂，因相击射"；"如有不胜，一军皆走，遣人致谢，即共和解。收取斗死者，共聚而食之，仍以髑髅将向王所。王则赐之以冠，使为队帅"③。

琉球王国在经历从原始社会到封建社会的进程中，其本国武艺在不断演进④：自11世纪末，琉球王国由村落规模的集团天孙氏统治，1187年被权臣利勇灭亡，镇西八郎之子尊敦平息权臣利勇后成为琉球王朝初代舜大王，在舜大王时期琉球王国曾引进了日式兵术，其后琉球王国开始进入中山王、北山王和南山王三足鼎立的战国时代。1337年琉球王国的中山王为了加强武力，开始向邻国（明朝）进贡，在中琉之间的双向进贡交流中，琉球王国的武器如刀及留学生将中国明代的武术和文献带回琉球王国。在中山王巴志灭掉北山王、南山王后，结束了琉球王国的三足鼎立局面而得到统一，为了加强武力、便于求助于外国，将琉球王国国都迁至贸易港口良港的所在地首里（泊港、那霸港），主要与中国、日本、东南亚及朝鲜等国进行贸易来往，这一时期在与外国进行贸易交流中，一些武

---

① 陈侃：《使琉球录》（丛书集成初编），商务印书馆1937年版，第53—54页。

② 北京图书馆文献信息服务中心剪辑：《明毅宗时代与琉球王国关系之研究——台港及海外中文报刊资料专辑（特辑）》，书目文献出版社1987年版，第4页。

③ 米庆余：《琉球历史研究》，天津人民出版社1998年版，第13页。

④ 松尾兼德左近：《琉球王府秘传武术》，许福海、郭蒲君译，韩连斗、阎海校，人民体育出版社1995年版，第31页。

器、武具（甲胄等）被引入，同时使用武器的武技（包括中国武术）亦得以流入琉球王国，而此时期琉球王国的武艺主要以使用兵器为主，如棒、杖、镰、锹、权、四节棍、三节棍、双节棍、铁柱、铁甲、手里剑、薙刀、磨石、山刀、蛮刀（又称青龙刀，二尺二寸五分）、两刀（二尺三十五分）、剑（二尺八寸），一般琉球古代武术有"八种"之说①。1429年，巴志建立琉球王国第一个尚氏时代，为了加强权力、防止叛乱，开始了禁武政策。在琉球王国禁武时期，琉球王国古代武术也在不断发展，由于禁止国民习练刀、剑等兵器武艺，因而琉球王国习武开始转向以棍棒、铁尺、丁镰、锁、龟甲等兵农二用物传习②。在琉球王国的国都首里，日本、中国及东南亚等国的商船鳞次栉比，使琉球王国的武士接触到这些国家的武术，在琉球古代武艺中逐渐增加了徒手技艺，加之此时期禁止刀枪剑棍等政策，徒手武技开始得到较快发展，琉球王国在吸收中国、日本及东南亚各国徒手技艺的基础上，结合本国武艺，形成了一种徒手拳术，这就是后来的"空手道"，而这一形成过程中主要是吸收了中国福建的武术拳种。

二 唐手——明代福建南拳与琉球王国武术交流

琉球有"万国津梁"之称，在14世纪以后的东亚海域交通尤其是中转贸易上发挥了重要作用③。因此，琉球王国与明朝、日本、朝鲜等东亚国家贸易往来频繁，尤其与明朝贸易人员来往众多，这其中就使得明朝时福建南拳流入琉球。明洪武二十五年（1392），明太祖朱元璋为了加强与琉球之间的贸易来往，增强琉球王国造船水平，曾"嘉其修职勤，赐闽中船工三十六户，以便贡使往来"④，并在福州设立"柔远驿、进贡厂、球商会馆"，以方便琉球方面来明朝使臣和商人居住。三十六户相继在琉球那霸港附近的久米村居住，传播中国文化，这其中就有福建的南拳⑤。琉球在引入福建南拳的基础上结合古代琉球武术，逐渐形成了一种独特的武技，称为"唐手"，即中国拳术之意。有文献记载明宪宗成化十五年

① 龚鹏程：《武艺丛谈》，山东画报出版社2009年版，第185页。
② 凌耀华：《琉球古代武术》，《中华武术》1988年第7期，第22页。
③ 陈小法：《明代中日文化交流史研究》，商务印书馆2011年版，第430页。
④ 张廷玉等撰：《明史》卷三百二十三《朝鲜列传》，中华书局2010年版，第8362页。
⑤ 陈荣亮：《话说中日武术文化交流》，《中华武术》1993年第4期，第22页。

（1479），有琉球人到福建专门拜师学习福建南拳，历经五六年后回到琉球，并将从福建学习的拳术与琉球的古拳法结合，在此基础上琉球开始形成一种武技，称为"乙"（音 Te），原文系"手"的意思①，又因为这种拳法主要来自明朝，故而称为"唐手"，以示其本源，明末一些身怀武技的志士逃往琉球，更进一步促进了"唐手"的技术发展，"唐手"即是"空手道"的雏形②。

琉球王国在"唐手"逐渐成形后，形成了三种不同风格的流派：泊手、首里手、那霸手。泊手主要是明代福建水手传过去的，其后传承不显；首里手是从我国传入琉球并在首里王朝武士中流传；那霸手起源甚早，多推至东恩纳宽量，其母亲为福州人，曾从琉球到福建学习鹤拳多年③。明代时期琉球王国的首里、那霸港为贸易通商港埠，人员往来频繁，习武之风甚盛，才逐渐形成了"唐手"的三种风格，这三种"唐手"均与我国福建南拳有着直接或间接的联系。虽然有关明代福建南拳与琉球王国古代武艺具体交流而形成的"唐手"史料缺失，但"唐手的缘起与明代中国武术的传入有着无法割舍的密切关系，其实'唐手'一名，亦已透露出了它的文化源头"④。

明代琉球王国"唐手"与明代中国福建南拳的历史渊源，至今仍清晰地反映在技术特征与福建南拳相似上，如"那霸手与福建南拳颇有相通之处：福建南拳称'三战''一百零八'，空手道也称'三战''一百零八'；福州南拳称'技手''靠手'，那霸手也有'技手''靠手'之称"，另据 20 世纪 80 年代报道称，日本空手道代表团来福建访问时，带来了《白鹤拳谱》，称其先祖就是按此拳谱训练方法，一代一代地传下来的，此《白鹤拳谱》即为由福州传出去的手抄本，与福州老拳师保存的

---

① 黄秀玉、苏肖晴、李奇虎：《日本空手道与福建南拳的历史渊源》，《体育文化导刊》2002 年第 2 期，第 36 页。

② 琉球归入日本改为冲绳县后，琉球教育本门从 1927 年就专门研究发展"唐手"的问题，在那霸市主办的"冲绳唐手座谈会"上决定把"唐手"改为"空手"，因为在日语中"唐"和"空"发音相同，均为"KARA"，并加入"道"，效法"柔道""剑道""茶道"等，成为一种修炼方法，日本的武技一般都上升到"道"，将武技作为一种人生修炼方法，进入一种"道"的境界。

③ 龚鹏程：《武艺丛谈》，山东画报出版社 2009 年版，第 186 页。

④ 周伟良：《古代武术的历史分期及其基本特征研究》，《中华武术研究》2012 年第 7 期，第 32 页。

拳谱是一样的，可以看出空手道先祖早期练习的即是福建白鹤拳①。查阅最近出版的《福建武术拳械录》② 也可以清晰地发现福建武术套路多以"三战""罗汉三战""大套三战""三战十字"等名称。从当代空手道的"型"的演练来看，其运行的路线与福建南拳套路运行路线基本相似，都是运动幅度不大的为左右、前后运行，有的成"T""工"字形，发劲短促，这与空手道的技术源流来自福建南拳有着密切的联系。在空手道后世形成的流派中，其宗师也多曾学习福建南拳多年，深受福建南拳技术的影响，如刚柔流空手道的东恩纳宽量曾师从福建南拳"鸣鹤拳"拳师谢如如（族字宗祥）；上地流空手道创始人曾师从福州拳师周子和学习虎形拳。

　　明代中、日、朝、琉球的武术交流频繁，从地理位置及人文环境因素来看，是由于中国与日本、朝鲜、琉球等国隔海相望且相互之间历来就有着频繁的文化交流。浙江宁波、福建福州与日本、琉球贸易、人员往来频繁，作为中国传统文化的武术及兵器自然也随之与这些国家进行交流，并在相互交流中各有裨益。明代浙江余杭的陈元赟经宁波东渡日本将中国拳法传往日本，对日本柔道的发展作出了不可磨灭的贡献；日本的倭刀及倭刀法从浙江沿海进入浙江，被民间武术家吸收而加以创新，形成了明代双手刀法；福建的南拳与琉球古代武术相互交流，形成了"唐手"，这是当今"空手道"的源头；明朝时期的朝鲜曾作为中日武艺刀剑交流的中转站，不断在中、日、朝三国间进行武术文献及技艺的交流传播，促进了明代中、日、朝三国刀剑武艺的交流。明代中国派往朝鲜进行援助的武将，将明代军旅武艺传给了朝鲜军士，而朝鲜在吸收明代古典武艺的同时，结合本国武艺对明代武艺进行不断增减，并将这些武艺形成图谱，为保存我国明代武术作出了贡献。从文献资料及明代武术发展的史实来看，明代武术对外交流不但频繁，而且对促进中外武艺的交流发展提供了很有价值的历史启迪：各国武艺只有在不断的交流与融合中才会有创新与发展。

---

① 国家体委武术研究院编纂：《中国武术史》，人民体育出版社1997年版，第273—274页。

② 林萌生主编：《福建武术拳械录》，人民体育出版社2011年版。

余　论

一

　　从历史夹缝窗口审视明代武术史的演进：明代"前承"之曾长期严禁民间私藏兵器及习武的元代，"启后"之清代中国武术大发展，需要将明代武术史放在这种时空交错中审视其孕育、发展与演进。

　　明代始终有"北虏南倭"边防之外患，并时常伴随着国内农民起义、暴动、边远地区少数民族叛乱及兵变之内忧。明代这种在外有远患、内有近忧的时代历史时空交错下，摆在明朝统治者面前的这些亟待解决的问题，就是付诸"武备""暴力"，迫使其重视武备发展。明代不仅涌现出诸如戚继光、俞大猷这样的精通武艺的武将，还有诸如唐顺之等文武兼备的将才。明代后期文人谈兵之风更是一派尚武气象。民间武术也涌现出多家各有绝技的武术家，如程宗猷、张松溪、王征南等。

　　明代是通过农民起义推翻元代建立起来的，元代由于是蒙古族建立的政权，曾长期严禁民间习武及藏有兵器，实行严格的民间习武"禁令"，使得民间武术的发展不得不以隐藏的形式发展，明代建立后，使得元代隐秘发展武术的巨大空间得以释放，逐渐活跃起来。明代武术呈现出愈来愈盛的不同发展阶段与特征：明代初期，风土各异所长的不同地域习武日盛；明代中期，阶级矛盾激化的农民起义、暴动映射出的民间武术发展景象；明代中后期，倭患交加下军旅武艺与民间武术的交流。

　　明代初期由于明太祖朱元璋对文武兼备的重视，倡导文人习武之风，在科举、学校教育中推行文武并重政策，推动了明初文人习武之风，如明代中晚期的文人、儒生谈兵、尚武之风以及明末东南遗民文士的尚勇习武活动盛行。

二

明代武举、武学制度更加完备，军旅武艺与民间武术相互交流。

明代武举制度经弘治、正德时期的初步完备，嘉靖、万历年间的不断完善，至天启、崇祯时期成熟，明代武举不断得以完善与加强。尤其是明代中晚期，明代统治者在急需大量武勇人才充斥明军中下级军职时，在选将上从世袭武职取士逐渐转向武举取士，这在一定程度上刺激了广大下层习武群体，并促使了习武之风在明代区域内的形成。武举应试者及中式者数量的不断扩大，足以窥见当时习武之风之盛。上至军队中武职军官及士兵，下至民间广大有武勇者，都形成一种"尚武"之俗，明代晚期民间武术发展的兴盛与明代武举的成熟是同步的。

卫所制是明代最主要的军事制度，为明太祖朱元璋根据隋唐时代府兵制所创。明代重视对军队的武艺训练，文献中多有记载关于皇帝督促军队训练的诏令，对军队训练的考核、奖惩亦有严格的规定。明代除了"正规军"军籍士兵外，还有其他非正规兵制的地方武装，这些兵不入军籍，而在国家非常时期才被朝廷征用，如民壮、乡兵及土兵。乡兵武技大多具有地域特色，虽然不像军旅武艺那样经过严格的训练，但这些乡兵的武技却各有所长。乡兵们使用的某些特定的器械既丰富了军旅武艺，同时也推进了这些具有地域特色的武艺进一步发展。乡兵在每次进行征讨外敌入侵、镇压农民起义及对抗外族入侵时都不同程度地提高了这些具有乡土特色的武技。此外，有些武技再次流入民间，成为地方民间武术的代表。

明代军旅武艺主要是长短冷兵器。除了传统的长枪、刀等冷兵器外，明代后期在东南御倭练兵的戚继光对明代军旅兵器也进行了一些改进和创新，如狼筅、藤牌刀等是吸收了土兵、乡兵的地方武器，并适当改进，使得明代军旅武器更加丰富起来。同时这一时期军旅武艺与民间武术也在相互交流中得到提高，如民间武术演练的"花法"被带入了军旅武艺中。而仅作为"活动肢体"、无益于军旅武艺的拳术却越来越得到民间武术的重视，并在明代后期成为诸艺之冠，这也是拳术在清代逐渐兴盛的开始。

明代军旅武艺的发展一定程度上促生了军事著作中武术文献的涌现，诸多明代军事著作中就保留下了具有极高价值的武术篇章，如戚继光的《纪效新书》、何良臣的《阵纪》、俞大猷的《续武经总要》、茅元仪的

《武备志》、郑若曾的《江南经略》等。明代军事著作中的古典军旅武艺不仅保存了珍贵的武术史料，亦揭示出明代武术中军旅武艺与民间武艺的双向交流。

三

明代已经形成了以棍著称而名满天下的少林武术、以拳法枪法闻世的峨眉武术、有别于少林的浙东内家拳及器械和西南少数民族壮族武术等典型武术。

明代少林武术以棍法著称，明代少林武僧中以棍出名者不乏其人，如洪纪、宗相、宗岱、广按宗师等。明代少林棍法有势、有路、有谱，已经形成了体系完备的棍法流派。明代少林寺武术虽以棍法为宗，并不仅限于棍法，还有枪法、拳法，明代后期少林寺武术转向主攻拳法。少林僧兵以铁棍抗击倭寇是少林武术在明代显扬的一个契机，使得少林武术在明代后期有了"今之武艺，天下莫不让少林"的声誉，少林武僧在东南沿海与倭寇进行的血与火的抗击中以精湛的武艺和保邦靖世的民族精神使得少林武术声名远播。少林武术的棍法之所以在抗倭及戍边、镇压农民起义及少数民族反抗中屡建奇功，与少林棍法的技术特征表现为拥有与军旅武艺一样的实用性和实践性是分不开的。同时明代少林武术开始向社会上传播，并与民间武术进行了广泛的交流，因此，少林武术亦汲取了明代民间武术的精华。至迟在明中晚期，少林武术已经发展成为棍、拳、剑等有器械、徒手及对抗搏击技术庞杂的体系。

在明代，若仅以拳法、枪法而论，峨眉武术当在少林之上。峨眉武术也是在史料中有着清晰记载的明代武术流派，其历史发展及声望在明代稍逊少林。峨眉拳这时已经有成熟的套路，其套路起落、刚柔、动静、转合等合理有序，明中叶之前峨眉武术的拳法要早于少林武术的拳法。峨眉枪法的源流文献最早追溯到明代峨眉山普恩禅师，普恩将峨眉枪法之动静进止之机、疾迟攻守之妙悉心传授给程真如，程真如将普恩禅师所传授的枪法写成《峨眉枪法》一书流传后世。程真如曾将《峨眉枪法》传授给翁惠生、朱熊占。吴殳于1662年冬天在鹿城盛辛五家中巧遇朱熊占，并跟随朱熊占学习峨眉枪法还得到了朱熊占的惠赠《峨眉枪法》枪谱，并将《峨眉枪法》收录在其枪法名著《手臂录》中，使其得以为后世所知。从明代至清初，虽然有关峨眉武术的文献有所缺失，但是这并不影响我们从现存的文献中看出峨眉武术尤其是枪法在明朝时期是有着较为连续的传承体系的。从吉光片羽的有关明代峨眉武术的文献记载来看，峨眉武术在明代大体已经形成拳法、枪法、铲法等包括徒手及器械在内的完整体系。

从明代有关武术的文献资料来看，明代浙江的武术已经发展得相当成熟，如戚继光在《纪效新书》中所列的浙江武术的拳种与器械流派，就有六步拳、温家七十二行拳、青田棍等。明代浙东地区还出现了源流清晰、传承有序而有别于少林拳的内家拳。还有一些文献记载的器械也是在中国武术发展史上具有重要地位的。明代浙江著名的具有当地地域特色的武术器械有狼筅、青田棍、钯、双手刀，明代文献还记载了精通这些器械的民间武术家。如在明代嘉靖年间抗倭战争中精通双刀的浙江湖州"天都侠少"项元池、精通日本双手刀的浙江武林教师刘云锋、精通少林拳法并在中日武术交流史上产生了深远影响的日本柔道鼻祖浙江余杭人陈元赟，这些武术家的生平及其武艺虽大多难以考证，但文献确凿记载明代浙江确实出现过一批著名武术拳种、器械流派及民间武术群体，这既与浙江这块土地有着源远流长的武术传统有关，又与浙江作为明代抗倭主战场有着密切的关系，还与浙江作为明代对外交流口岸，与海外有着悠久的武术交流有密不可分的关系。

明代嘉靖年间岭南壮族的粤右（广西）"狼兵"因被朝廷征用，万里赴浙抗倭，令不可一世的倭寇闻风丧胆，使"狼兵"名震天下。而"狼兵"使用的武艺即为壮族武术的一部分。瓦氏及狼兵的此次不远万里抗倭，为壮族文化与中原文化在武术、医药及军事方面的交流作出了巨大贡献。

四

明代的武术以所谓的"十八般武艺"、趋于成熟的武术套路、种类繁多的武术拳种以及较为完备的武术功法为基本特征，标志着中国武术体系的基本形成。

"十八般武艺"泛指多种兵器，在不同的时期有不同的名称，明代开始出现了"十八般武艺"的具体名称。"十八般武艺"的具体名称虽有所不同，但大体覆盖明代武术器械的短、长、软、杂器械，而每种器械亦因形制不同，形成同型异制的兵器。"十八般武艺"由泛指多种兵器到指代具体武艺名称的演进，表明武术在民间向庞杂方向发展，相较军旅武艺出现了明显的不同发展趋向。武术器械形制的各异，必然带来技术的变化，形成不同的技击方法，并且使得武术器械的使用方法各异。同种器械发展成为不同形制，也会形成不同的使用方法，由此出现各种风格及流派的器械。

明代武术套路趋于成熟。明代出现了拳术、器械套路的图、谱、口诀，以及套路的运行路线。明代武术对套路的结构、运动形式有了明确的规定，还出现了单练与对练两种演练形式，这显示明代武术的套路形式较之宋代更加趋于成熟。程宗猷的刀法图谱及戚继光的拳术图谱为最早记载的图、谱并茂的器械及拳术套路。

明代中叶以后，中国武术开始形成不同风格的拳种、器械门派体系，各家流派均以不同风格的拳法、器械或称雄一时、或各擅一技而名震一方。明代拳法并立争雄、竞相发展；明代刀法蔚为大观、卓有成就；明代剑法民间隐匿、域外存留；明代诸家棍法蔚为大观、各臻妙际；明代枪法并世共存、竞相争雄；明代杂器械琳琅满目、构造奇特。

作为武术整体的一部分的功法在明代武术中也有所发展。明代武术功法主要体现在武术训练拳法及器械的辅助功法和裂石开碑、卷铁舒钩等武术硬功方面。

五

明代民间武术在技术发展和理论发展这两方面分别呈现出了不同的特征。

明代民间武术发展的技术特征表现为：在明代军旅武艺向民间武术过渡的过程中，器械为主的武术流派逐渐显现，拳种的兴起以及作为民间武术诸艺之冠的地位逐渐确立。

明代民间武术发展的基本理论特征为：武术中拳法器械图谱的势、谱、诀完备；明代拳棍为诸技之首的确立；明代武术开始出现了分类标准，即长拳与短打；明代武术四大技法"踢、打、跌、拿"体系形成且各分畛域；明代导引、拍打之术与武术开始出现结合，即武术内功的形成。

在明代，随着民间武术的发展壮大，家族群体习武开始出现并流行，家族式传承方式也逐渐成为民间武术传承的一种主要方式。家族群体习武以安徽休宁程宗猷程氏家族为代表，而少林寺少林僧徒的家族式传代制度则十分独特。

明代少林寺成为天下武术的集大成显现地、成为武术习练者心中的圣地并非偶然。纵观明代有关文献资料，可以发现寺庙在明代已经成为民间武术交流的特殊空间。明代诸多军事武术、民间武术正是通过寺庙这个空间进行交流与传播的，少林寺是明代寺庙中民间武术交流最具有代表性的特殊空间。

六

明代中国武术与日本、朝鲜、琉球诸国的对外交往，促进了中国武术及各国武艺的发展。

明代是中国武术对外交往的高峰时期，这一时期日本刀及其刀法传入中国，并为中国武术家所借鉴、改良；中国拳法传入日本并对日本的柔道等日本武技产生了重要影响。而朝鲜在中、日武术交流中起着重要的桥梁作用，尤其是古代刀剑法，朝鲜文献《武艺图谱通志》也为我国明代武术保存下了一些珍贵的古典武艺文献。中国福建南拳传入琉球王国，促进了琉球王国创立"唐手"，即空手道，这是中国武术与琉球王国武术交流的结晶。

主要参考文献

一　著作

[1] 采九德：《倭变事略》，神州国光社 1946 年版。

[2] 查继佐：《罪惟录》，浙江古籍出版社 2012 年版。

[3] 陈宝良：《明代社会生活史》，中国社会科学出版社 2006 年版。

[4] 程大力：《少林武术通考》，少林书局 2006 年版。

[5] 程子颐：《武备要略》（十四卷，四库禁毁书丛刊，子部第 28 册，明崇祯五年刻本，中国科学院图书馆藏），北京出版社 1997 年版。

[6] 程宗猷：《少林棍法禅宗》，明天启刻本，南京图书馆善本部藏。

[7] 范中义，仝晰纲著：《明代倭寇史略》，北京中华书局 2004 年版。

[8] 谷应泰撰：《明末纪事本末》，中华书局 1977 年版。

[9] 郭希汾：《中国体育史》（影印本），上海文艺出版社 1993 年版。

[10] 郭志禹：《中国武术史简编》，人民体育出版社 2007 年版。

[11] 国家体委武术研究院编撰：《中国武术史》，人民体育出版社 1997 年版。

[12] 邝露：《赤雅》（丛书集成初编），商务印书馆 1936 年版。

[13] 黎光明：《嘉靖御倭江浙主客军考》，哈佛燕京学社 1933 年版。

[14] 李德懋、朴齐家撰：《御定武艺图谱通志·序》，东文选 1998 年版。

[15] 林伯原：《中国武术史》（增订本），五洲出版社 1996 年版。

[16] 龙文彬：《明会要》，中华书局 1956 年版。

[17] 马明达：《说剑丛稿》（增订本），中华书局 2007 年版。

[18] 茅元仪辑：《武备志》卷首《茅元仪传》，华世出版社 1984 年版。

[19] ［美］牟复礼、［英］崔瑞德编：《剑桥中国明代史（1368—1644)》，中国社会科学出版社 2007 年版。

[20] 木宫泰彦：《日中文化交流史》，胡锡年译，商务印书馆 1980 年版。

[21] 南炳文、汤纲著：《明史》（上），上海人民出版社 2008 年版。

［22］戚继光:《纪效新书》,曹文明、吕颖慧校释,中华书局 2001 年版。

［23］戚继光:《纪效新书》,马明达点校,人民体育出版社 1988 年版。

［24］戚继光:《练兵实纪》,邱心田校释,中华书局 2001 年版。

［25］戚继光:《止止堂集》,王熹校释,中华书局 2001 年版。

［26］顺炎武:《日知录》,黄汝成集释,上海古籍出版社 2007 年版。

［27］松田隆智:《中国武术史略》,吕彦、阎海译,四川科学技术出版社 1984 年版。

［28］王世贞:《弇山堂别集》,魏连科点校,中华书局 2006 年版。

［29］温玉成:《少林访古》,百花文艺出版社 1999 年版。

［30］无谷,刘自学编:《少林寺资料集》,书目文献出版社 1983 年版。

［31］吴晗:《明史简述》,中华书局 2005 年版。

［32］习云太:《中国武术史》,人民体育出版社 1985 年版。

［33］严耀中:《佛教戒律与中国社会》,上海古籍出版社 2007 年版。

［34］叶封:《少林寺忠》,江苏广陵古籍刻印社 1997 年版。

［35］佚名:《嘉靖东南平倭通禄》,神州国光社 1946 年版。

［36］俞大猷:《正气堂集》卷 6《复台州陆教授书》,清道光刻本（复旦大学图书馆藏）。

［37］张纯本、崔乐泉:《中同武术史》,文津出版社 1993 年版。

［38］张廷玉等撰:《明史》,中华书局 2010 年版。

［39］郑若曾:《筹海图编》,李致忠点校,中华书局 2007 年版。

［40］《中国兵书集成》编委会编:《中国兵书集成》,解放军出版社、辽沈书社联合出版 1989 年版。

［41］《中国野史集成》编委会、四川大学图书馆编:《中国野史集成·罪惟录》,巴蜀书社 1993 年版。

二 论文

［1］蔡宝忠:《明代中日武术文化渗透带米的武道变革》,《沈阳体育学院学报》2004 年第 4 期。

［2］岑沫:《壮族女英雄瓦氏大人率广西狼兵抗倭之谜》,《文史春秋》2010 年第 7 期。

［3］陈荣亮:《话说中日武术文化交流》,《中华武术》1993 年第 4 期。

［4］黄秀玉、苏肖晴、李奇虎:《日本空手道与福建南拳的历史渊源》,

《体育文化导刊》2002 年第 2 期。

[5] 李吉远：《明代壮旅"狼兵"抗倭武艺考》，《体育学刊》2012 年第
1 期。

[6] 李建军：《明代武举制度述略》，《南开学报》1997 年第 3 期。

[7] 林伯原：《明代刀法的丰富与发展》，《体育文史》1992 年第 1 期。

[8] 林伯原：《明代的击剑活动与古侠剑诀剑法的搜寻》，《体育文史》
1993 年第 5 期。

[9] 林伯原：《明干拳法门类的大量出现及其发展》，《体育文史》1991
年第 6 期。

[10] 林伯原：《"内家拳"与"外家拳"》，《武术健身》1984 年第 1 期。
转引自四明内家拳总部资料。

[11] 凌耀华：《琉球古代武术》，《中华武术》1988 年第 7 期。

[12] 王继东：《明代的僧兵——以少林僧兵为考察中心》，西南大学
2010 年硕士学位论文。

[13] 王开文：《朝鲜半岛的武技史话》，《成都体育学院学报》1999 年第
2 期。

[14] 王赛时：《裂石开碑，卷铁舒钩——中国古代硬功趣谈》，《中华武
术》1992 年第 7 期。

[15] 谢建平：《明代武举与社会》，华中师范大学 2002 年硕士学位论文。

[16] 张如安：《内家拳人师张松溪生平辨误》，《体育文化导刊》1988 年
第 4 期。

[17] 衷尔钜：《陈元赟的事迹及其著作在日本的流传》，《文献》1988 年
第 1 期。

[18] 周伟良：《古代武术的历史分期及其基本特征研究》，《中华武术研
究》2012 年第 7 期。

[19] 周伟良：《试论明清浙东内家拳的拳理技法及文化价值》，《北京体
育大学学报》2009 年第 12 期。

后　记

清人龚自珍曾言："出乎史，入乎道；欲知大道，必先为史"。我在2010年即将从上海体育学院博士毕业之际，就一直希望自己能在博士阶段研究的"武术历史与文化"这一研究方向的基础上再做进一步的深入研究和学习，因此我选择了武术史研究，并选择了"明代武术史"断代史研究作为我博士后研究课题。然而，研究的难度大大超出了我的预想，得以完成出站报告的时间比计划推迟了近一年，其中冷暖甘苦，非亲历者不能自知。

我要深深感谢合作导师罗时铭教授，感谢老师热情地接纳我，使我得以有机会在两年多的时间里时常聆听老师教诲。作为国内体育史研究的知名学者，老师严谨的治学、对待弟子们的宽容、以身躬行的学术态度，潜移默化地在影响着我。虽然由于工作时间关系，我无法时常在老师身边，但总渴望利用老师给研究生上课、讨论、开题及聚会的机会，从老师那里获取更多的教益，领略老师作为学术大师的风范。值书稿获得浙江省社科联省级社会科学学术著作出版资金全额重点资助之际，特恳请老师百忙之中拨冗赐序，老师欣然接受，其序言中奖掖后学的勉励之情溢于言表，学生铭记在心！

感谢进站开题董新光教授、王岗教授提供的各种有价值的启示和建议。尤其要感谢王岗教授在学术方面提供的种种便利及指导，作为卓有建树的武术学者，王岗教授的严谨及刻苦，树立了当今武术学者的典范，是我在学术道路上不断追随的榜样。

感谢与我同为罗门的子弟们，是渴望学术及有缘使我们相识！特别感谢同门张宗豪、王妍及周亚婷在站期间给予的各种帮助，使我免于劳苦奔波杭州与苏州之间。

感谢在武术史研究中时常给予我解答疑惑的日本武道大学林伯原教授，林教授是国内最早研究明代武术史的专家学者，他20世纪80年代的硕士论文即是"明代武术史初探",我曾就选择武术断代史研究求教于林先生,承蒙厚爱,他对武术断代史研究提出了诸多宝贵建议。

特别要感谢长期以来关心指导我学术研究的良师益友、忘年之交周伟良教授。作为学界著作颇丰、功力深厚的武术史学者,他对明清武术史料相当熟悉,故而在有关史料收集、田野调研、史学研究方法等方面时常给予启发、鼓励与鞭策,他的学术之风及文人风范一直深深感染着我。此次书稿出版之际曾专门将书稿交他指正,并约请建营兄一起在西湖边茶楼就书稿中一些问题整整讨论了一天,就书稿中一些谬误进行了修改。但由于时间限制,有些修改、补充的材料一时无法补充,尚有待于在后续相关专题研究中增添。

要特别感谢复旦大学刘平教授,当获知书稿即将在中国社会科学出版社出版后,特写信恳请刘平教授能否在百忙中帮助审阅书稿并对书稿出版写篇序言,刘教授不仅欣然赐序,还在百忙中多次就书稿修改提出诸多修改意见,尤其是从历史学的学术规范对书稿提出建议,使得书稿避免了许多学术失范和纰漏,在书稿不断修改过程中,学习到了许多历史学学术规范。刘平教授在序言中既有对书稿的赞许,更多的是对我的学术勉励。

感谢浙江省社科联将本书列为 2016 年省级社会科学学术出版全额重点资助,使得书稿得以顺利出版。感谢浙江省社科联近年来对广大青年社科学者的大力扶持,尤其是浙江省"之江青年社科学者"计划的实施,使一大批青年社科学者得以安心从事人文社科研究。

感谢我的武术研究启蒙导师郭志禹教授,是导师在博士阶段为我奠定了武术研究基础和方向,并在我毕业后时刻关心我的学术方向和研究上取得的任何进步。每次与老师交流,都得到老师褒奖和鼓励,提出学术研究的期望,指点迷津。老师最大的欣慰就是看到学生可以取得学术上的点滴进步,不断在学界取得公认的研究成果。

感谢我的授业恩师谢业雷先生,近十年来,我曾不间断地跟随先生学习太极拳尤其是陈式太极拳、剑、推手技艺。每逢假期或周末,我都尽量去上海跟随老师学习太极拳技艺,老师在技艺传授及生活方面给予了诸多照顾,并始终以刻苦习武影响着我,使我不敢有稍许懈怠。技需苦心磨砺才能精通,艺要醉心以求方能考究!

我要深深感谢我的父母,是父母给予我生命和不断求知的欲望,是父母的支持和理解一直在托举着我坚持不懈的奋斗之躯和意志,希望我的一

点点成就可以慰藉我内心长期对父母的那般愧歉！就在我的博士论文
《岭南武术文化研究》出版收到样书的那个寒风凛冽的下午，我带着样书
踏上回山东老家祭拜家父逝世一周年的动车，愿一缕书香慰藉泉下有知的
父亲！近十几年的辗转谋生求学，使我没有抽出更多的时间陪伴父母，就
在打算凑寒暑假带父母到我曾经求学的上海、苏州等地游览时，父亲却永
远地离开了我，成为终生难以弥补的遗憾……

　　虽然作为博士后在站的课题研究即将告一段落，但这份《明代武术
史研究》也许距离我进站"奠定武术断代史研究学术地位"的期许还有
不小的距离，对我而言武术断代史研究才刚刚起步！正如路遥在《平凡
的世界》所言："把辛勤的耕作当做生命的必要，即使没有收获的指望依
然心平气和地继续耕作。""路漫漫其修远兮，吾将上下而求索！"希冀在
后续的研究中，能沉下心，耐得住寂寞与经得起功利的诱惑，在中国武术
断代史这块学术领域里不断努力开拓进取！鉴于本人史学根基尚浅，加之
修改时间紧迫等原因，书中难免有讹舛不妥及疏漏之处，敬请学界方家及
师友们垂教指正。

李吉远

2013 年 4 月 6 日初稿于古城临安吴越人家

2016 年 1 月 6 日修改于杭州下沙丽泽苑